黒人音楽史

奇想の宇宙

THE HISTORY OF BLACK MUSIC

後藤護
MAMORU GOTO

中央公論新社

無関係にみえるものを
繋ぐこと

ありふれた思念の組み合わせを
叙事詩にまで引き上げること
……
心を摑む言葉で
今、過去を語れ

ソウル・ウィリアムズ
『コーラス　文学的ミックステープ』

まえがき――ワンダーランドへの入り口

「ブラック・ライヴズ・マター」(BLM)――。二〇二〇年に起きたジョージ・フロイド事件が最大のトリガーになって、全米でBLM旋風が吹き荒れたことは記憶に新しい。この年の大統領選にも多大な影響を与え、結果的に白人至上主義者ドナルド・トランプはジョー・バイデンに敗北することになった。

BLMが契機となって黒人問題への関心も飛躍的に高まった。一八世紀のアメリカ独立前から南北戦争を経て二〇世紀の公民権運動へ、さらに真の解放を目指す現在まで、黒人の長い苦闘の歩みはどのようなものであったか、日本人のあいだでも真剣に議論がなされるようになった。BLM関連書籍も書店に数多く並ぶようになり、白人オンリーではない「もうひとつのアメリカ」像への理解も進みつつある。

アメリカにおける黒人の歴史とは、壮絶な差別の歴史といっても過言ではない。強烈な人種的軋轢のなか、彼らはアイデンティティを形成してきた。その反骨の精神は、ブルースやジャズ、ヒップホップなど、とりわけ音楽のかたちで表現されてきたことはよく知られている。だから黒人差別の問題に根差した、政治的《ポリティカル》な「黒人音楽史」を記述すること、それがBLM以降のマナーであり正統だとも言える。

とはいえ本書が提示する「黒人音楽史」は、むしろそうした「正統」とは異なるパースペクティブをもつ。差別に対して声高に主張する政治意識の高い黒人たちを太陽とするならば、本書は太陽の光も届かない月の裏側に思いを馳せるものである。BLMが最大の盛り上がりを見せた二〇二〇年（本書の執筆が開始された時期）から、早くも二年という歳月が流れたことも大きい。ホットではなくクールな視点で、マイルス・デイヴィスのアルバム・タイトルを借りれば、「静かなやり方で《イン・ア・サイレント・ウェイ》」黒人音楽を再考するタイミングに来ているのではなかろうか。

奇想、隠喩、超絶技巧を音楽にもちこんだ結果、万人に理解されることなく終わった「もうひとつの黒人音楽史」が存在する。往々にしてリズムやグルーヴにフォーカスされ、非理性的でソウルフルなものとして黒人音楽は受容されてきたが、本書では知性と言語が過剰にあふれた、怪物的で驚異的な黒人音楽を浮かび上がらせる。驚異と奇想——。これが本書最大のキーワードであり、「アフロ・マニエリスム」という概念の中核となる要素である。この耳慣れない筆者の造語に関しては、読み進める中で徐々に理解できるよう設計している。以下、内容を簡潔にレジュメしていこう。

奴隷制時代に生まれ、アメリカの黒人音楽の起源とされている黒人霊歌《ニグロ・スピリチュアル》は、黒人共同体を一つにまとめあげる機能があり、奴隷制という苦難を前にして神への救済を求める内容になっている。霊歌は黒人たちの精神の拠りどころであったわけだが、実はそこには逃亡奴隷たちが生き延びるための秘密の「暗号」が隠しこまれていたことを第1章で掘り下げる。

南北戦争（一八六一～六五年）後にはブルースが生まれた。貧困や欲望に根差した黒人のリアルが強調されるジャンルであるが、第2章ではそれとは正反対のブルース観を提示する。鯰《なまず》、蛙《かえる》、蜘蛛《くも》、害虫など、実は動物たちが犇《ひし》めくファンタスティックな想像力をもつブルースを「鳥獣戯画ブルース」と呼び、すべての生き物が間断なく繋がり、世界が一つに充満すると考える魔術思想「存在の大いなる連鎖」（ラヴジョイ）まで話は及ぶ。

ブルースの後、ニュー・オリンズではジャズが生まれる。ジャズの歴史をおさえつつ、最も異端的とされるフリー・ジャズに、本書では二つの章を割く（第3章・第4章）。まず夭折《ようせつ》の天才アルバート・アイラーをアウトサイダー・アートの観点から、さらに土星から来たと称するサン・ラーを彼の愛する「無」のテーマで論じる。さらにラーの特異な宇宙神話の体系を地上に引きよせ、彼が黒人の負の「歴史」をいかに栄光の「神話」に書き換えたかを考える。

第5章では、『スター・ウォーズ』に触発され、サン・ラーに匹敵する独自の宇宙神話を創りあげた異能の音楽家ジョージ・クリントンを論じる。ジョージはファンカデリックとパーラメントというグループを率いたPファンクの創始者である。ミンストレル・ショーと呼ばれる、白人が黒塗りして道化の黒人を演じる大衆芸能との関連から、ジョージの猥雑な修辞学が夢見た宇宙を明らかにする。

ジャズ、ファンクに続き、その孫世代にあたるヒップホップにも本書は二章を割く。第6章では、ホラーコアと呼ばれる、残虐で血まみれのホラー趣味にあふれたニッチ・ジャンルを扱う。「ヒップホップ界で最も黒い羊」と呼ばれ、重要ながらもほとんど考察がなされてこなかった領域である。しかしこの辟易《へきえき》するような残虐趣味が、いかに人種差別や奴隷制の恐怖を映し出す、真摯に考察に値するものかを立証する。

そして最後の第7章では、テクノロジーの観点からヒップホップを考える。しかしサンプラーといった音楽機材の技術史を描くのみならず、高度に洗練されたラップの「言語」をも一種のテクノロジーと捉え直す。ヒップホップのミュージシャンの多くが信奉する黒人秘密結社ファイヴ・パーセンターズの複雑な教義も織り込まれた、そのメカニカルで暗号的な言語の秘密を探る。さらに、この頭でっかちの技術主義に対して、天衣無縫のヒップホップ・グループ、ウータン・クランがいかなる意味をもったか解き明かすことで、本書は幕を閉じる。

以上が本書の辿る、大まかな道筋である。

さて、奴隷船でアフリカ大陸から引きはがされ、言語が通じない異民族同士で共同生活を余儀なくされた黒人奴隷たちにとって、新大陸で体験し、見聞するものはすべて恐怖であると同時に、驚異でもあったはずだ。ルイス・キャロル『不思議の国のアリス《アリス・イン・ワンダーランド》』のノンセンスな世界観と変わらない、「不思議の国の黒人《アフロ・イン・ワンダーランド》」と呼ぶべき不条理な世界を彼らは生きてきた。しかし、どんな過酷な状況でもセンス・オブ・ワンダーを忘れないこと――。これが本書で言及する黒人ミュージシャンたちの叡智であり、また黒人音楽史という驚異と奇想の宇宙へ船出するうえでの唯一のルールであろう。

目次

装画　市川洋介
装幀　桜井雄一郎

シカゴ
土星人サン・ラーの活動拠点
（第4章）
デトロイト
ホラーコア北の雄、
エシャムの拠点（第6章）
クリーヴランド
アルバート・アイラーの
故郷（第3章）
サウスブロンクス
ヒップホップ発祥の地
（第7章）
プレインフィールド
Pファンク総帥ジョージ・
クリントンが経営する床屋
シルク・パレスのかつての
所在地（第5章）
オハイオ川
黒人霊歌の象徴と
される川（第1章）
ニューハンプシャー州
バーモント州
メイン州
ミシガン州
ニューヨーク州
コネチカット州
マサチューセッツ州
ロードアイランド州
ペンシルベニア州
インディアナ州
オハイオ州
ニュージャージー州
デラウェア州
メリーランド州
ワシントンD.C.
ウェストバージニア州
ケンタッキー州
バージニア州
テネシー州
ノースカロライナ州
サウスカロライナ州
アラバマ州
ジョージア州
フロリダ州
キューバ
0
1000km

カナダ
ワシントン州
モンタナ州
ノースダコタ州
ミネソタ州
ウィスコンシン州
オレゴン州
サウスダコタ州
アイダホ州
ワイオミング州
アイオワ州
ネブラスカ州
イリノイ州
ネバダ州
ユタ州
コロラド州
カンザス州
ミズーリ州
カリフォルニア州
オクラホマ州
アーカンソー州
アリゾナ州
ニューメキシコ州
ミシシッピ州
テキサス州
ルイジアナ州
メキシコ
コンプトン
NWAやケンドリック・ラマーの出身地で、ギャングスタ・ラップの聖地（第7章）
ニューオーリンズ
ジャズ発祥の地（第3章）
メンフィス
ホラーコア南の雄、スリー・6・マフィアの拠点（第6章）
タトワイラー
ブルース発祥の地（第2章）

凡例

・書籍・映画作品は二重括弧『　』、テレビ作品は一重括弧「　」、アルバムタイトルは二重ギュメ《　》、曲名は一重ギュメ〈　〉で表記している。
・本書では読みやすさを考慮して、引用文中の漢字は原則として新字体を使用し、一部の漢字を平仮名に改めた。また適宜読点やルビを追加し、改行を加えている。
・亀甲括弧〔　〕は筆者による補足である。
・差別語について。「ニガー」「黒ん坊」などの差別語は、引用文に限りそのまま使用した。
・敬称は略した。

黒人音楽史

奇想の宇宙

第1章　黒人霊歌という暗号

「スベテノ希望ヲ捨テヨ（*Lasciate ogni speranza*）」
ダンテ『神曲　地獄篇』

「希望スル故に我在リ（*spero ergo sum*）」
G・R・ホッケ『絶望と確信』

アメリカ黒人音楽史を黒人霊歌《ニグロ・スピリチュアル》から始めようと思う。黒人宗教学者ワイヤット・T・ウォーカーが「音楽の木《ミュージック・トリー》」【図1－1】で図解しているように、黒人霊歌はブルース、ゴスペル、ソウル、ジャズなどその後のあらゆる黒人音楽のみなもととなった。起源論争は侃々諤々《かんかんがくがく》としているが、コール・アンド・レスポンス方式という呼応式の掛け合いや、リズムや拍をズラす（いわゆるシンコペイト）といったアフリカ独自の音楽様式と溶け合っていき、黒人霊歌は一七六〇年代頃に成立したと見なされている。厳しい奴隷制を耐え抜くために黒人共同体内で歌い

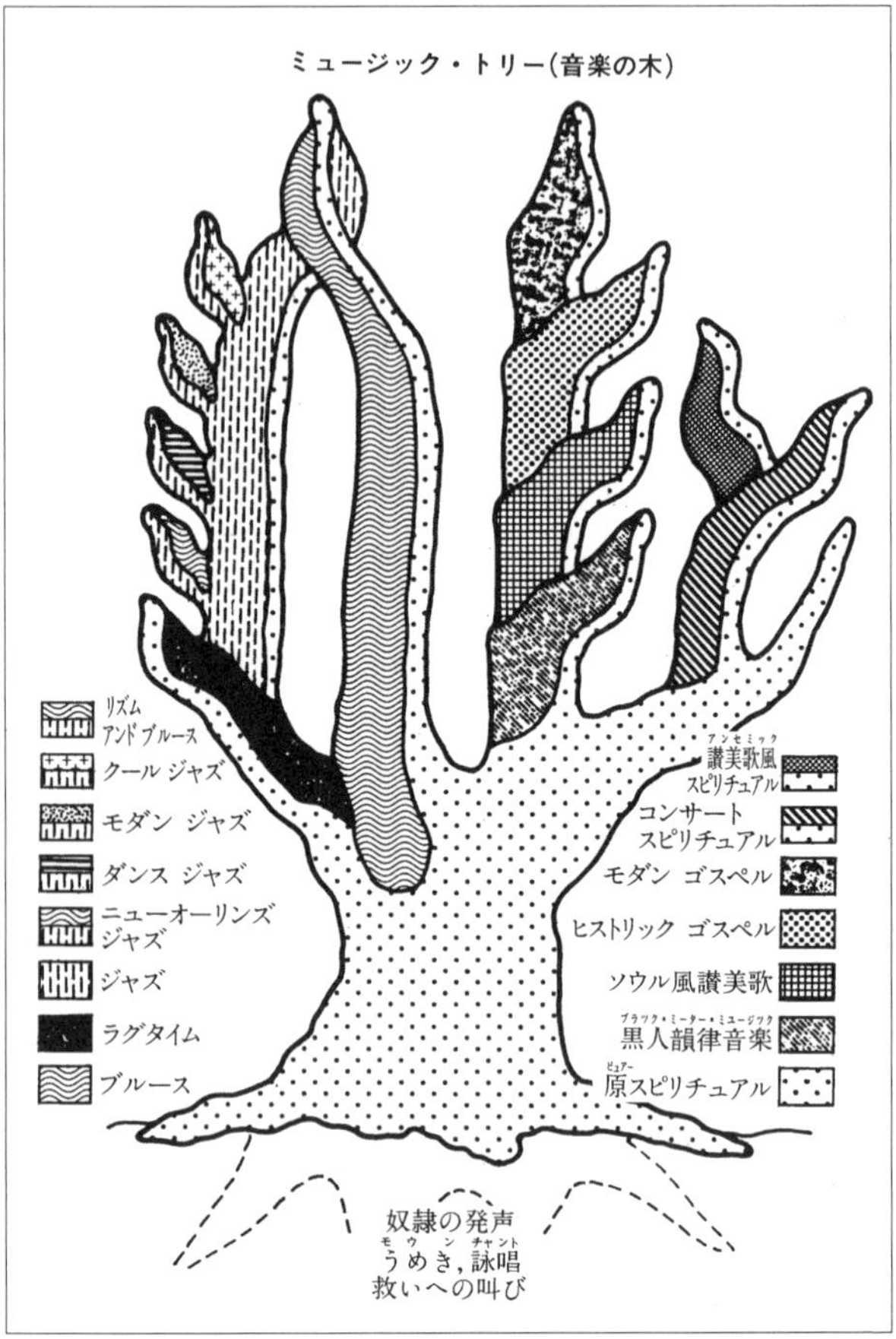

図1-1　ワイヤット・T・ウォーカー作成の「音楽の木」。黒人音楽の幹にあたるのが霊歌

『だれかが私の名を呼んでいる』（新教出版社、1991年）、4頁

継がれていったのだ。[1] そのため、黒人霊歌は「プランテーション・ソング」や「スレイヴ・ソング」などとも呼ばれ、民謡と見なされて、蒐集の対象にもなった。のちに白人紳士淑女向け

の「コンサート・スピリチュアル」に洗練されて消えてしまった要素だが、もともとはダンスや手拍子がつきもので共同体全員が参加して歌われるものだった。

しかし「まえがき」でも触れたように、本書は「アフロ・マニエリスム」をテーマにした、きわめて人工性が高かったり奇想主義に憑《と》りつかれた、黒人音楽の精神史を描くものである。実は聖なるものを歌っていた裏側でこの霊歌は「暗号」を埋め込み、あまつさえ秘密結社「地下鉄道」のルートをやり取りしていたという説がある。それゆえアメリカ黒人音楽はその成立当初からマニエリスム的な韜晦《ミスティフィケーション》を抱え込んでいて、それが巨大な裏精神史のようにブラック・ミュージックの一系列に底流していく、その発端を本章では見ていきたい。

亡霊の音楽

黒人霊歌は基本的に奴隷制の産物であり、実のところ暗い情念が渦巻いている。しかし南北戦争以後、北部の奴隷解放論者を中心に、霊歌のそうしたダークサイドは抹消され、希望の原理を強く打ち出す、ポジティヴな内容のみが残されることになった。これは悪意ではなく、自由黒人の立場を良くするための善意なのであるが、それによって歴史がある程度ゆがめられていったように見えるのも確かだ。

黒人霊歌のそうした亡霊的・怨念的、筆者のキーワードでいうところの「ゴシック」的な側面を浮かび上がらせたのはウェルズ恵子『黒人霊歌は生きている』の功績である。「黒人霊歌の作者たちは、墓場以外に安心して眠る場所を持たず、月から血が流れるのを幻視する人々だった」としたのち、ウェルズは以下のように書いている。

彼らは夜の世界で歌う。あるいは生と死の境界で。見えるのは光かたいまつの光、ランプの光。月が血を流し、星が降る。木はあるが花はない。荒野はあるが、風景は描写されない。ただ闇の向こうに天国を探すか、闇の中に墓を見るばかりだ。生と死の境界には、深い河が流れている。[2]

次章で見るブルースは、俗なる現実の悲惨や情欲ばかり歌うことから「悪魔の音楽」と呼ばれてきた。もともと黒人霊歌とブルースは混沌のなかで結びついていて、戦前録音のアンソロジーを聴くと確かに判別がつかない曲が多い。その意味で、奴隷制時代の黒人霊歌には悪魔《サタン》の要素が混入していたことは間違いない。作者不詳、背景も不明という黒人霊歌はアメリカ社会に「亡霊」のように憑りつき、黒人には先祖が奴隷であったという暗い記憶を、白人には良心の呵責《かしゃく》を与える不気味なゴシック風の原初的なアートであったはずだ。

それを裏付けるようなエピソードがある。南北戦争中に黒人霊歌を黒人の生活とともに初めて北部に紹介し、白人層にその存在と意義を伝えた功績を持つトーマス・ウェントワース・ヒギンソン（一八二三―一九一一）が、死と墓のイメージに憑りつかれたゴシック派詩人エミリー・ディキンソンの数少ない友人であった事実だ。[3] 世に広く知られることなく生涯を閉じたこの詩人を大いに評価し、彼女の死後には詩集の編纂も行った「ゴシックハート」（高原英理）をもつヒギンソンだからこそ、黒人霊歌に秘められた破滅美を看取できたのかもしれない。

死の恐怖

ウェルズの『黒人霊歌は生きている』には（そのタイトルに反して）「死に魅せられて」という小見出しの節があり、黒人奴隷が霊歌によっていかに死の恐怖を歌っていたかがつまびらかにされている（以下断りのない限り、引用する霊歌の翻訳はウェルズ書を参照）。ウィリアム・フランシス・アレンの編纂した『合衆国の奴隷歌』（一八六七年）には、例えば〈死にましょうか？〉という歌が採録されていて、以下のような内容である。

Believer, O shall I die? O my army, shall I die?
Jesus die, shall I die? Die on the cross, shall I die?
（*Slave Songs*, No. 52 “Shall I Die?”）

信じる者よ、おお、死にましょうか。おお、軍隊よ、死にましょうか。

イエス様は死にました。私も死にましょうか。十字架で死にました。死にましょうか。

『合衆国の奴隷歌』の他の霊歌を覗いてみても、「もうこの世を捨ててしまえ」とか「おお、墓場よ、俺を知っているはずだ」とか、陰陰滅滅たるゴシック的イメージが目立つ。この死への強烈な執着《オブセッション》は、奴隷制の絶望からくる当然の帰結である。この死へ、その死には月と星が現れる。これは、黒人の葬式が夜に行われたことと関係があるかもしれない[4]とウェルズは解説しているが、『合衆国の奴隷歌』収録の七二番〈審判の日〉と題された霊歌が、驚くべき終末イメージの爆発でもってこれを裏付けている。第一パートでは「そして、月は血に変わるだろう」が繰り返され、第三パートでは「そして、世界が燃えるだろう」とたたみかける歌詞は鬼気迫るものだ。

また星を血に結びつける黒人霊歌もよく見られる。五二番〈Meet, O Lord!〉という霊歌では「月はポプラの木に沈んだ。そして、星は血に沈んだ」というフレーズがある。キリストが処刑された十字架はポプラの木であることから、イエスの誕生を星が導き知らせたこと、そして血を流して死んだイエスのイメージが重ねられているのだろう。

M・ラマーのゴシック霊歌

こうした黒人霊歌のもつ、死・血・月・墓のイメージに憑かれた闇の想像力を理解した現代のミュージシャンにM・ラマーがいる。彼の「奴隷制ゴシック」とでも呼ぶべき世界観はきわめて興味深い。「ブルースの伝統に属するニグロゴシックにして悪魔崇拝の自由黒人」と自らを称するミュージシャンは計り知れない衝撃を聴く者に与える。作曲家でコラボレーターのハンター・ハント＝ヘンドリックスはラマーを「フィールド・スピリチュアル（野外で歌われるまだ荒々しさを残した霊歌）を唄うクィア・ゴス・オペラ・シンガー」だとし、ラマーの仕事は「八〇年代のカウンターカルチャー美学とフォークナー的サザンゴシックの矛盾する絆」の中に位置づけられるとした。[5]

　個人的には、霊歌の女王マリアン・アンダーソンのオペラ風ニグロ・スピリチュアルの歌唱法に近いように思うが、ラマーの《*LORDSHIP AND BONDAGE: THE BIRTH OF THE NEGRO SUPERMAN*》【図1-2】というアルバムの bandcamp の解説を覗くと、自ら「死の霊歌《ドゥーム・スピリチュアル》」と名づけている。この「ドゥーム」というのは、遅さ・暗さを強調したブラック・サバスを鼻祖《びそ》と仰ぐ「ドゥームメタル」と呼ばれるメタル音楽のサブジャンルを指す（ラマーの〈The Dark Roots Of Our Scream〉という曲に最もドゥームの要素が顕著である）。

図1-2　M. Lamar & The Living Earth Show, *Lordship and Bondage: The Birth of the Negro Superman* Negrogothic Records, 2019

　さて、同じくbandcampの解説には本作のコンセプトに関しても記載があり、以下のようになっている。

G・W・F・ヘーゲルの『精神現象学』の「主と奴」、フリードリヒ・ニーチェの『ツァラトゥストラはこう言った』の「超人」、コーネル・ウェストの音楽に関する文章、規律と自由に関するサン・ラーのインタヴューと文章から引用した歌詞とともに、この作品はアフリカン・アメリカンの奴隷化され、解放された意識の経験を呼び起こす。

ここにはヨーロッパ的なるものとアフリカ的なるものの安易な融合《フュージョン》というより、両者を美的に格闘させる緊張関係がうかがえる。そのことをわかりやすく伝えるのは、楽曲ミュージック・ヴィデオ（MV）で創り上げられたラマーの世界観である。アルバム《ニグロゴシック》【図1－3】収録の〈バッドアス・ニガー（チャーリー・ルッカー・リミックス）〉という曲のMVでは、ラマーは拷問の晒し台の横に座って、優雅にノーベル賞作家トニ・モリスンのアフロゴシック小説『ビラヴド』を読んでいる。すると白人の全裸男性が現れ、ラマーは彼を晒し台にかけて白人／黒人の奴隷制時代の主従関係を逆転させてしまう。しかも白人男性はひざまずかされて『精神現象学』のおそらく「主と奴」に関する考察を読まされている。

〈レガシーズ〉という曲のMVでは、彼は長い、フード付きの黒いローブを身に纏って絞首台を登っている。彼は黒革の鞭を腰あたりに携えていて、シャツを着ていない若い白人男性三人が台の下でひざまずいている。途中で画面上に七つの逆さ十字がスーパーインポーズされ、その内部にはリンチされ首を吊られた黒人の場面が見える。黒いフードを被った（処刑人と思しき）白人男性が鞭を切り落とし、その末端を下のバスケットに落とすと、ラマーがソプラノの大音声で歌う――「彼は、私の父のプライベートな部分を切り落とし、私のナニを弄《もてあそ》ぶのが好きなのだ！」。

さてラマーのショッキングな声、ルックス、暗黒美学をふまえたうえで、「アフロゴス」を標榜する書き手リーラ・テイラーの『ダークリー』という書物の総括に目を通していただこう。

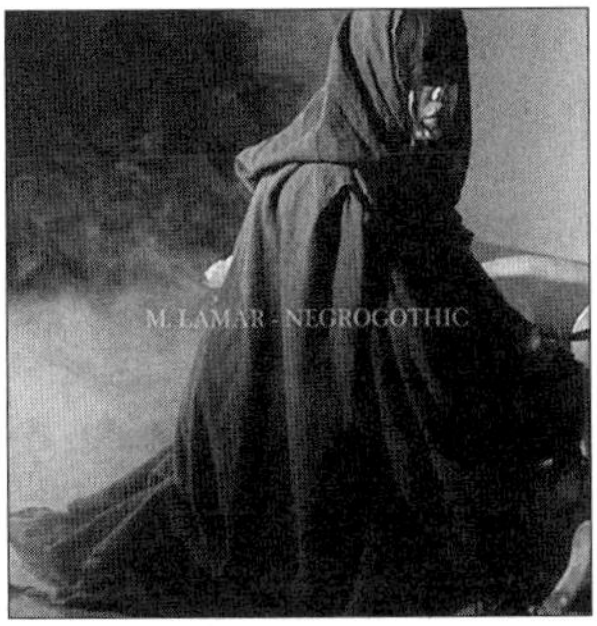

図１－３　M. Lamar, *Negrogothic*
2015（自主制作音源）

> M・ラマーは〈抑制された過剰さ〉の研究対象だ。複数の時代、複数のジャンル、複数の声、複数のジェンダーの不気味（uncanny）な支配は、スリリングで不安を煽る。私たちは何を見ているのか、あるいは誰を聴いているのか確信がもてない。あなたはM・ラマーの肉体的存在感を彼の声と切り離すことができない。声のみだと、それは幽霊的なノスタルジア、オペラ的トリル、デスメタルの咆哮、時代を通じて苦痛が層になったサウンド群であり、聴覚的パリンプセストとして互いの上に重ね書きされていく。それは幽霊的だが、

認識できる幽霊だ。私がM・ラマーを、その衣服を、そのアイライナーを、各指の指輪を見るとき、私は現在（ないしほとんど現在）に引き込まれていて、それらの幽霊にとって新しい文脈があるが、その幽霊は私の先祖の過去と同時に「私の」過去から来たるものなのだ[6]。

ラマーは人種・性・時代、あまつさえ生者と死者の境界さえ攪乱するのだ。同じ「ラマー」でもラッパーのケンドリック・ラマーとは天地ほど知名度に差のあるこのM・ラマーを、リーラ・テイラーはこのように精緻な文章で讃えた。BLMの盛り上がりとともにケンドリックが盛んにメディアで注目を浴びるようになった。他方で抑圧された人種の〈声〉を聴くとき、いまだ瓦礫の下に埋もれているような、マイナーで異端の黒人ミュージシャンの才能を発見する感性もまた求められるのではないだろうか。

死と終末の蒐集行為

M・ラマーが極端に誇張してみせたような、死と終末に憑りつかれた黒人霊歌は、ヨーロッパ声楽の訓練を受けたフィスク・ジュビリー・シンガーズ（ピアニスト＋合唱団八名のダブル・カルテット）が一世を風靡する中でその姿を消していった。やがて聖なる部分のみが強調された霊歌は、「陰鬱でメランコリックな黒人経験を唯一扱わない形式」であるゴスペルに継承され発展していく。[7]

しかし社会学者ハワード・W・オダムは一九二五年に刊行した『黒人とその歌』のなかで、黒人霊歌の失われた魔的伝統を復活させている。ウェルズ恵子によれば、オダムは「悪魔、罪人、終末、死」のイメージを、黒人音楽のフィーリングを伝えるものだとして、大々的に取り上げたのだという。例えば以下の歌詞は、黒人霊歌と聞いて、決して現代人が連想しない類の破滅的ヴィジョンに満ちている。

私の主よ、なんという朝でしょう、星が降り始めるとは。
世界は燃え、
月は血を流し、
月は血に変わってしまう。
万物の元素が溶けるのが見える。
星が降り、
そうです、万物の元素の中に星が降り、
月は行く道に血を滴らせる。[8]

血をもって人々の罪を贖《あがな》ったキリストの存在を考慮すれば、おびただしい血のイメージは逆

図1－4　V.A., *SORROW COME PASS ME AROUND : A Survey of Rural Black Religious Music*
Advent, 1975
清濁併せ呑む黒人霊歌の聖なる部分はゴスペルへ、邪なる部分はブルースへ分化継承されていったという通説があるが、1965－73年に教会以外の場所で録音され、民俗音楽学者デヴィッド・エヴァンズがライナーノーツに寄稿した本作からは、南部ブルースマンによるドロドロした「土着ゴスペル」が聴ける。その後、復刻レーベル Dust to Digital から再発された

説的に救済のヴィジョンであることが判明する。奴隷制という絶望状況において、救済は世界の終わりとともに訪れる。

　さて、肝要なのはこのオダムの本が一九二五年という、第一次大戦後の無気力な雰囲気を経た後に編まれた歴史的事実だ（ちなみにヒトラーが『我が闘争』の第一巻を刊行した年、図像学研究を中心とした美術史組織ワールブルク研究所が発足したのは翌年の一九二六年である）[9]。世界大戦によって引き裂かれた人間精神が、終末状況のなかでバラバラになった世界の断片を蒐集、弥縫《びほう》し、全体的イメージとして繋ぎ止めるアートをG・R・ホッケは「マニエリスム」と呼んだ。単なる美術様式としてルネサンスとバロックのあいだに咲いた徒花《あだばな》ではなく、人類の歴史全体に普遍化可能な、終末状況に繰り返し立ち現れる「歴史的常数」と定義されたのである。

　またホッケはシュルレアリスムやダダイズムその他、前衛芸術運動が百花繚乱した一九二〇年代モダニズムをマニエリスム復興期と見なしていた。T・S・エリオットが夥《おびただ》しい古典文学からの蒐集・引用で成り立つモダニズム詩『荒地』（一九二二年）を発表したのも、美術史家マックス・ドボルシャックが『精神史としての美術史』（一九二六年）でエル・グレコ批評を通じてそれまで蔑称でしかなかったマニエリスムの再評価を促したのも、この一九二〇年代である。

この年代にオダムの『黒人とその歌』が出たこと、そして「悪魔、罪人、終末、死」といったモチーフに価値を見出したことは、倒錯芸術たるマニエリスムの歴史的展開の必然なのだ。次章で紹介する「アメリカの平賀源内」と呼ぶべき奇才ハリー・スミスもまた、第二次大戦後の精神的荒廃を経てファンタスティックな想像力が爆発するルーツ音楽集《アンソロジー・オブ・アメリカン・フォーク・ミュージック》を編んだ。こうしたオダムやスミスのような音楽蒐集狂が出現したことは、逆説的に世界の断片化と再統合＝マニエリスム化の欲望を物語る。危機意識の表れとしてのコレクションなのである。

ホッケはマニエリスムの誕生は、一五二七年のいわゆる「ローマ劫掠《サッコ・ディ・ローマ》」の惨状（強姦、殺戮、破壊が蔓延し、教皇の墓さえ乱暴に暴かれた）がもたらしたと喝破している。「一九一四年が古きヨーロッパの死の年であったのとまったく同様に、一五二七年とともに、ある宿業の日付が、すなわちルネッサンスの終息が記されるのである」[10]。永遠のローマ《ローマ・エテルナ》が滅び去り、世界は断片化する。散り散りになった亡命芸術家たちは、かつての栄光の記憶をなぞるように、フラグメントをかき集めた蒐集芸術としてのマニエリスムを始める。このヨーロッパ精神の崩壊が、母なるアフリカ大陸から引きはがされた新大陸黒人奴隷たちの精神に適用できよう。人間の精神は、人種によってそれほど違うものだろうか？

黒人霊歌のミクロコスモス

こうした黒人奴隷の置かれたマニエリスム的状況は、「円」から「楕円」への心理的変容をもたらす。内なる宇宙が、中心をもった円の安定構造から、二焦点をもった楕円の不安定構造になるというのがホッケのルネサンスからマニエリスムへの移行を説明する図式だった。この移行はアフリカからアメリカへの黒人奴隷の移動に対応していて、黒人霊歌にはその引き裂かれた魂が楕円形に刻印されている。

黒人霊歌は「スピリチュアル」と呼ばれるように、宇宙との調和や共同体の一体感に根差している。わざわざ西アフリカ神話の宇宙観を持ち出さずとも、奴隷共同体に凝集力を与える意味で霊歌は小宇宙を形成するものだ。キング牧師とも行動をともにした黒人神学者ワイヤット・T・ウォーカーは以下のように語っている。

彼らに共同体感覚を与えたのは、他の何よりも奴隷たちの音楽であった。そこにはだれでも参加することができたし、さらに霊歌の形式と演奏は非排除的なものであった。ワラムは「集団の中のだれかが歌えなければ、彼は足を踏み鳴らせばよかったし、もし足を踏みならすことができなければ、頭を揺らせばよかった。また頭を揺らすことができなければ、彼は見ていればよかった」、と述べている。[11]

第5章で見るファンカデリックというPファンクバンドが「グルーヴのもとに一つの国家を《ワン・ネイション・アンダー・ア・グルーヴ》」といって、音楽による小宇宙形成を目指したこともあわせて指摘しておきたい。ジャズ評論家ジョン・スウェッドは、こうした音楽を中心に黒人共同体ひいては全宇宙を調和させるような黒人伝統を「ネオ・プラトニズム的」であるとしている。

しかし先述したように、この黒人霊歌の形成する小宇宙は、古典主義的なプトレマイオス宇宙観——神なる中心によって統御された「一」なる安定宇宙——では既になく、ケプラーによって宇宙の楕円構造が発見された後の、焦点に引き裂かれた「二」なる不安定宇宙なのである。

楕円幻想

人文主義者エラスムスがローマ劫掠を「これはローマ市の没落ではなくて、世界の没落であった」と断じたのと同様の「没落のヴィジョン」（ホッケ）が、きっと奴隷制下のアメリカで暮らした黒人奴隷には感じられたに違いない。[12] 西アフリカから連れてこられた奴隷は各民族集団から引き離され（言語が異なる民族同士なら謀反の心配も少ないため）、家族は離散し、「アフリカの魂」（ヤンハインツ・ヤーン）はバラバラに解体された。その断片化した記憶をクレイジー・キルトのように縫い合わせ、新大陸で伝承していくことがアフロ・アメリカンの芸術伝統

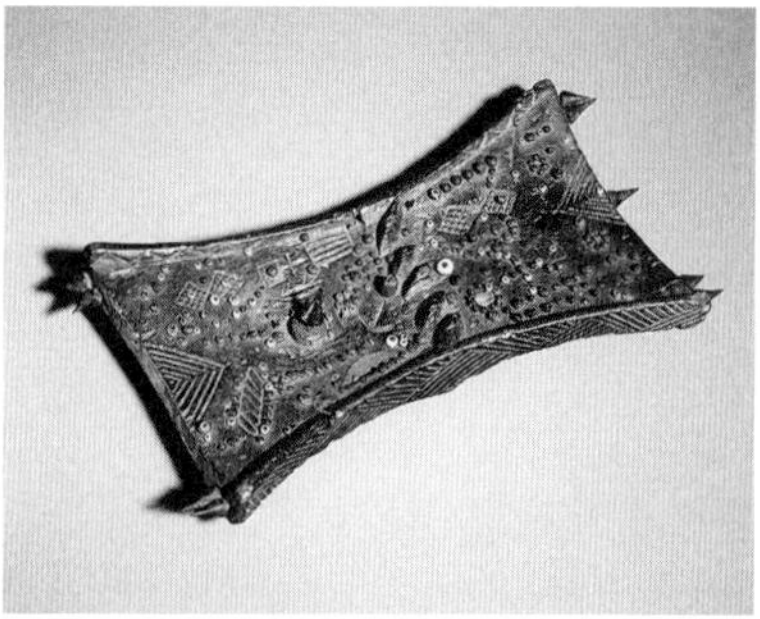

図1-5　ビーズ、貝殻、金属片などで覆われたルバ族の記憶盤ルカサ

高位の者のみが読み解ける暗号になっていて解釈はさまざま。ヒップホップのサンプリング・コラージュが、黒人共同体の集合記憶を維持するのと似た効果を持つ
The collection of the Brooklyn Museum

である。本書で「アフロ・マニエリスム」と呼ぶものである。在日朝鮮人問題やパレスチナ問題など民族的マイノリティへの深い見識を持つ四方田犬彦が、「忘却は逃走、記憶とは闘いである」と書き、さらに『蒐集行為としての芸術』と題する書物を著したことはおそらく偶然ではない。

バラバラになったものを寄せ集めるマニエリスムの身ぶりは、引き裂かれた主体の精神安定であり、記憶の維持のためである。これはビーズ・貝殻・金属片などの配列によって、王家の成り立ちといった民族の集合記憶を伝える西アフリカのルバ族の記憶盤「ルカサ」【図1-5】から、クレイジーキルトの伝統、そしてヒップホップのサンプリング・コラージュまで一貫した黒人伝統だ。

ホッケの円（ルネサンス）から楕円（マニエリスム）への移行図式は、決してヨーロッパ精神に限定されたものでなく、新大陸に渡った黒人奴隷にも当てはまることを黒人神学者ジェイムズ・コーンの以下の箴言からも導出できよう。「黒人音楽は統一性の音楽（unity music）である。それは黒人の喜びと悲しみ、愛と憎しみ、希望と絶望を結びつける」[13]。

先の黒人霊歌で見たように、未来は常に終末に、生は死に結び付けて表現される。それは単なる矛盾ではなくマニエリスムの要諦ともいえる「対立物の一致《コインキデンツィア・オポジトルム》」を果たしているのである。思想家の花田清輝は二焦点に常に引き裂かれた人間精神のありようを「楕円幻想」と呼んだ。この止揚しがたい矛盾のなかを生きる飽くなき闘争が、黒人音楽のフィーリングを産むと断言してもよい。ホッケが『絶望と確信』で「イデアー芸術」（要するにマニエリスム芸術）について残した以下の言葉は、楕円幻想を抱え込んだ黒人霊歌の説明にも聞こえる。

> ここには〈中心〉というものがまったくあり得ない。だが一個の円はあり、それは依然として多様なもののための包括的存在なのだ。それは〈人間的なるもの Das Humane〉を、絶望と確証との間のその諸関係のあらゆる音色において、しかも静力学的ではなく動力学的なあり方において、とはつまり幾何学的であるよりは宇宙韻律学的（kosmometrisch）なあり方において包括する円なのである。[14]

この「一個の円」とは楕円であり、黒人霊歌は「宇宙韻律学的（kosmometrisch）」な響きでもって、二焦点に引き裂かれた黒人主体の「〈人間的なるもの Das Humane〉」をかろうじて繋ぎ止めるのである。黒人思想家W・E・B・デュボイスは『黒人のたましい』のなかで、アメリカ人にして黒人という意識の引き裂かれた状態を「二重意識」と表現している。「二つの魂、二つの思想、二つの調和することなき向上への努力、そして一つの黒い身体のなかでたたかっている二つの思想」と表現されるこの二重意識とは、花田清輝が『復興期の精神』で言った「楕円幻想」に他ならない。[15]

なお『黒人のたましい』を訳した黄寅秀《ファンインスウ》は、在日朝鮮人としての自らの二重化した出自をデュボイスのこの「二重意識」で把握したと、ヤンハインツ・ヤーン『アフリカの魂を求めて』の訳者あとがきで明かしている。[16] そしてヤーンの翻訳書の版元であるせりか書房の編集人・久保覚《さとる》もまた、在日朝鮮人としての己の出自と終生戦った人物である。その久保が日本出版界の伝説的偉業と目される『花田清輝全集』（講談社）を編纂したことも偶然ではないだろう。二重意識とは楕円幻想なのである。[17] 本書がテーマとするのは、故郷喪失者や亡命者が必然的に抱え込む「二重意識」と、そこから生まれる引き裂かれた精神の紡ぐマニエリスムの系譜である。

さて、黒人霊歌をマニエリスムという闇の分裂表現と結びつけたことで、いよいよ「暗号」や「韜晦《とうかい》」のテーマが浮上してくる。世界不安の緊張感のなかで、おびただしい隠喩を駆使して自らの身を守った一六世紀マニエリスム・アートの顰《ひそみ》に倣うようにして、恐怖のなか黒人霊歌は「地下鉄道」という秘密結社と絡み合って隠喩濫溢劇場《メタフォレッツギアーレ》の様相を呈していく。黒人奴隷の原初的《プリミティヴ》アートのように思われていた黒人霊歌は、実はきわめて高度な知的（レ）トリックを秘めたものだった。

黒人の仮面術

黒人霊歌の秘めた「暗号」の具体的な内容に入る前に、そうしたものが生まれるそもそもの奴隷の心理状況を考察したい。ジェイムズ・コーンは「あざむき」を主たる理由として挙げる。

抑圧社会において生き残っていくためには、抑圧者よりも利口になって、彼らに、奴隷が彼らがそうでないと思っている通りの者であると思いこませることが必要であった。それは、奴隷が黒人と白人についての彼らの規定を受け入れていると信じこませることであった。ある歌はそれを次のように言い表している。「わたしの一つの心はボスに見せるため。だが、もう一つの心はわたしだけのためのもの[18]」。

この黒人の仮面術は、MFドゥームという鉄仮面をつけた黒人ラッパーにまで連綿と受け継がれている黒人秘伝の術である。イタリアの画家パルミジャニーノの「自画像」に見られる仮面のような無表情は、典型的なマニエリストの相貌であり、その口元に残る微笑は貴族的余裕の表れである【図1-6、1-7】。

しかしこの余裕しゃくしゃくとした凸面鏡内に、黒人奴隷の居場所はあるのか？　ホッケの貴族的マニエリスム観を闇市の浮浪児の感覚で社会底辺から湧き上がる活力として捉えなおした種村季弘、そしてその路線を押し進め、生きることそれ自体をマニエリスムと見なした高山宏の視点を導入することで、「黒人奴隷のマニエリスム」を考えることが初めて可能になる。パルミジャニーノの無表情の仮面も、黒人奴隷のそれも、危機的状況にいかに対処するかを内面で高速処理する邪魔をされないための外面的措置である。嘘をつくことは必ずしも悪ではない。「正直すぎると死ぬことさえある」と言ったのは『仮面の告白』の三島由紀夫だった。[19]

　またコーンは、「抑圧的社会においては、もし存在への意思表示が存在をおびやかす場合には、だますこと、つまり「存在しないように」よそおうことが必要である」とも書いている。[20]騙し、隠れおおせることは、ときに生き残るために必要な術である。奴隷制時代の南部プランテーションでは、礼拝場所をもたなかった黒人奴隷は、野外の隠れ場や、納屋や物置の隠れ家

図1-6　イル・パルミジャニーノ「凸面鏡の自画像」
ホッケ『迷宮としての世界』の岩波文庫（上）のカバーに選ばれるほど、マニエリスム精神を象徴する作品
ウィーン美術史美術館所蔵

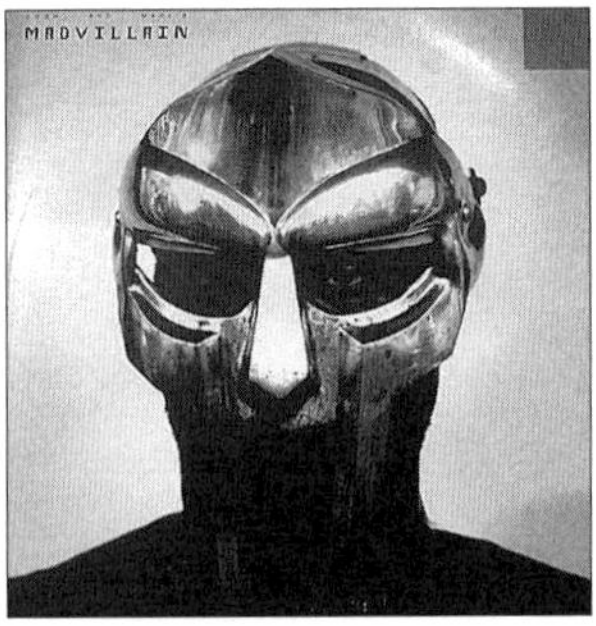

図1-7　Madvillain, *Madvillainy*
Stones Throw, 2004
トラックメイカーのマッドリブとMFドゥームによるコラボ作。インディー・ヒップホップ・シーンの金字塔的一作と評される

などといった集会場所を「見えない教会《インヴィジブル・チャーチ》」と呼び、被抑圧人種としての結束力・団結力を強めた。『見えない人間』で作家ラルフ・エリソンは黒人存在が白人社会に認知されないことの被害を訴えたが、もっと過去に遡って奴隷制時代においては、進んで「見えない人間」になることが黒人の生存術だったわけである。またこの飽くなき生存への意志は、黒人奴隷の死の観念とコインの裏表になっていることをジェイムズ・コーンは見抜いていた。

死は虚無の象徴であり、存在の完全な抹殺の可能性である。黒人奴隷は死を恐れた。なぜなら、彼らは死を生の反対物、したがって悪であるとみなしたからである。それゆえ、彼らの精力の多くはただ存在しようとする努力に、また非存在の包みこもうとする力を避けようとする努力についやされた[21]。

生きるか死ぬか、サバイバリストとしての生存本能、それは黒人奴隷制の時代からギャングスタ・ラップの時代にまで通じる、黒人精神史の常数であると言える。死ぬことを美化したり、豊かな意味を見出すような白人エリートのデカダンスは（第6章で扱う「ホラーコア」出現以前の）黒人奴隷には縁遠いものであった。黒人霊歌は彼岸の理想を歌うものであると同時に、現実に迫りくる奴隷主の鞭や、首つりの脅威から身を守る実存的な「韜晦」にもなるのは当然であろう。

そして歌うことは秘匿《シーリング》すると同時に治癒《ヒーリング》の効果もあった。黒人神学者ワイヤット・T・ウォーカーは次のように語る。「奴隷たちは言葉で公には言い表せない事柄を、歌で装って表現し、彼らの人間性の重要な部分を傷つけられずに保ち、かつ彼らの希望を生かしつづけたのである」。[22]

秘密結社「地下鉄道」

益子務の名著『ゴスペルの暗号　秘密組織「地下鉄道」と逃亡奴隷の謎』によると、いっけん神を讃えているゴスペルの歌詞は、実は南部黒人奴隷たちを北部ないしカナダに逃がすため組織された「地下鉄道」と密接にリンクしていて、奴隷制賛成派の白人に伝わらない「暗号」が埋め込まれていた。「マスク（隠蔽）とシンボル（象徴）の工夫ないし2重の意味を考慮に入れることなしに、霊歌を十分に理解することはできない」とワイヤット・ウォーカーも釘を刺している。[23]

しかし「二重的意味歌《ダブル・ミーニング・ソング》」（ハロルド・クーランダー）の具体的な内容解読に踏み込む前に、なぜ霊歌が暗号化されていったのか、黒人奴隷の心理的条件のみならず社会的条件も考慮しておきたい。まず彼らは文字を読めなかったことが大きい（黒人奴隷に文字を教えることは法的に禁止されていた）。それゆえ秘密文書によるやり取りができず、さらに奴隷同士の会話も禁止され、仕事中は生産性を増し、自分の居場所を示すために常にワークソングを歌っていなければならなかった黒人奴隷にとって、意思疎通はその歌によってしかありえなかった[24]。

さて隠語で「地下鉄道」とはいうものの、これは実際の鉄道などではなく、実際には徒歩や馬車で通路（ときに道なき道）を移動していた。では、なぜそう名づけられたのか？　アメリカン・ルーツ・ミュージックの研究家・東理夫《みちお》がその理由をコンパクトにまとめている。

一八三一年、ケンタッキー州から自由州《フリー・ステート》のオハイオへ逃げたタイス・デイヴィッツを追った奴隷主が、彼の行方を捜しあぐね「まるで地下の迷路にもぐりこんだようだ」と語ったという。その言葉を、奴隷解放論のウィリアム・コックラム大佐が「実に多くの奴隷たちが自由の地へと逃げていった……それを奴隷主たちは、オハイオ州の下を走る北へ向かう地下の鉄道があるに違いないと語った」と記したことから、後世に「地下鉄道」という名が伝えられるようになった[25]。

さらに逃亡奴隷を「乗客」（Passenger）、逃亡の計画を把握している「駅長」（Station Master）、逃亡中の隠れ家

図１－８　Michelle Mayne-Graves & Lifeline Quartet, *LIFELINE : Music of the Underground Railroad*
Yarlung Records, 2019
ミシェル・メイン＝グレイヴスによる黒人霊歌と地下鉄道の暗号的繋がりをテーマにしたアルバム。コルソン・ホワイトヘッドの小説『地下鉄道』がベストセラーになったこともあり、この秘密結社への理解は深まりつつある

となる「駅」（Station）、「駅」に到着した「乗客」に衣服や食料を提供する「駅員」（Station Staff）、またお金を集める「基金係」（Fund Raiser）、米国紙幣の肖像になることも決まったハリエット・タブマンが担った「乗客」を安全に引率する「車掌」（Conductor）といった具合に役割分担され、隠語で表現された。この逃亡計画の噂は、先述した「見えない教会」でやり取りされていたという。

黒人霊歌の暗号を解読する

そしてこの地下鉄道の情報が、黒人霊歌には「暗号」として埋め込まれているのだ。「暗号」を解読するうえで、最も重要な一曲は〈水飲み柄杓を追え Follow the Drinking Gourd〉であろう。「水飲み柄杓（Drinking Gourd）」とはヒョウタン類に柄を付けたもので、このアステリズム（asterism）は別名「ビッグ・ディッパー」とも呼ばれ「北斗七星」をも意味する。

地理に不案内な逃亡奴隷が夜に移動するときに目指すべきは、アメリカ北部やカナダなど「北」である。その方向を教えてくれる北斗七星（Drinking Gourd）に従え、そしてまずは自由州へ渡るための最後の関門オハイオ川まで行け、とこの歌は暗示している。

この曲の歌詞には複数のヴァリエーションがある。「太陽が戻ってきたら、そして最初に鶉《うずら》が鳴いたら、水飲み柄杓を追え When the sun comes back, and the first quail calls, follow the drinking gourd」という、とりわけ何を言わんとしているのかわからない、謎めいた歌詞で始まるヴァージョンを、東理夫は以下のように「解読」する。

「太陽が戻れば」とは、キリスト教で復活祭の基点となる春分の日のことで、この日から彼らは太陽が戻ってくると考えたのだ。鶉は渡り鳥で、冬の間南にいたのが、やがて春になるとまた北に渡ろうと鳴きはじめる。この時期に、南部を離れて北を目ざせば、オハイオ川〔奴隷州から自由州へ渡る最後の関門で、川幅が広く容易にわたることは困難だった〕には冬に着き、川面は凍っていて泳いだり舟を調達しなくとも渡ることができることを教えているのである。[26]

これだけでもかなり高度な暗号で驚かされるが、秘められたものはまだまだある。〈水飲み柄杓を追え〉の他のヴァージョンの歌詞[27]には「川岸を進むが吉 The riverbank would make a mighty good road」という一節もある。これは逃亡奴隷を狩る白人ハンターの放つ犬の嗅覚から逃れるため、川の中を歩いて匂いを消せという指示である。「水の中を歩け Wade in the water」という歌詞も同様の暗号である。とりわけ推奨されたのはせせらぎのような小川ではなく、腰ないし胸まで浸かれるような大きな川で、そこなら確実に犬を撒けるとされた。[28]

逃亡者は匂いのみならず音も消さねばならない。〈こっそり逃げ出そう Steal Away〉という黒人霊歌に「主が私を呼ぶ、雷で My Lord, he calls me, by the thunder」という歌詞があるが、これはプランテーションからの脱出に雷鳴の轟《とどろ》く嵐の日が適していることを暗示している。嵐なので、白人奴隷所有者は見回る頻度が減り、逃げ出すときの物音はかき消され、足音や臭気も雨で洗い流されるのだ。[29]

かてて加えて、この歌は一八三一年にヴァージニア州サウサンプトンで起こった名高いナット・ターナーの奴隷一揆の集会を知らせる歌でもあった。ターナーは革命と神がかりの不即不離の関係を示す予兆として、「太陽が不可思議な緑色に輝いた」のを見たことから決起の日を二一日と決めた。ターナーは主人一家を含む白人六〇人を惨殺し、制圧に来た州兵と連邦軍によって奴隷側も一〇〇名以上が殺された。ターナーは逮捕され、一一月一一日に絞首刑となった。

このナット・ターナーの乱が引き金となって奴隷一揆への警戒心は高まり、「ブラック・コード」という奴隷への取り締まり規則が強化された。どれくらい厳しかったかといえば、ディープサウス（アメリカ最南部）ではこのターナーの一揆以降、黒人奴隷の平均寿命は一気に低下し、四〇歳まで生きることもままならなかったという。[30] 研究者ジョン・ラベルはこのナット・ターナー事件を「不気味な転換点」と見なし、浮世離れした内容の黒人霊歌が、奴隷制下のおそろしい黒人実存を反映したサバイバルなものと見なされるようになったという。[31]

「深い河」のシンボリズム

さて、黒人霊歌には「ヨルダン川」を越えた先に「約束の地カナン」が待っているといった旧約聖書「出エジプト記」に基づいた内容が頻出する。これは旧約の物語が自分たちの明白な運命《マニフェスト・デスティニー》を未来予告したものと見なした白人ピューリタンの予型論《タイポロジー》をさらに換骨奪胎した、いわば「逆予型論」（巽孝之）と呼ぶべきもので、一種の暗号として解読できる。

先に触れたように、南部奴隷州のケンタッキー州と北部自由州のオハイオ州のあいだには、オハイオ川が流れている。夏は水量が少ない時もあり、歩いて渡ることが可能である。逆に冬は水深が深くなり流れも速くなるので、大人の男でも泳ぎ切ることは不可能だ。それゆえ川岸に舫《もや》ってある小舟を「拝借」（要するに窃盗）してオハイオ川を渡り、やっと対岸の町リプレイに着岸できる。つまりオハイオ川が「ヨルダン川」で、対岸のリプレイが「約束の地カナン」と、黒人霊歌では隠喩的に歌われているのだ。

このリプレイの町には有力な「駅長」ローリー・ランキン牧師の邸宅があり、そこが川を渡り終え、疲れ切った逃亡黒人たちが憩う「駅」となっていた。レンガ造りの家は夜間でも対岸から見えるように、庭にランプの明かりを灯した三〇フィートの高さの「灯台」が建っていたという。

この「駅」を示すサインについて興味深い例を益子が挙げている。「その当時ランプの反射面を凹面にし、銀色や金色の真鍮を磨き上げ、ランプを出窓の側に置いた家は「駅」であることが多く、また、木製の「黒人の人形がランタンを持っている像」が入り口に建てられている家や店も「駅」であることが多かった」[32]。人形という、種村季弘や澁澤龍彦のような和製マニエリストを狂わせたモチーフがここで現れる。表の世界には出てこないアンダーワールドへの入り口、暗号が使われる迷宮じみた「地下鉄道」の旅においては、マニエリスム的想像力はその鍵となると言えるであろう。

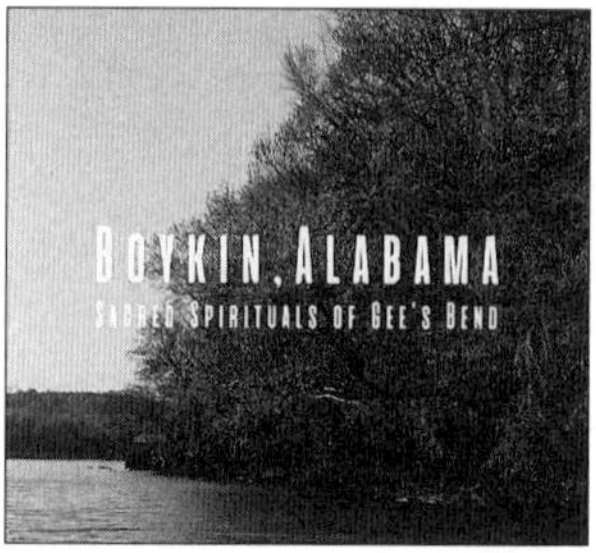

図1-9　Gee's Bend Quilters, *Boykin, Alabama: Sacred Spirituals Of Gee's Bend*
Dolceola Recordings, 2019
「世界を録音した男」アラン・ローマックスがフィールド・レコーディングで愛用したAmpex 601とRCA 77DXを使用したという。レーベル主の鳥越弾は、魔術的一冊『ハリー・スミスは語る』を刊行したカンパニー社代表の工藤遥の横に並ぶ、異能の音楽考古学者ではあるまいか

キルトと黒人霊歌の関係

さらに、地下鉄道は霊歌のみならず、黒人奴隷が得意としたアフリカン・キルトの模様でも暗号のやり取りをしていた衝撃の事実がある。つまりその模様を織り込んだキルトの布地《テキスタイル》に隠れた意味を持たせ、逃亡奴隷にしかわからない暗号文《テクスト》を発信していたのだ。

しかしそのキルトの「暗号」に向かう前に、二〇一九年に鳥越弾の主宰するドルセオラ・レコーディングスからリリースされた《ボイキン・アラバマ：ジーズ・ベンドの黒人霊歌》という一枚のアルバムを紹介したい【図1-9】。アラバマ州南西部のブラックベルト地帯に位置し、三方をアラバマ川に囲まれたボイキンなる町がある。通称は「ジーズ・ベンド（gee's bend)」。この地帯では一九世紀に綿花プランテーションが形成され、多くの黒人労働者が使役された。二〇世紀に入ると、黒人たちによるキルティングが盛んになった。そして土地の孤立性もあって独自の進化を遂げ、ジーズ・ベンドといえばキルトを意味するほどになり、その即興的なデザインはモダン・アート方面から高く評価された。

そのような歴史の中、ジーズ・ベンドでは黒人霊歌がキルティングにともなうワークソングとして連綿と受け継がれてきた。ジーズ・ベンドのキルトメーカーたちは、キルティングの際に必ずと言っていいほどスピリチュアルを歌う。そこから何らかのインスピレーションを得て、それを即興的にキルティングへと昇華していくのだという。このアルバムは二〇一五年から一七年にかけて録音されたもので、四人のキルターたちの日常的に歌っている黒人霊歌が聴ける。米国屈指の貧困地帯において、黒人霊歌とキルティングは一種の癒しでもあったことがうかがえる魂の音楽だ。[33]

黒人フリーメイソン──キルトの暗号をめぐって

こうしたキルトと霊歌の繋がりを踏まえたうえで、暗号の話を続けたい。益子『ゴスペルの暗号』によれば、「そのキルトの文様の中に北極星があり、結び目の数でそれぞれの「駅」や町の間の距離が示され、黒人霊歌との間の明確なつながりが示されている」という。[34]

また「「駅」である民家は、あらかじめ打ち合わせた模様のキルティングを窓枠から見えるように下げたり飾ったりしていた。逃亡中にその模様のキルティングを目当てに「駅」である家を探すこともできたのである[35]」。しかし日本の書物でこのキルトの模様と暗号の興味深い関係を追ったものは、益子のこの短い記述を除いて知る限り皆無である。そこでジャクリーン・L・トビンとレイモンド・G・ドバードによる共著『あからさまに隠す *Hidden in Plain View*』が本論の導きの北斗七星となる。

　特に注目したい模様は以下のものである。「二インチずつ距離をとった五つの本結び（square knots）があるキルト」——この暗号を解読することが「アフロ・マニエリスム」理解の鍵となろう。なぜ本結びが「五つ」なのか？　オハイオ州立大学の歴史学名誉教授ウィルバー・シーバートによれば、逃亡奴隷用の避難所はたいてい五マ

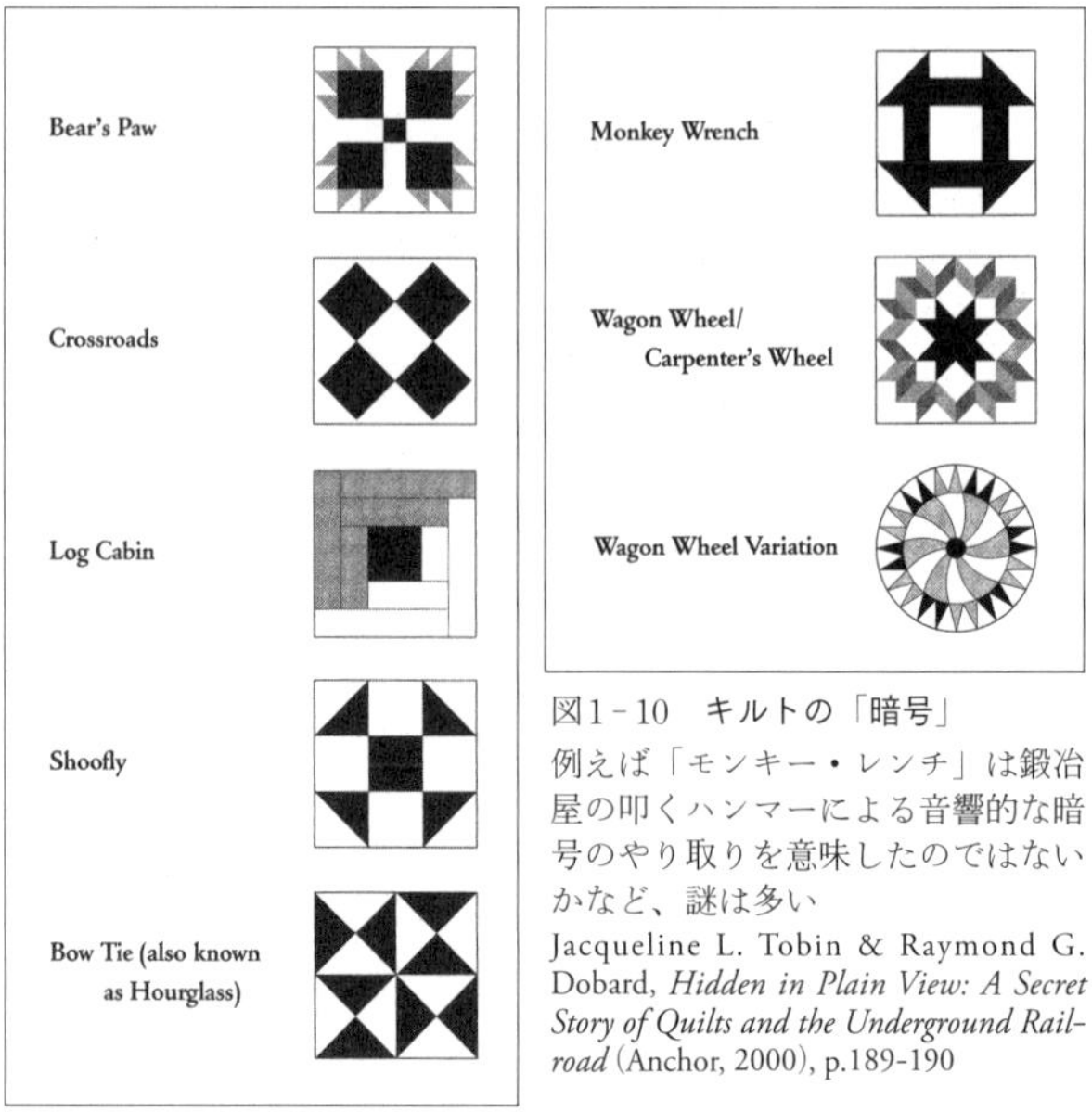

図1－10　キルトの「暗号」
例えば「モンキー・レンチ」は鍛冶屋の叩くハンマーによる音響的な暗号のやり取りを意味したのではないかなど、謎は多い
Jacqueline L. Tobin & Raymond G. Dobard, *Hidden in Plain View: A Secret Story of Quilts and the Underground Railroad* (Anchor, 2000), p.189-190

イルから二五マイルほど離れて位置しているという。またシーバートは五ないし五の倍数がオハイオでは基準であったと指摘している。キルトの五つの本結びは避難所のあいだの距離に言及しているのかもしれない。

　ここでフリーメイソンに注目するよう『あからさまに隠す』の著者たちは喚起する。この秘密結社には「フェロークラフト」と呼ばれる会員がいる。手工芸を学んでいて、引き綱（cable tow）を与えられているフリーメイソン入会者のことで、その一本の引き綱には結び目がついており、ロッジや共同体への献身のシンボルとされている。その引き綱はまた測量の手段でもあり、フェロークラフトがロッジに向けて旅立とうとする際の距離の象徴的尺度である。引き綱には達成度に応じて結び目が作られ、たいてい三か五、ないし七つの結び目で階級が示される。

図1-11　Peter Maag Conducting The Orchestra Of The Vienna Volksoper, *Mozart: Complete Masonic Music* lurnabout, 1960s
ペーター・マーク指揮の《モーツァルト：フリーメイソンのための音楽全集》のレコード・ジャケットに描かれたロープと七つの結び目。このフリーメイソンの象徴システムが、キルティングの結び目の暗号に流れ込んだ？

　結び目はフリーメイソンの主要な紋章の一つでもある。ゆえにキルティングの「五つの本結び」で見られるような数字の「五」や「結び目」は、奴隷化された兄弟たちを助けるためにプリンス・ホール・ロッジ（黒人によるフリーメイソン支部）が発明した暗号を示唆している可能性がある。地下鉄道とフリーメイソンの関係など陰謀論者の馬鹿げた思いつきだと思われるかもしれない。しかしアレクサンダー・ロスというカナダの鳥類学者が、実は地下鉄道に積極的に関与したフリーメイソン会員で、数字と詩的表現を組み合わせた暗号で奴隷逃亡を援助していた事実があった。[36] 現在手にできる資料から見て、プリンス・ホール・メイソンがキルト・コードに影響を与えたと考えるのには充分すぎる理由がある、とトビンとドバードは言う。[37]

しかしこの本が語らなかった「結び目」の救済的象徴に関して、錯綜する迷路というテーマをさらに加えて、次節以降では考えていくことにしよう。

（ア）メイジング・グレイス——迷路に浮上する結ぼれ

ここまで地下鉄道の駆使する「暗号」を霊歌、キルトの表現に見てきたが、こうした極度に謎めいた世界を生きる黒人奴隷とはホッケの言う「迷宮としての世界」の住人そのものではないだろうか？　その意味で、逃亡した黒人奴隷タイス・ディヴィッツを追った奴隷主が放った、「まるで地下の迷路にもぐりこんだようだ」という言葉をここで思い出したい。迷路ないし迷宮それ自体を生きる／生きざるを得ない黒人奴隷の心理を、最後に「ラビュリントス・コンプレックス」（M・プラーツ）の観点から見直してみたい。[38]

〈アメイジング・グレイス〉という有名な讃美歌がある。この曲は白人奴隷商人ジョン・ニュートンによる改心の唄なのだが、アレサ・フランクリンが教会録音した名盤のタイトルにも冠せられたほど、黒人共同体に愛された曲で、ゴスペルや黒人霊歌と混同されることも多い。よく聴くとメロディや曲構成も黒人霊歌とは異なるが、南部奴隷制という脱出困難な「迷路」を潜り抜けた黒人心理を説明する歌詞は、黒人霊歌の括りで取り上げてよいと思われる。さて、タイトルの「アメイジング」には秘密がある。「驚くべき」とか「驚異の」と訳されるこの語の動詞形Amaze（驚かせる）にはmaze（迷路）が隠されているのだ！

　逃亡奴隷の避難所を示す地点は、フリーメイソンのシンボリズムを踏襲しつつ、キルトの結び目《ノット》として暗号化された可能性があることは既に紹介した。英語の結び目knotにはそのこんがらがったイメージから「困難」という意味もあるほどで、精神分裂症（統合失調症）を研究したR・D・レインによる、詩とも小説とも寓話ともつかない謎めいた迷宮作品『結ぼれ』の原題もknotsであった。しかし「謎」や「困難」と同一視された結び目には、逆説的に救済象徴が宿る。knotには「絆」という意味もあるように、結び目を解くことが人生の鍵であるのだ。

　この救済地点としての結び目《ノット》は宗教的な結ぼれ《レリギオ》、いわば迷路脱出のためのアリアドネの糸の換喩であると敷衍《ふえん》できるかもしれない。ホッケ『迷宮としての世界』一三章では、めまいのするような蛇状曲線の迷宮的錯綜ぶり――「神の衒気 *concetto divino*」とホッケは呼ぶ――のなか、混沌に浮かび上がる恩寵のごとき（物理的）結び目／（精神的）結ぼれという救済イメー

図1-12　フォルメン線描
ルドルフ・クッツリ、石川恒夫訳『フォルメンを描くI　シュタイナーの線描芸術』（晩成書房、1998年）

図1-13　レリオ・オルシ「十字架迷宮」
グスタフ・ルネ・ホッケ『迷宮としての世界（上）』（岩波書店、2011年2刷）、326頁

ジがマニエリスム・アートから博引旁証《はくいんぼうしょう》されている。[39] このレリギオとはズバリ宗教《レリジョン》の元となった語だ。要するに〈アメイジング・グレイス〉で歌われる信仰とは、錯綜した迷路《メイズ》で道に迷うことに始まり、そこに垂らされた驚くべき《アメイジングな》アリアドネの糸が結び目《レリギオ》となって脱出を可能にし、艱難辛苦《かんなんしんく》の果てに恩寵《グレイス》が訪れる、と解釈される。

ここで思い出したいのは、人智学者ルドルフ・シュタイナーの発明したフォルメン線描（図形を描いてかたちを学ぶ教育方法）である【図1-12】。直線、曲線、方形、渦巻き、鋭角、鈍角など線を錯綜させ結び目になるまで描かせることにより、世界とのリズムを調和させたり、トラウマからの脱却を図る心理療法になった。迷宮に浮かび上がる「結び目」はオカルト学的にも救済であったのだ。だから黒人奴隷のキルターは、フリーメイソンの暗号を越えて、奴隷制というトラウ

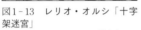

マを脱却するために、そしてバラバラになった心を縫い合わせるために、キルトに五つの本結びを縫いつけたのだろう。

「私はかつて道に迷ったが、今では見出された」という有名な歌詞は、まさに出口なしの迷路《メイズ》を脱出可能な迷宮《ラビリンス》に変化させ[40]、希望の光が差し込む出口に誘うものだったのだ。ホッケはこう述べる。「心の核心房に通じている者は、迷いの道を歩み、迷いの森を通り、迷宮をくぐって、架空の救済空間に肉迫する必要はない。恩寵に与かった意識には迷宮は雲散霧消するのだ[41]」。

絶望と確信

黒人奴隷は新大陸という迷宮のなかに放り込まれ、陰鬱な旅を続けるなかで、とうとう希望の核心房に辿り着く。迷うことで喜びは増大する。黒人神学者ハワード・サーマンいわく、黒人霊歌とは「生の悲観主義《ペシミズム》を原料として用いて、そこから自己自身の力をつくり出す楽観主義《オプティミズム》である[42]」。また黒人奴隷の抱く希望の強度に関してコーンは、「この世の希望に反する希望、有限な人間の自信の神々に反する希望」と評した。これはつまり希望を奇跡に等しい、神の到来と見なすような超越的心理である。

黒人をして奴隷的体験を超えしめ、彼らの抑圧者たちとはまったく異なった目で黒人的人間性を見せしめたのは、（黒人音楽に示されているように）希望のもつこの超越的要素であった。黒人奴隷は音楽によって彼らの実存を儀式化し、彼らの生に約束の次元と、人間的神学や哲学に含み切ることのできない新しい現実を与えた。[43]

希望の持つ超越的次元！　これをマルクス主義哲学者エルンスト・ブロッホは『希望の原理』で以下のように語った。「希望は不安の反対概念であるばかりでなく……不安と較べて、それどころか絶望の無と較べて、希望は不安を溺死させると言えるような、一定の力を具有している」[44]。

黒人霊歌で歌われるヨルダン川（＝オハイオ川）は、「不安を溺死させる」希望の川であったに違いない。そして川の向こうはきっと「天国」である。「天国とは新しい黒人的人間性についてのビジョンであった」とジェイムズ・コーンは言った。[45] アフリカという故郷《ホームランド》を剥奪された彼等にとって、北部＝天国への脱出の希望それ自体が望郷の念たりえたことをポストモダン神学者マーク・テイラーの箴言《しんげん》が伝える。「望郷の想い、が回顧的な欲求・希求《ホープ》、であるのに対して、希望《ホープ》、は予想的・未来展望的な望郷、である」[46]。このあたりの希望の原理に、アフロ・フューチャリズムの未来志向の秘密は隠されているだろう。

しかし、なぜ奴隷制という絶望のオクターヴが高まれば高まるほどに、黒人奴隷たちは希望の炎を輝かせることができたのか？　この矛盾の迷宮は、合理的精神では説明がつかない。「ラビュリントスは論ずるべき問題ではなく、理性的には解決しえないひとつの神秘である」

とイタリアの大碩学マリオ・プラーツも言うとおりである。[47]しかしそれが黒人音楽史を貫く「魂《ソウル》」の本質なのである。パラドックスを生きる力に変えるのが黒人音楽であり、マニエリスムである。ホッケは語る。「まさにイデアー芸術〔マニエリスム芸術〕の芸術家、詩人、音楽家、哲学者たちの作品には霊《プノイマ》の力が逆巻いている。とはつまり、死をも神をも奇術師風に退散させてしまう力のない代数数列だけがとぐろを巻いているだけではないのだ[48]」。

地下鉄道そして黒人霊歌が駆使する暗号もまた、真のマニエリストがそうであるように、頭でっかちのものではないソウルフルなものだ。ワイヤット・ウォーカーは「人間精神は情熱と知性の結合だ」と語った。[49]地下鉄道の暗号とは、何が何でも生き延びるという逃亡奴隷の、生命力のディオニュソス的奔出を押さえつけるための、工匠ダイダロス的掣肘《せいちゅう》であった。ホッケによれば、マニエリストとは「ディオニュソス的無定形」と「ダイダロス的輪郭づけ」の矛盾に引き裂かれる。いわば「デモーニッシュなものを、人工的構成によって、合理的代数学の怪異《ビザール》であるとはいえ現存在克服的な図形のうちに囲い込もうとする」運動がマニエリスムである。

黒人霊歌の「生命力」と「暗号」の取り結ぶ緊張関係のもと、その楕円の二焦点に引き裂かれたねじれから絞り出されるツイスト&シャウトが「ソウル・ミュージック」ではないか。次章では、奴隷制のくびきから脱した自由黒人たちが作り出した音楽、ブルースについて考察する。

第2章　「鳥獣戯画」ブルース

「暗き道に犬うづくまり　小溝には蛙なくなり　もの思ふ道」
湯川秀樹

ブルースとは何か

前章で扱った黒人霊歌が南北戦争以前の奴隷制時代の音楽だとすると、ブルースは南部再建期の自由黒人たちによって形成されていった音楽ジャンルだと言える。

一二小節で、歌詞はAAB形式（Aの反復ののちBでオチがつく）をもつ、というのが最も知られた音楽的特徴だ。日ごろギターを弾く人なら、「トニック（主和音＝I）の四小節に始まり〜」とブルースの典型的なコード進行も思い浮かぶかもしれない。しかし実際には一二小節という形式から逸脱するものもブルースと呼ばれることは多い。逆にブルーグラスやカントリー、ロックンロールも、一二小節形式を取ることはあるが、それは普通ブルースとは呼ばれない。

つまりブルースには特徴的な音楽的形式があるものの、単純に形式だけに還元できない「何か」があるのだ。そもそもブルースとは音楽ジャンルであると同時に、憂鬱な心理状態を指す語でもある。音楽批評家ロバート・パーマーの『ディープ・ブルーズ』によれば、「エリザベス朝時代のイングランドにおける〝ブルー・デヴィルズ（憂鬱）〟までさかのぼってたどることができる、憂鬱な気持を説明する俗語表現である〝ハヴィング・ザ・ブルーズ〟は、黒人と白人のどちらにもなじみのあるフレーズであり、心理状態だった」[1]。なるほど、確かにブルースマンに「ブルースとは何か？」という問いを発すると、テクニックよりも概ねこうした悲哀の黒人心理のほうが語られることが多い。

ブルーな心情に加えて、よく知られた「ブルーノート」もブルース音楽の核となる表現技法だ。「フラットした三度の音」のことで、この少し下げた魔法の音がブルースに限らず黒人音楽の鍵となる。パーマーの指摘によれば、アフリカでは音の上げ下げによって、一つの音節や単語にある複数の意味を使い分ける音楽的な言語が話されていて、半音下がるブルーノートもその名残りではないかという。特にガーナのアカン語を話す人々にとって重要だったという。「アカンの歌ではしばしば感情の高まりをフラットした三度で表現する。この傾向とブルーズ歌唱には直接的な連続性があるようだ」[2]。前章では黒人霊歌の歌詞に隠された暗号を見たが、こうした音楽面にも暗号的側面があるのだ。

しかし大和田俊之の『アメリカ音楽史』によれば、このブルーノート・スケールは床屋《バーバーショップ》由来だとしている。黒人文化において床屋は重要な場所で、社交以外にも合唱のリハーサルの場として使われた。そこで発達したのがバーバーショップ・ハーモニーであり、「メロディを即興的に崩しながら自然発生的なハーモニーを重視する」合唱スタイルがブルーノートに結晶化したのではないかという。[3] アフリカ由来か、床屋由来か、あるいはその両方か、はたまた他の要素も混入しているのか、ブルーノートの謎は尽きない。

南北戦争後

先述したようにブルースとは南北戦争後の音楽であることは間違いないが、より正確には前段階がいくつか存在する。戦争後の再建期の旅回りの黒人音楽家に、ブルースマンではなく「ソングスター」と呼ばれた人たちがいた。彼らのレパートリーは概ねカントリー・ダンス曲、ミンストレル・ショーの曲、霊歌、説話体のバラッド（物語のある歌）などであり、どれも白人のカントリー・ミュージックとの類似性を見せていたという。

というのも、初期の白人音楽は、黒人のフィドル（ヴァイオリンの一種）やバンジョー演奏、黒人の作曲したプランテーション・ソングなどから影響を受けていたので、相互に共有する特性が多かったのだ。[4] またソングスターの歌より、さらにブルースに近いものとしてジャンプ・アップがある。「諺《ことわざ》風の性質をもった詩句を、多少の関連もなく一緒につなぎ合わせて素朴な和音の伴奏に乗せて歌う」ものだという。[5]

とはいえソングスターのバラッドからジャンプ・アップへ、最終的にブルースに至る進化論の図式に収斂するわけでもない。というのもブルースにはフィールド・ハラー（黒人労働歌）、教会音楽、アフリカ由来の打楽器音楽も、共時的に流入しているからだ。

では、このごった煮で得体のしれない「ブルース」は一体いつ生まれたのだろうか。一九〇三年だとする公式見解が一応ある。この年、ミシシッピ州タトワイラーの駅で、九時間の遅れを出していた列車を待っていたW・C・ハンディがうとうと眠っていると、隣に座った名もなき黒人が「サザン鉄道とドッグ線が交差するところへ行こうか」と三回繰り返す、（後世ブルースとして知られる）風変わりな曲を歌っていたという。ハンディは著書『ブルースの父』で、その時のエピソードを以下のように語っている。

痩せた、締まりのない体つきのニグロが、眠っている私の隣でギターをポロンポロンと鳴らしはじめたのだ。着ているものはボロで、靴からは足がのぞいていた。その表情には年齢を積み重ねた悲しみがあり、ギターの弦にナイフを押し当てて弾くのだが、それはスティール・バーを使う奏法で人気を呼んだハワイアン・ギタリストのやり方であった。その効果は忘れがたい。また歌にもすぐやられてしまった。[6]

こうしてブルース伝説は始まったとされる。しかし生々しいリアル・ブルースに天啓を受けたはずのハンディは、のちに民俗的な猥雑さを排してメインストリームに乗せたような、白人受けするダンス形式のブルースを量産することになる。

Pヴァイン創業者でブルース研究者の日暮泰文によれば、このハンディのやり方を研究、自家薬籠中のものとし、ブルースをタイトルにもつ歌謡曲を量産して日本の「ブルースの父」となったのが服部良一だという。ハンディ－服部というラインの歌謡曲ブルースの方向と差異化をはかるため、リアルなブルースを「ブルーズ」とわざわざ濁音で表記したほどである。[7]

しかし大和田俊之は、ブラインド・レモン・ジェファーソンを嚆矢とするカントリー・ブルース（いわゆる「リアル」ブルース）と、大衆芸能化したヴォードヴィル・ブルースをいたずらに対立させることに疑問を呈している。ミンストレル・ショーの旅芸人たち（ブルースの女王マ・レイニーも芸人だった）がブルースを普及させるのに貢献したのは事実だし、ジェファーソンのようなカントリー・ブルースマンも、芸能化したブルースから影響を受けたからだ。[8]

ロックンロールの父

ここからはロックファンにはよく知られたブルースの歴史になる。ミシシッピ・デルタで誕生したブルースは、グレート・マイグレーションと呼ばれる黒人の北部への大移動（第一次世界大戦中から七〇年続き、七〇〇万人が移り住んだ）に伴って、シカゴに中心地を移す。田舎から都会へ、いわゆるカントリー・ブルースからアーバン・ブルースへの移行である。

またマディ・ウォーターズを筆頭に、チェス・レコードからは電気増幅されたエレクトリック・ブルースが火を噴く勢いで誕生。単に音を大きくするのではなく、アンサンブル自体を生々しいものに変質させたこのエレキブルース誕生の衝撃は、地域的なフォーク・ミュージックだったブルースを、一挙に白人マーケットのポピュラー・ミュージックに押し上げる。こうしてブルースは「ロックンロールの父」になった。

しかしこれは、ロックのルーツをブルースから辿るというややありふれたストーリーである。本章ではむしろ、カントリー・ブルースに、さらに言えば「田舎《カントリー》」に焦点をあてたい。強い黒人差別が残る南部の、しかし同時に長閑《のどか》な自然に囲まれた環境でブルースマンたちがどのように生きたか、意外にも鍵となるのは野生動物である。

驚異の蒐集

ブルースという響きには、憂世を生きる黒人実存の反映としての重々しさと芋臭さがある。だが一方、綿作害虫《ボール・ウィーヴィル》や鯰《なまず》など奇妙な生物たちをテーマにした伝統曲があったり、ヴゥードゥー絡みでは黒猫の骨やウサギの足が人気のお守りだったりと、実はすごくファンタスティックな側面もある。黒人神学者ジェイムズ・コーンはこう語る。「ブルースにおける不条理は事実的なものであって、概念的なものではない。また、ブルースは一方で世界の不可思議性を否定せずに、その不可思議性をもっと具体的で生き生きとした言葉で叙述している」[9]。ブルースにはセンス・オブ・ワンダーがあるのだ。

筆者にこうしたエキセントリックな一面に注目する着眼を与えてくれたのは「宇宙論の大家、映像作家、画家、人類学者、言語学者、オカルト研究家に収まりきらない存在」（ラニ・シン）にして、南方熊楠や平賀源内のアメリカ版と呼ぶべき百科全書派ハリー・スミスだった。[10]

スミスが編纂した《アンソロジー・オブ・アメリカン・フォーク・ミュージック》（一九五二年）【図2-1】と、それに音楽批評家グリール・マーカスが付けた「古くて奇妙なアメリカ（Old Weird America）」という卓抜なキャッチフレーズが気づきとなり、鄙《ひな》びたカントリー・ブルースの世界をファンタスティックな想像力で捉える美的観法がありうることに気づいたのである。すなわち第1章で述べたG・R・ホッケが『迷宮としての世界』で立ち上げたマニエリスム美学で、ブルースの奇天烈《きてれつ》でクレイジーな想像力を「再発見」できると感じた。

図2-1　Harry Smith (ed), *Anthology of American Folk Music*
Smithsonian Folkways Recordings, 1997

《アンソロジー》は一九五二年、『迷宮としての世界』は一九五七年に発表されている。ともに第二次世界大戦後の混沌期を抜けて、バラバラになった世界をふたたび繋ぎ留め、百科全書的《エンサイクロペディック》な音／知の円環を成し遂げんとした時代精神の産物であることは、きっと偶然ではない。

さて《アンソロジー》は、ボブ・ディランをインスパ

イアするほどに甚大な影響力をもったアルバムである。以下では、戦前に録音されたアメリカ民俗音楽を蒐集したコンピレーション盤の中で、とりわけ面白い名盤を眺めてみよう。まずジム・オルークに影響を与えた偉大なギタリスト、ジョン・フェイヒーが亡くなる直前に編纂した《*American Primitive Vol.II : Pre-war Revenants (1897-1939)*》【図2-2】である。「ハリー・スミスの《アンソロジー》以来のもっとも重要なアーカイヴ音源」と評されている。[11] 他には《*American Epic: The Collection*》という一九二〇~三〇年代のアメリカン・ルーツ音楽（先住民から各種移民音楽まで）を蒐集した、五枚組トータル五時間一五分の壮大なコンピ盤もあり、これもハリー・スミスの《アンソロジー》と比較された傑作だ。[12]

そして最後の一枚はOld Hat Recordsというレーベルから出た《*Good For What Ails You: Music of the Medicine Shows 1926-1937*》【図2-3】である。メディスン・ショーと呼ばれる見世物興行（日本で言う富山の薬売り）の音楽を蒐《あつ》めた珍しいコンピ盤だ。ボブ・ディランもコメントを寄せた一枚で、これもまたハリー・スミス《アンソロジー》と比較する評者がいる。

無数に転がっているカントリー、フォーク、ブルースの珍品・良品を蒐集するハリー・スミスの《アンソロジー》は、このように数多《あまた》の後継的コンピレーションを生み出したが、この大いなる連鎖を「ハリー・スミス症候群《シンドローム》」と名づけてみたい。なぜこの症候が出るかというと、人には網羅への抑えきれない欲望があるからで、もっと言えば珍種発見→標本化という好奇心のなせる業なのである。この博物学者にも似たまなざしをもって奥深いファンタスティック・

ブルースの世界をのぞき込むことで、思いもかけない「発見」が約束されよう。

不気味な深海魚や、世にも奇妙な模様をもった蝶や、玉虫色の爬虫類などに心動かされる少年のような――「幼年皇帝」澁澤龍彦の――好奇心で、「リアル」より「ファンタスティック」な世界をこじ開けてみたいのだ。ハリー・スミスとその後継者たちが戦前のカントリーを中心に「古くて奇妙なアメリカ」を蒐集したのならば、それは黒人音楽である戦前カントリー・ブルースにも応用できるだろう。菊地成孔もブルースは「アウトサイダー・アート」の一種だと卓見を示している。[13] いわばヘンリー・ダーガーの絵画を眺めるように、ブルースの奇天烈宇宙へと潜っていきたい。

こうしてハリー・スミスあるいは澁澤龍彦の眼をもってブルース世界を覗くと、先述した

図2-2 John Fahey(ed), *American Primitive Vol.II : Pre-war Revenants (1897-1939)*
Revenant Records, 1997

図2-3 V.A., *Good For What Ails You: Music of the Medicine Shows 1926-1937*
Old Hat Records, 2005

「アニマル・ブルース」とでも呼ぶべき、動物の楽園世界がほの見えてくるのである。カントリー・ブルースが歌う牧歌的な動物との交情・交感に関して、アーヴィング・ゴッフマン研究で知られる社会学者、同時にブルース研究者の中河伸俊はこう指摘している。

> ブルースの発祥の地はご存じのように、南部の田舎だ。だから初期のいわゆるカントリー・ブルースには、当然、田舎の風物が歌いこまれている。たとえば、ラバや乳牛や雄牛、オンドリやメンドリ、ヤギやポニーや猟犬といった家畜、主要作物だった綿花につく害虫ワタミゾウムシ《ボル・ウィーヴィル》、そして、潜水ガモ、ブルーバード、ヘビ、ウシガエル、アリゲーター、キャットフィッシュ、黒後家グモ《ブラック・ウィドウ・スパイダー》やマルハナバチ《バンブルビー》といった野生の生き物が、歌の世界をにぎわせる。[14]

まさにカントリー・ブルースは動物がひしめき合う、鳥獣戯画の趣きなのである。そもそもブルースで最も有名な一曲が、ブラインド・レモン・ジェファーソンの〈That Black Snake Moan〉という蛇ソングだ。「そうした田舎の生き物は、ふつうに風物として出てくるだけでなく、感情移入の対象になったり、喩えの材料やシンボルとして使われたりする」とも中河は述べているから、ブルースの歌詞における動物モチーフに着目していくことは邪道どころか王道なのかもしれない。[15] まずは猫のような髭が生えたキャットフィッシュ、すなわち鯰をみていこう。

鯰ブルース

ロバート・ペトウェイが一九四一年に自作ブルースとして録音した頃、既にミシシッピではスタンダード・ナンバーだった〈キャットフィッシュ・ブルース〉という曲がある。その名の通り、鯰を歌ったブルースである。この曲を歌ったミュージシャンをざっと挙げてみると、バディ・ガイ、B・B・キング、ジョン・リー・フッカー、スキップ・ジェイムスなど無数にいる[16]。

サイモン・キニー・ルイスに至っては二〇一七年に《鯰《キャットフィッシュ》》という、アルバムのジャケットに鯰ブルースマン【図2-4】を配したデジタル・アルバムをリリースしたほどだ。キャットフィッシュ・キース【図2-5】なる際物《きわもの》ブルースマンさえいる（ともに白人）。とはいえ、なんといってもジミ・ヘンドリックスによる演奏が特に有名だろう。歌詞にはそれぞれ微妙な差があるが、一貫しているのは「もし鯰だったら、ディープブルーの海を泳ぎまわりてえな」というフレーズである。そして基本は「俺を釣り上げてくれよ」と、女に語りかけるセクシュアルな鯰が描かれる。

またPヴァインより、一九九二年に《キャットフィッシュ・ブルース》という電化鯰アルバムがリリースされている。帯文句には「泥沼をのたうちまわるブルース・ナマズ〔中略〕ミシシッピーでドロドロに歌われたエレクトリック・カントリー・ブルース〔中略〕強烈に臭い！」とある。

図2－4　Simon Kinny-Lewis, *Catfish*
Self Release, 2017

図2－5　Catfish Keith, *Catfish Blues*
Kicking Mule Records, 1985

フォークロアと鯰

しかしなぜ、これほどまでにブルースのモチーフとして鯰が愛されるのか？　土着的な信仰があるのだろうか？　南北アメリカの鯰伝承に関してはきわめて文献が乏しく、その生態以外にはほとんど何もわからないと荒俣宏も嘆いている。[17]　しかし人類学者のゾラ・ニール・ハーストンが一九二〇年代にアメリカ深南部での調査で蒐集した、鯰に関するほら話《トールテール》に貴重なヒントが隠されている。やや長い引用になるが、南部人と鯰の関係を考えるうえできわめて貴重な情報なので、ジョー・ウィリーなる黒人の語り／騙りに耳を傾けてみよう。

なあ、たとえば鯰だがな。日曜ごとに釣りに行く男を知ってんだ。かみさんはやめてくれというし、牧師さんも何年も説教したけど、効き目がなかったのさ。安息日になると魚をとりに行きたくなるんだ。そいである日曜に出かけて、水のとこまで来るとな、ちょうどすごくでっかい鯰がヒツジグサの下で、自分のひれ使って歯をせせってるとこを見つけたわけだ。で、男は竿に餌つけてさ、そいつのまん前にその釣針を落としたんだ。鯰はその釣針をくわえると、水深くに持ってっちまった。男はこらえた、けど、すぐに、魚に引きずり込まれた。男は逃げられない。教会に行く連中の誰かがそれを見つけて、水のとこまで走ってったが、男は深いとこにいてな。で、最初に引きずり込まれて、ようよう上がってくると叫んだ――「かみさんにいってくれ」すると魚がまた引きずり込んだ。出てくるとまた叫ぶ。「かみさんにいってくれ」また沈む。三回目に上がってくるといった。「神さまと鯰を恐れよってかみさんにいってくれ」そいでとうとう沈んで、もう上がってこなかったってさ。[18]

まず注目すべきは、鯰に三回沈められる男のセリフ「かみさんにいってくれ／かみさんにいってくれ／神さまと鯰を恐れよってかみさんにいってくれ」が、ブルースの歌詞に見られるA

図２‐６　**民衆が大鯰を懲らしめる**
Ｃ・アウエハント、小松和彦他訳『鯰絵』（岩波書店、2013年）、18‐19頁

ＡＢ形式（Ａの反復ののちＢでオチがつく）の構造を取っている点だろう。

第二に注目すべきは、鯰が神と等価の存在として畏怖されている点である。いわばこの教会通いを拒む信仰心の浅い、沈んでいく男は、鯰による神罰を受けたようである。

そして第三に注目すべきは、鯰が自然力そのものとして表象され、人間はその自然力の一部に過ぎないという認識から来る、ブルースに似た乾いたユーモアがあることだ。

抗いがたい自然力そのものとして現れ、それゆえに「こりゃどうしようもねえや」というユーモアさえ人間に惹き起こすこの南部フォークロアの鯰が、ブルースに貫通しているとひとまず仮定してみる。すると思い出されるのは、日本民俗学ではおなじみの鯰絵【図２‐６】ではなかろうか。オランダ生まれの人類学者Ｃ・アウエハントが、安政の大地震（一八五五年）の直後に大量に出版され、民衆にもてはやされた鯰の錦絵を分析した『鯰絵』なる本がある。地下を漂う巨大鯰が地上を振動《ロック》させて世直しする、というたいへんユーモラスでロックンロールな鯰絵の分析を通して、江戸庶民の精神史にまで迫った名著だ。

鯰獲りから自由になる

アウエハントの鯰絵論のキーワードが「トリックスター」であり、鯰は善神にして悪神、破壊者にして再生者という両義性を担わされていた。確かにヌルっとして摑みどころのない、どこかセクシュアルな鯰は、自由自在な解釈を可能とするトリックスターにふさわしい。アメリカ南部ではヌルっとして麺《ヌードル》のように摑みどころのない鯰を、自分の手を餌のようにして釣り上げる「ヌードリング」というカルチャーがあり、これができて一人前のタフガイになれるという。いわば鯰獲りに、「通過儀礼」の側面があるのだ。

しかし、鯰獲りはあくまで白人の文化である。ヌードリングの魔の手から逃れて、（淡水魚なのに）「ディープブルーの海を自由に泳ぐ」鯰こそがブルースマンの生き方であり、ファンタスティックな想像力の爆発なのだ。日暮泰文はこう語る。「キャットフィッシュ（アメリカナマズ）は淡水魚だから深い海を泳ぐわけはないのだが、現実的にありえない別の世界、自由への希求がそんなフレーズを生み出したのかもしれない[19]」。

とはいえブルースマンが淡水魚を海で泳がせることを笑ってはならない。ジョン・バージャーは、むしろ鯰ブルースマンの歌う世界の方が人間と動物の距離がずっと近いことを証し立てている。いわく、「人間が動物について知っていること、それは単に人間自身の力の目録であり、それはまた何が彼らから私たちを引き離してきたかの目録でもある。人間が動物を知れば知るほど、彼らとの距離は遠ざかる」[20]。つまり〈キャットフィッシュ・ブルース〉に見られる鯰の生態系の誤認は、科学的な距離をもった眼差しではなく、動物を我が身に引き寄せて考えた結果の親密さなのである。

ブラック・ユーモア

さてトリックスターは笑いの観念とも結びついている。江戸庶民が悲惨な大地震のあとに鯰絵のユーモアを生きる処世として提示したように、ブルースにも悲惨な黒人差別のなかで鯰をユーモアで捉える術が感じられる。彼らの悲惨な差別的境遇にもかかわらず、自由を求める鯰ブルースはシリアスどころかたいてい猥歌なのだから。先述の人類学者ゾラが蒐集したトールテール（ほら話）にあった、鯰によって沼に呑み込まれ死にゆく男の、そこはかとないユーモアを思い出したい。男を沼に三度引きずり込むも、その間に三回セリフを言う余地を与える鯰はチャーミングで悪戯《いたずら》心がある。その意味で中沢新一が鯰絵に見出した「神話的思考」は、〈キャットフィッシュ・ブルース〉にもあてはまるのではないか。『鯰絵』の解説「プレート上の神話的思考」で、中沢は以下のように語っている。

人間を自然の一部分と見なし、人間と自然を対等なものと見るデモクラティックな対称性の思考から、神話という表現は生み出されてきた。神話は人間と自然を深いところで通底させている「第三の空間」から、人間の営為を見つめる思考である。その思考は人間からも自然からも離脱している空間から発せられている。

そのために神話には人間を「外のまなざし」から眺めるようなある種の客観性が宿ることになり、その距離感から独特のクールさや軽みやユーモアが生まれることになる。[21]

鯰絵とブルースに共通する超然たる乾いたユーモアは、鯰を通底器にして、自然と人間のあいだに自在な行き来が可能になる「第三の空間」を構築する。中沢の表現は、自然との「驚き」をもった出会いによって始まる岩田慶治のアニミズム観にも通ずるものがある（岩田については後述）。動物が所狭しと現れる鳥獣戯画ブルースの世界で、次は害虫のことをいかにブルースマンが捉えていたか見ていく。

害虫ブルース

鯰ブルースも伝統であるが、アメリカ南部に甚大な綿作被害をもたらした害虫ボール・ウィーヴィル（和名：メキシコワタノミゾウムシ）を歌った伝統的なブルース曲の系譜もある。一八九〇年から一九二〇年にかけてメキシコから南部一帯に侵入、世紀転換期にはテキサス州をはじめ、ルイジアナ州、アーカンソー州、ミシシッピ州で七〇％の綿がボール・ウィーヴィルの被害で失われたという。

こうした社会的背景もあって、ボール・ウィーヴィルを歌ったブルース曲を集めた《Boll Weevil Here, Boll Weevil Everywhere: Field Recordings, Vol. 16 (1934-1940)》というコンピレーション盤【図2-7】がドキュメント・レコードからリリースされ、シカゴ大学出版からは『ボール・ウィーヴィル・ブルース アメリカ南部における綿、神話、権力』という書物が刊行された。いかにブルースにとってこの害虫が重要なモチーフであるかわかるだろう。

図2-7 V.A., *Boll Weevil Here, Boll Weevil Everywhere: Field Recordings, Vol. 16 (1934-1940)*
Document Records, 2004

一九〇八年の時点でチャーリー・パットンが〈ミシシッピ・ボール・ウィーヴル〉というタイトルでその曲を書いたとされ、「仮面の驚異（The Masked Marvel）」名義で一九二九年にパラマウント・レコードで録音している。この曲の歌詞で驚くべき着眼点を示したケースがいくつかある。一つ目はマ・レイニーが一九二三年に録音した〈ボール・ウィーヴィル・ブルース〉で、害虫の立場に寄り添ってその孤独が歌われたことである。その路線をさらに推し進めた曲として、ジェイバード・コールマンとブラインド・ウィリー・マクテルの〈ボール・ウィーヴィル〉がある。ここでは農夫と害虫のあいだで「対話」が交わされる。要するにボール・ウィーヴィル・ブルースは、単なる害虫への嫌悪でなく、虫と人間の心的な交感作用が見られるのである。

先の〈キャットフィッシュ・ブルース〉が自由を求めるトリックスターとしての鯰を描いたように、ポール・ウィーヴィルのブルースでも似たような象徴表現がなされている。音楽学者アヤナ・スミスがこのボール・ウィーヴィルにアフリカ由来のトリックスターを読み込んでいるほか、[22]ジェイムズ・コーンも以下のように書いている。

メキシコワタノミゾウムシというのは、五十年以上も前〔原著刊行の一九七二年より遡って〕にテキサスを襲い、十億ドル以上もの綿をだめにしてしまった小さな黒い昆虫のことである。それはほとんど退治できなかったしろものである。その主たる犠牲者は黒人であったが、彼らはその虫の忍耐力の強さを賛嘆した。そして、黒人民話に出てくるウサギどんと同じように、このメキシコワタノミゾウムシは、小さな者が富める者や力ある者を打ち負かすことの象徴となった。[23]

「忍耐力の強さ」という点で言えば、レッドベリーの歌う〈ボール・ウィーヴィル〉には以下のような歌詞がある。「農夫がボール・ウィーヴィルをつまんで、熱い砂の中に投げ込んだ、するとと彼は言った、ほう、なかなか熱い、だが俺は男らしく我慢するよ、だってここが我が家だもの、ここがこれからの我が家だもの」。新大陸に奴隷として連れてこられた黒人たちにとって、その黒い昆虫のふてぶてしいまでの忍耐力は自己投影しやすかったに違いない。「小さな者が富める者や力ある者を打ち負かすことの象徴」という点で言えば、我が国の鯰絵もまた、金持ちによって貯めこまれていた金銀小判が震災によって一気に流出する「切腹鯰」のような錦絵がある。経済の均衡が崩れるカタストロフを、ボール・ウィーヴィルもまたアメリカ南部で演じたのだった。

ブラック・スパイダーマン

ブルースマンの愛した小さな虫はボール・ウィーヴィルだけでなく、他に蜘蛛がいる。そしてこれもブルースに頻出のモチーフなのである。マディ・ウォーターズの歌う〈ミーン・レッド・スパイダー〉に典型的だが、蜘蛛の巣を張り巡らして男を絡めとる女郎蜘蛛《ファム・ファタル》のようなイメージで歌われることが多い。女性ブルースシンガーのベッシー・スミスの〈スパイダー・マン・ブルース〉はその逆ヴァージョンで、「私は哀れな蠅ね、スパイダーマンさん、どうか私を放して」といった具合に宿命の男《オム・ファタル》の姿が蜘蛛に仮託される。こうして糸を巧妙に張り巡らせ異性を絡めとるブルース蜘蛛の策士ぶりに、西アフリカ伝承の文化英雄アナンシを重ね合わせることもできよう。天空神ニャメの名代《みょうだい》として活躍するこの文化英雄アナンシは小さな蜘蛛で、自分より大きな動物たちを騙して手玉にとってしまうトリックスターなのだ。

ジョン・W・ロバーツの『トリックスターから悪漢へ　奴隷制と自由における黒人民衆の英

雄』【図2－8】と、ババカ・ムバイェの『トリックスター西洋へ行く　初期黒人ディアスポラの語りにおける汎アフリカ的影響』【図2－9】は、アフリカ大陸から世界に散らばったディアスポラ黒人の用いるトリックスター説話を分析した研究書である。二冊が揃いも揃って蜘蛛（アナンシ）を表紙に選んでいることからも、ブルースの伝統にアフリカ神話の蜘蛛が流れこんでいるとうかがえよう。

図2－8　John W. Roberts, *From Trickster to Badman: The Black Folk Hero in Slavery and Freedom*
University of Pennsylvania Press, 1990

図2－9　Babacar M'baye, *The Trickster Comes West: Pan-African Influence in Early Black Diasporan Narratives*
University Press of Mississippi, 2011

　しかしこうしたアフリカのトリックスター伝統以上に興味深く思われる点が、シルヴェスター・ウィーヴァーの〈ブラック・スパイダー・ブルース〉の以下の一節に表れている。「黒くてでっかい蜘蛛を見た、俺の寝室の壁を這い上がってきやがる」。何てことはない歌詞である。寝室という場所柄、ブラインド・レモン・ジェファーソンが歌う〈ブラック・スネーク・モーン〉に出てくる黒い蛇と同じく、蜘蛛は安直な性的メタファーだと読みとれる。

しかし問題は、この蜘蛛が単なる観念や抽象思弁などではなく、寝室という静まった個室で、壁を這う小さな蜘蛛の動きを歌い手がじっと見つめる中で着想されている点である。小さな蜘蛛はブルースマンの思考の凝集点となっている。いわば極小のミクロコスモスが隠喩的思考の発端となり、極小（蜘蛛）から極大（世界中に糸を張る悪女）へとイメージが広がる過程にこの歌の面白さがある。フランスの歴史家ジュール・ミシュレの『虫』という博物誌の本には、こうしたブルースマンと蜘蛛の関係を記述したかのような箇所がある。

かれらは私たちの家のなかに生活し、私たちを知りたがり、私たちを観察するかに見える。声や物音には大いに注意し、それらをみごとに知覚する。昆虫のもつ聴覚器官（それはアンテナのようなものだろう）はないが、それは、かれらの全身がアンテナだからである。かれらの極端な警戒心、あらゆる点に感じられる神経の放射は、もっとも敏感な感受性をあたえている。[24]

家の中の小さな聴衆、それこそがこの蜘蛛なのであった。フランスの天才音楽家イシドール・ベルトームの逸話をミシュレは紹介している。部屋に閉じ込められ、ヴァイオリンのレッスンを強制されたベルトームは、わずか八歳で神童の名をほしいままにする。部屋に巣食った蜘蛛こそが、そんな独りぼっちの彼の友人だったという。「クモは初め壁のすみにいた。だがその隅から楽譜台へ、楽譜台から少年へ、それから弓をもって動いている腕の上まではいあがって来た。クモはそこで感動したディレッタントのようにおとなしく聞いていた。聴衆と言えばそれだけだった。芸術家が自分の魂をつたえるためにはそれで足りるのだ」[25]。

ベルトームの継母がさる音楽愛好家をこの神童の部屋に招き入れた際、その客はスリッパの一撃で小さな聴衆を殲滅し、ベルトームはショックで三ヵ月床に伏し、死にかけたという。誇張気味なエピソードだとしても、蜘蛛のような小さな虫が意識の凝集点たる「ミクロコスモス」たりえることは間違いない。ベルトーム、そしてシルヴェスター・ウィーヴァーのブルースに見られる蜘蛛へのまなざしを次節では「自然誌的態度」として整理していく。

ブルースマンと自然誌的態度

鯰、ボール・ウィーヴィル、蜘蛛といった生物への偏愛というブルース的伝統を見てきたが、なぜこの三匹がとりわけブルースのモチーフとして愛されたのかについて、ここで考察してみたい。ブルース・ピープルの動物との交感作用もさることながら、鯰には「自由」が、ボール・ウィーヴィルには「忍耐」が、蜘蛛には「淫欲」がそれぞれ象徴されていた。人類学者レヴィ＝ストロースのトーテミスム理論によれば、多くの部族社会では社会集団と動物のような自然種とが観念的に結びつけられるのは、人々によって採用された動物や植物が、食べるのに適しているからではなく、思考するのに適しているからだという。

「自由」や「忍耐」を手がかりに、被抑圧集団に属する自らをアメリカ社会の桎梏《しっこく》から解き放ち、より大きな自然の法のもとに生きたいという願望を投影するうえで、他を差し置いてでも、鮠、ボール・ウィーヴィル、蜘蛛がより切実な生き物だったのだろう。

イギリスの構造人類学者ロイ・ウィリスは『人間と動物』のなかで、牛と自らを同一視するアフリカのヌアー人について考えるとき、レヴィ＝ストロースのトーテミスム理解でも不十分であるとする。ヌアー人の牛に接する態度は実用でも、抽象思弁でもなく、審美的な態度であるというのだ（試みに以下の引用文の「牛」を「鮠」に、「ヌアー族」を「ブルースマン」に置き換えて読むと味わい深い）。

> 牛は「思考するのに適している」以上に、「感性に訴えかけ、想像力をかきたてるのに適している」。つまり、牛の機能は、審美的なものであって悟性的なものではないのだ。なぜなら、ヌアー族は、彼らの日常生活において周辺的位置しか占めていない野生動物が対象の場合には抽象的で超然とした科学者の態度で思考することができるのだが、牛の場合、自分たちと牛とを同一視するあまりそうした態度で思考をめぐらすことができないからである。彼らは牛について語るとき何よりもまず芸術家として臨むのである。[26]

牛の尿で顔や手を洗い、牛糞を燃やした灰を体に塗り、歯を磨き、髪を整えるヌアー族ほどではないにせよ、ブルースマンにとってありふれた鯰や害虫が「感性に訴えかけ、想像力をかきたてるのに適している」のは確かである。伝統曲になるほどにこのヌルっとして摑みどころのない鯰と、小さいながらも金持ち白人を困らせるほどに暴れ回るボール・ウィーヴィルの二匹が歌い継がれてきたのも、自己同一化を導くほどに想像力を刺激したからであろうか。

しかし「審美的なもの」として、「芸術家」として動物に接した、というウィリスの言い方はブルースマンには部分的にしか当てはまらない。むしろ彼らが動物と取り結ぶ関係は、人類学者の菅原和孝が言う「自然誌的態度」に近い。自然誌的態度とは現象学から捻りだされたもので、現象学の「基礎づけの徹底主義」と「絶対的な無前提性への還元」という構えに端を発したものだ。[27] 聞きなれない用語だが、いわば「経験」よりも普遍的な、一切の理論化が開始される以前の根源的な「直観」認識から得られた生き生きとした「印象」によって生物を見る態度のことで、審美的な、また冷淡な客観性に基づく科学的な観察眼とは異なるものである。

自然誌的態度の代表的な持ち主に『ファーブル昆虫記』のファーブル、『生物の世界』の今西錦司を菅原は挙げている。個人的には「日本のファーブル」こと仏文学者・奥本大三郎をここに加えてもよい。「これらの卓越した探求者たちが求めていたものは、純粋な理性的認識ではなく、驚きと愉快さに溢れた〈発見〉だった[28]」。

ブルースマンも、鯰やボール・ウィーヴィルといったありふれた生物に対して、「理性的認識」というより「驚きと愉快さ」でもって対峙したからこそ、その生物の本質を自らと重ね合わせ、生物を介して思考を開始させることができたのだ。また菅原はこの態度によって人の前に立ち現れる生物のリアリティを〈生鮮性〉という術語で呼ぶように促している。[29]ここまで来ると本章冒頭で掲げたブルースにおける「リアル」の問題は、生物の生き生きとした今＝〈生鮮性〉を捉える、「ファンタスティック」な音楽とまで敷衍されよう。

「ブルースがドアんとこに立ってる」

鯰、ポール・ウィーヴィルなどの生物が、ブルースでは人間界と自然界を繋ぐものとして象徴的に表現される傾向があり、それを可能にしてきたのがブルースマンの「自然誌的態度」であることを概観した。しかしブルースでは動物へのまなざしを越えて、ブルースという観念それ自体が擬人化（擬霊化）されることも多い。「今朝わたしが起きてみると、もうブルースがわたしのベッドのまわりを歩きまわっていた。わたしが朝食を取ろうとすると、ブルースがわたしのパンの中にいた[30]」。この手の「ブルース的感情と経験の擬人化」（ジェイムズ・コーン）が、このジャンルには随所に現れる。

ポール・オリヴァーの名著『ブルースと話し込む』冒頭の図版に「ミシシッピ州クラークスデイル、シェアクロッパー（刈分け小作人）の家」と題された、開け放たれた粗末な家屋が写されている。人影はない。しかし、キャプションにはこうある。「ブルースがドアんとこに立ってる」。ここまで来ると、擬人化というより心霊写真のように思える。

よくよく考えれば、ブルースのアルバム・ジャケットには無人の静物画じみた、家具ないし椅子のみが写ったジャケットが数えきれないほど（何ならクリシェと言っていいほど）大量にある。《アイム・ジミー・リード》【図2-10】には細脚の椅子にエレキギターが立てかけてあるのみ。ハウリン・ウルフの一九六二年のセルフ・タイトル盤【図2-11】も同様に椅子にギターが立てかけてあり、そこにブルースマンの姿はない。ピート・ウェルディングとトビー・バイロン編集の『ブルースに焦がれて』のカバー裏に至っては椅子が二脚無造作に並べられ、開いたドアの先には畑が広がっている。ここでも「ブルースがドアんとこに立ってる」のだろうか？

ブルースのジャケットに写る椅子の意味を考えるヒントになりそうなのが、黒人芸術家リチ

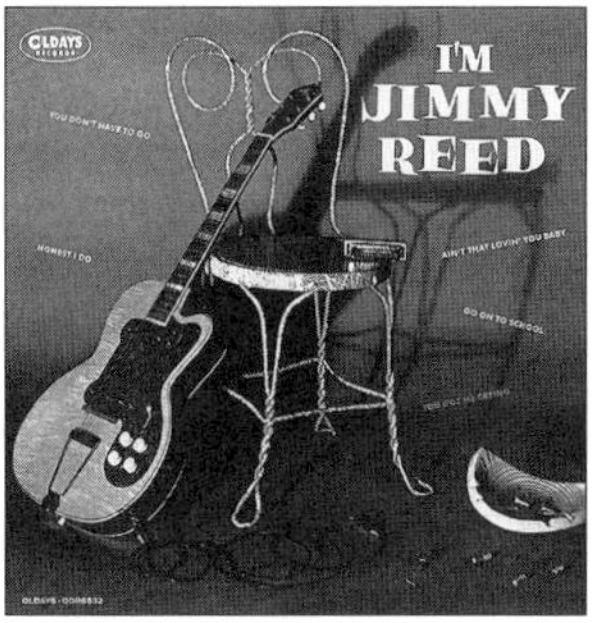

図2-10 Jimmy Reed, *I'm Jimmy Reed*
Vee-Jay, 1958

図2-11 Howlin' Wolf, *Howlin' Wolf*
Chess, 1962

右：図2-12　リチャード・ダイアル「皆を慰める男」（1989年）
William Arnett & Paul Arnett (eds), *Souls Grown Deep: African-American Vernacular Art of the South* (Tinwood Books, 2001), p.489

左：図2-13　カメルーン、バミリケ族の公式王座。さながら「人間椅子」
ジェフリー・パリンダー、松田幸雄訳『アフリカ神話』（青土社、1991年）、233頁

ャード・ダイアルの一連の擬人化された椅子のアートである【図2-12】。椅子の「脚」や「アーム」といった人体に比したメタファーは、常套表現になった結果、「死喩」と呼ばれるものになっている。その死んだ比喩を蘇らせるように、ダイアルは椅子それ自体を人間に変身させてしまう。椅子が人間の象徴となる。

これは人類学的見地から考えるべき問題である。鍵和田務『椅子のフォークロア』（柴田書店）の見返し部分には、腰かけられそうな、やや無骨な石の画像があり、以下のような文言が添えられている。「素朴な部族社会においては、部族の首長や司祭は、はじめ手ごろな木片か石片を部族民を見下すことのできる位置に備えつけていた。原始的な部族民の首長の座は単なる腰掛ではなくて、ひとつの「権威の象徴」としての意味を持っていたのである」。

　椅子は人間のみならず、動物のかたちを成すこともある。『ブラジル先住民の椅子』を繙《ひもと》け

ば、ブラジルのインディオたちが作った、ジャガー、ワニ、猿、アルマジロ、エイなどおびただしい種類の動物型の木彫りの椅子《バンコ》（banco）が見られる。これらは儀礼の際にシャーマンが腰かけるための椅子である。立つでもなく床に座るでもなく、少し高い位置にある椅子に「腰かける」中間的姿勢は、人間の住む世界と精霊の異界を仲立ちする意味合いがあるといい、高位の男性にのみ許されている場合が多い。[31]

このダイアルの手法、そして椅子が持っていた人類学的意義から推測するに、ブルースのアルバム・ジャケットの椅子には誰も座っていないのではなく、椅子自体が生命であるという感覚がそこはかとなくあるのではないか。

「鯰になりてえ」と歌う伝統があり、害虫に寄り添って歌ったマ・レイニーのような者もいる。ブルースとは椅子にさえ生命を感じ取るアニミズムの音楽を思わせる。というのもアニミズムとは中沢新一によれば、「直観的なやり方で、人間と非人間（ここでは人間ならざるものすべて、動物や植物から鉱物、気象、超自然の力までが含まれている）との間に、半物質的な絆を築き上げて、そこに確実な通路を確保しようとする努力」なのだから。[32]

黒いオルフェ

「ブルース」を人間のように扱い、椅子を生命化しさえするこの音楽をアニミズムとして捉えてみたが、ブルースマンたちの遠い祖先が暮らしたアフリカの哲学体系から考えることもできる。ヤンハインツ・ヤーン『アフリカの魂を求めて』では、まったく異なる五人の著者による五つのアフリカ部族の哲学体系調査を紹介したのち、それらから帰納的に導きだされた「新アフリカ文化」を、四つの範疇で提示している。ルワンダのバントゥ族の語彙から取られたという、以下の四つである。

一　ムントゥ（Muntu）＝「人間」（human being）（複数＝バントゥ〔Bantu〕）
二　キントゥ（Kintu）＝「事物」（thing）（複数＝ビントゥ〔Bintu〕）
三　ハントゥ（Hantu）＝「空間と時間」（place and time）
四　クントゥ（Kuntu）＝「様相」（modality）[33]

ヤーンによれば、アフリカでは存在するあらゆる事物はこの四つの範疇のいずれかに属するという。具体的な例を挙げると男性と女性（ムントゥ）、犬と石（キントゥ）、東と昨日（ハントゥ）、美と笑い（クントゥ）といった具合である。そしてこれら四つは相互に連関している。四つすべてを仔細に紹介することは本稿の範囲を超えているので避けるが、椅子に生命を宿らせるブルース文脈で重要になるのがキントゥである。キントゥの範疇に入るものには、植物、動物、鉱物、道具、そして椅子など習慣的に使用される物などがある。これらすべては人間や善なる神といったムントゥの命令によって動因をあたえられるのでなければ、自らの意志をもちえない。キントゥとは「凍結された力」なのであり、ムントゥの範疇に属するものの命令を待っているとされる。[34]

ここで必要となるのが、キントゥの「凍結された力」を解き放つためにムントゥが駆使するノンモ（Nommo）である。万物に生命を宿らせるノンモは「語」を意味し、さらに語を超えて血であり、水であり、種である。『アフリカの魂を求めて』第五章の「ノンモ――ことばの魔力」では、フランスの人類学者マルセル・グリオールの研究に協力したドゴン族の老人オゴトンメリの言葉を引きながら以下のように説明される。

「ノンモとは」と、オゴトンメリはいう、「水と熱なのだ。語を担う活力は、水でもあり熱でもある水蒸気となって、口より発する」。したがってノンモとは、水と、火の輝きと、種子と、語とが一体となったものである。生命力であるノンモは、こういうものとして流動体であり、森羅万象に生命を賦与し、森羅万象に浸透し、森羅万象を生起せしめる精神的・物質的流動性の統一である。[35]

鯰や害虫を筆頭に、蛙や蛇といった言葉を持たない生物をしばしば歌ったブルースとは、キントゥにノンモの力を宿らせる呪術的音楽であろうか？　さらに「ディープブルーの海で泳ぐ鯰になりたい」とブルースマンが歌った瞬間から、彼はノンモの魔力によって変身を余儀なくされる。「変形《メタモルフォーシス》の呪術は決して熄《や》むことがない。ノンモ、ことば、は、つぎからつぎへとイメージを創り出し、それらのイメージを変形せしめ、また、それらのイメージと共に詩人を変形せしめるのである。というわけは、詩人自身も、物に接近して自らは変わらないということはないからだ」[36]。アフリカ哲学的に言えば、鯰を歌う者は、鯰になるのだ。

ヤーンはヨーロッパ的思考とアフリカ的思考を厳密に分けるため、彼の言う「新アフリカ文化」がいかにヨーロッパ発のシュルレアリスムや表現主義と異なるかを長々と書いている。しかしこれは黒人中心《アフロセントリック》な思考パターンに陥っていて、いたずらに西洋と非西洋を対立させる時代言説に囚われているように見える[37]。

アフロ・マニエリスム的観点から言えば、言葉を持たない動物たちや木石に歌いかけ、その心を動かしたオルフェウス神話とこのノンモの働きを比較しないのは、ヤーンの不徹底であろう。アフリカ文化とシュルレアリスムを分断することで得られた独自性もあるだろうが、マニエリスムの要諦は差異より綜合である。ヤーンの分析的知性では、マルセル・カミュの映画『黒いオルフェ』を評価しきれないのだ。ギリシア神話とブラジルのカーニヴァルが混然一体となった本作は、本書全体の裏テーマとも言える「綜合知」によってのみ肉迫しうる。

俳句ブルース——小宇宙から大宇宙へ

さてアニミズム的思考にせよノンモの働きにせよ、ブルースマンが誰も座っていない椅子に

「ブルース」なる疑似生命を招来せしめるには、孤独で観想力の高まる静かな環境が必要なはずである。そもそも集団生活を余儀なくされる黒人奴隷たちにとって、南北戦争後の解放で最も衝撃的だったのは、孤独な時間の発見だった。

ブルースマンと静けさの問題を考えるうえで重要なテレビ番組がある。かつてNHKで放送されたBS一〇周年スペシャル「山崎まさよし　ミシシッピを行く〜ブルースの伝説を訪ねて」なる番組で、山崎まさよしはR・L・バーンサイドというブルースマンにインタヴューを行った。「あなたにとってブルースとは何ですか？」という問いに、バーンサイドは以下のように答えた。

> 何をするにも、例えばお金がなくてもブルースはいつもいっしょにいる。ちょっと羽目を外したい時もブルースはそこにいる。結婚している男が夜遅く車で帰ってきて、奥さんに家に入れてもらえない時、猫がニャーンと鳴いている。わかるだろう、そういう時にブルースは生まれるんだよ。〔傍点引用者〕

落語のような妙味のあるオチと言おうか。しかし「ニャーン」は放送字幕の引用で、バーンサイドは実際には「シューヒュー、シューヒュー」と奇妙な音を発していた。それも話の全体から浮き立つほどに、力を込めた模倣であったことからも、この喩え話において動物はいかに重要かが伝わる。そしてその鳴き声を際立たせているのがおそらく、家に入れてもらえないブルースマンをとりまく夜の孤独であり、静寂である。こうした状況にあって、ブルースマンは動物に共感を寄せるほどに観想力が高まるのかもしれない。

マーシー・ディーのピアノ・ブルース〈One Room Country Shack〉（一九五二年）が、静寂と動物への共感の結びつきを表現したブルースになっている。何もない辺鄙なところにある、小さな一部屋の小屋。持ち物は広大な綿畑を何度も往復するときに、体に括りつけて引きずる使い古した綿袋のみ。小作人の孤独。そして重要な箇所が以下に続く。

毎晩真夜中に目を覚ます
ああ、もう眠れやしない
コオロギと蛙だけが仲間さ
風は家の入口でうなり立つ

一部屋しかないあばら屋が小宇宙《ミクロコスモス》と化した、俳句のミニマリズムに近い世界のようである。侘び寂びを感じるのだ。『アメリカの息子』や『ブラックボーイ』などブルース的なフィーリングの溢れる小説を書いた南部出身の黒人作家リチャード・ライトが、晩年俳句に向かったことも偶然ではないのかもしれない。ディーのブルースは、「古池や蛙飛びこむ水の音」という芭蕉俳句の音響的ミクロコスモスに通じるフィーリングがある。高橋英夫は『ミクロコスモス松尾芭蕉に向って』において、この句を以下のように評している。「「水の音」がした一瞬、世界はその音の発生場所に凝縮するが、すぐに凝縮は解けて古池の拡がりが世界の継続を引き受けるのである[38]」。

〈One Room Country Shack〉においても、コオロギや蛙の鳴き声、風の唸り音に注意が拡散した刹那、取って返すようにあばら屋の静寂に包みこまれるイメージがある。小さな蛙やコオロギの鳴き声が莫大な静寂に吸い込まれる、小宇宙から大宇宙《マクロコスモス》への移行感覚が見られる。ライトの『ＨＡＩＫＵ（俳句）　この別世界』にも似た傾向の「ちちろ啼き月薄く切り星散らす」という句が収録されている。原文と対訳を掲げると、

A lone criket's cry　　ただ一匹のコオロギの鳴き声は
Slice a silver of moon　　一片の月を薄く切り
And scatters the stars.　　星をまき散らす[39]

となる。「孤独なコオロギの鳴き声と、月と星の静寂との対比が、視覚と聴覚との間の転移と同様に、無限の空間と静けさの感覚を創り出す」とこの句の注釈は指摘している[40]。

さらに付け足すと、ディーのブルースと同様にコオロギという小宇宙から、月や星といった

大宇宙へとイメージが飛躍している。そしてこのコオロギ俳句のみならず、ライトの四〇〇〇句から厳選した『HAIKU（俳句）』の全八一七句のうち、なんと二六七句が動物に関するものであることには驚かされる。それもカタツムリ、蛾、蠅、毛虫、蝶、ネズミ、シラミなど、南部出身のライトが実際に見て触れたであろう極小の生物たちが犇《ひし》めいているのだ。

またどれも、俳句的静寂をしっかりライトは意識している。例えば「どの砂も這う蛇を聞く陽の砂漠」（二二五番）などはその究極で、砂漠を這いずる蛇が一つ一つの砂に立てるミクロな音にまで耳をそばだてる音響派俳句になっている。[41] これは「突風に片角縮めかたつむり」（九四番）など、小さな生物の習性を愛おしむように観察する「自然誌的態度」で向き合った結果だろう。自然豊かな南部出身のブルースマンたちも、ライトと同様な感性を多かれ少なかれもっていたはずだ。

鯰にせよ、ボール・ウィーヴィルにせよ、あるいは椅子にせよ、ブルースマンは巨大で崇高な風景より、一見取るに足らない小なるものに向けるまなざしがあるのは確かであろう。高橋英夫が芭蕉を評した以下の言葉は、ブルース的ミクロコスモスの視座としても理解可能である。

私には最初の小なるものへの激しい関心、それへの集中、そして次にそこからの湧出、奔出の勢いが大世界へ向い、極大を指向するという反転図形こそが人間的曲線というにふさわしいと感じられる。大から小への流れがどこか超越的なら、小から大へはいささかも超越の気を漂わせない人間的運動として受け取ることができる。おそらくこの原因は、宇宙全体の中で人間存在が相対的に小の極にずっと近く位置づけられるからだろう[42]。

苛烈な黒人差別が残る当時のアメリカ社会において、ブルースマンが自らを「小の極」に位置づけるのは当然の心理であり、それゆえにコオロギのような小さなものに目が行くのである。連邦農務省に長いあいだ勤務していた「コオロギ崇拝者」H・A・アラードは、コオロギから宇宙へと思いを飛躍させている。「わが家の炉ばたで鳴いているコオロギは私の手帳の中身には加わらないが、しばしばそれはいいあらわしがたいインスピレーションや、生きることの美しさ、表現することの美しさ、宇宙の連帯の美しさを示す詩を与えてくれる[43]」。

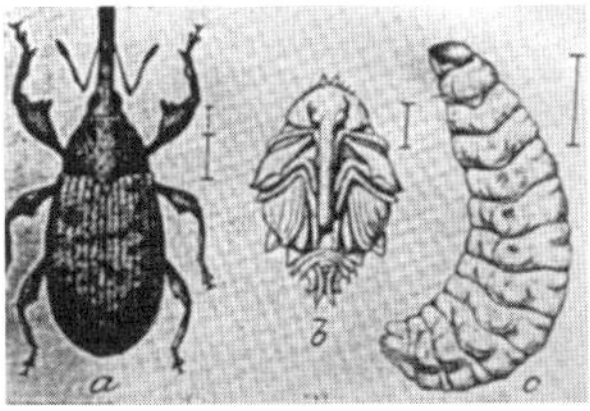

上：図２－14　**ブラインド・レモン・ジェファーソン**

〈マッチ箱のブルース〉でそのミクロコスモス意識を見せつけた

下：図２－15　**綿作害虫**

1890年代にテキサスに出現したことにともない、『虫の生活』という昆虫の本に載る。顕微鏡的極小世界への共感がブルースにはある

ともにポール・オリヴァー、米口胡・増田悦佐訳『ブルースの歴史』（土曜社、2021年）、43頁

ブラインド・レモン・ジェファーソンが〈マッチ箱のブルース〉で「マッチ箱の中に着るものを詰め込められるかどうか考えて立ちすくんでいる」と奇妙に歌うとき、明らかにその極小への執着《オブセッション》は自らの内なるミクロコスモス意識の反映である。ブルースマンの歌う蜘蛛やコオロギとは、崇高な大宇宙に匹敵するミクロコスモスとしての虫なのである。虫の極小世界を超クローズアップで描いたフランス映画のタイトルが『ミクロコスモス』(一九九六年)であったのも、小さな虫の生態に全宇宙の神秘を感じ取ったからにほかならない。

また「コオロギと蛙だけが仲間さ」とディーが歌うとき、その静かな環境とともに思い出されるのは、スイスの医師にして著述家マックス・ピカートの以下の一節である。「動物たちは沈黙の具体的な姿である。彼らは動物であるよりも、動物の形をとった沈黙なのだ。ちょうど空の星座が星の沈黙を朗誦しているように、地上の動物の姿は大地の沈黙を朗誦しているのである[44]」。

さて、「大地の沈黙」をコオロギと蛙の鳴き声に結晶化させたディーのブルースに対して、「星の沈黙」に照応《コレスポンド》するブルースもまた存在する。一九七七年、NASAは太陽系外惑星の探査計画として、無人探査機ボイジャーを打ち上げ、地球外生物に発見されるようにと、地球からのメッセージとしてボイジャーに「ゴールデン・レコード」を搭載した。そのレコードには自然の音、動物の鳴き声、五五の言語挨拶などのほか、地球の音楽としてバッハやベートーベンが選ばれたが、そのなかに盲目のブルースマンであるブラインド・ウィリー・ジョンソンの

〈Dark was the Night, Cold was the Ground〉という曲も入っていた。あばら屋というミクロコスモスの孤独と静寂は、ブルースマンの観想力を高め、言語を持たない動物との交感を可能とした。そのブルース的小宇宙はそして、NASAの力によって宇宙に放たれ、とうとう大宇宙と照応し、地球外生物へと語りかけるのだ。

模倣（ミメーシス）

宇宙の静けさを打ち破るような、ハーモニカ・ブルースの話を次はしよう。ブルースマンが一体化する対象は、動物や椅子のみではない。思えば、ロバート・クラムの漫画で有名なジャケットの《Harmonica Blues: Great Harmonica Performances of the 1920s and '30s》【図2‐16】という名コンピレーションがある。一曲目のフリーマン・ストーワーズの〈レイルロード・ブルース〉で、ハーモニカの音色で機関車の汽笛を「擬態」していたのも、機関車と一体になったブルースマン、いやむしろ生命をもった機関車というアニミズム観に根差していたゆえだったろう。ポール・オリヴァーは『ブルースの歴史』で以下のように汽笛の調べについて書いている。

ブルースが生まれたころ、農村は静かだった。この静寂をやぶる最大の音はといえば、青空に一条の煙を残して低地地帯を走る蒸気機関車のうなりだった。走り去るときの興奮の一瞬、かん高い警笛、ブルースでも歌っているような耳をつんざく高音から消えいるような低音への移りかわり。そしてもう汽車は行ってしまっている。機関士はブルースを吹くように汽笛を調律していたと言われているが、これはおそらく定時の汽車で時間を知った農夫たちにはそう聞こえたということだろう。[45]

図2–16　V.A., *Harmonica Blues: Great Harmonica Performances Of The 1920s And '30s*
Yazoo, 1976

前節で確認したように、アニミズムが発動する前段は「静寂」である。歌うような汽笛を上げる機関車をフリーマン・ストーワーズが真似たわけだが、これは実はハーモニカ・ブルースに伝統的なモノマネ芸である。機関車のみならず、ヘンリー・トーマスが〈狐と猟犬〉という曲で狩りをハーモニカで再現したように、動物もモノマネの対象だった。

テネシー州ナッシュヴィル出身のデフォード・ベイリーは、〈ディキシー急行ブルース〉〈パンアメリカン特急〉〈年取った雌鶏のガアガア声〉〈狐狩り〉など多くのモノマネ・レパートリーをもっていた。またテキサス州ダラス出身のウィリアム・マッコイは、〈汽車の真似と狐狩り〉と一曲にそのモノマネをまとめてしまったほどだ。こうしたハーモニカの音声模写の機能から、「おしゃべり鳥《ジェイバード》」と綽名《あだな》されたジェイバード・コールマンのようなハーモニカ吹きもいた。[46]

こうしたハーモニカ・ブルースのモノマネは、哲学者ヴァルター・ベンヤミンが「模倣の能力について」で「感性的な模倣」と呼んだものに該当する。動物の擬態に代表されるような、自然界の所作を真似た原初的なミメーシスである。[47]

「フランスの荒俣宏」ことロジェ・カイヨワも遊びの四分類のなかに「模倣《ミミクリ》」を加えている。模倣についてのカイヨワの説明は、あたかもモノマネ・ブルースを奏する／聴く際の心構えのようにも読める。「ミミクリとは絶え間ない創作である。この遊びの規則はただ一つ、すなわち演技者にとって、それは見物人を魅惑することだ。ミスがあって見物人が幻覚を拒否するということになってはならない。見物人にとっての規則は、幻覚に身をゆだねることだ」[48]。かくして模倣ブルースは一種の幻覚《イリュージョン》であった。しかし、人と動物が一体化する魔術的領域に入るには、子供のような「遊び」への真剣さが必要なのだ。

さて、このハーモニカ・ブルースのモノマネ伝統の遠い記憶を引きずるように、ジョニー・テイラーの〈小さな青い鳥（Little Bluebird）〉では、ブルーバードの可愛らしい鳴き声を伴奏のブッカー・T・ジョーンズがオルガンで模倣する。この曲は、不埒に男のあいだを行ったり来たりする奔放な、しかし愛すべき女性を、自由に飛び回るブルーバードになぞらえ、その翼を切り取ってステディーの恋人にしてしまいたいと歌う。なぜこの鳥が選ばれたかについて中河伸俊が詳細に伝えている。

> 青い鳥といえば、メーテルリンクが書いた有名なチルチルとミチルのお話でもわかるように、ヨーロッパでは古くから幸せの代名詞だった。羽根が青い鳥は旧大陸にはいなかったから、想像上の存在の青い鳥が、得がたい幸福のシンボルになったわけだ。ところが移民たちがアメリカに渡ったら、その青い鳥、イースタンとマウンテン、ウェスターンの三種のブルーバード（和名ルリツグミ）が原生していた。だから、一九三〇年代にRCAヴィクターのサブレーベルとして設立され〔中略〕戦前ブルースのビッグ・ネームを擁した有名なブルーバード・レコードのロゴマークは、「幸せの青い鳥」ではなく、米国人にとって、私たちにとってのツバメやムクドリのように身近な実在の小鳥をモデルにしたものだった。[49]

空想動物としての「青い鳥」ではなく、ブルースで歌われるブルーバードというのはアメリカ原生の鳥、ありふれた身近な存在である。それゆえに愛する人と重ね合わせ、オルガンで声帯模写《ミメーシス》をするような交感の対象とされたのだった。

さらに付け加えれば、ブルース界でブルーバード、要するに鳥が重要な位置を占めていることは動物哲学の面でも興味深い。フランスの哲学者ジャン＝クリストフ・バイイは『思考する動物たち』の中で、人間が動物を見て、動物もまた人間を見返す、対称性をもった「開かれた世界」（リルケ）を主たる問題にしている。そしてバイイのこの思考をさらに飛翔させたのが、他ならぬ鳥だった。「開かれた世界！」その原理は飛ぶことだった。飛ぶことが原理なのだろう。もし人生の初めに、飛ぶことと考えることのどちらかを選べるとしたら、どちらを選ぶだろうか？　これは詩的な問題ではまったくない。「鳥になること」は思考の中にしか存在しない。このような思考の動きは鳥にはない。鳥はこの思考の具現化なのだ。鳥がこの思考であり、それこそがまた奇跡なのである[50]」。

つまり動物を思考の対象とするのではなく、動物が存在することそれ自体を思考と捉えるべきなのだ。鳥に代表されるような、動物特有の「飛び、泳ぎ、走り、ほとばしり、立ち去り、身を隠す思考」を、イタリアの「怪物公園」ボマルツォの銘にちなんでバイイは「飛翔する思考（ogni pensiero vola）」と名づけた[51]。動物模倣でブルースマンが遊びの領域から入り込もうとするのは、この人間的思考を越えた「飛翔する思考」であろう。

存在の大いなる連鎖

ここまで鯰、害虫、椅子、機関車、ブルーバードなど、人間ならざるものに共感し絆を見出すブルースのファンタスティックな世界を眺めてきた。人類学者の岩田慶治が「草木虫魚教《アニミズム》」発動の原理として強調した「出会い」「驚き」「不思議」がブルースマンの自然観にもあったことがわかる[52]。

最後にブルースのもつこの「アニミズム」という魔術的性質をより深め、本章冒頭で提示したハリー・スミス《アンソロジー》に回帰するような議論をしてみたい。ブルースマンが鯰のことを歌うときに感じられる「人鯰一体」の感覚に近いものを、中沢新一が「ハンター＝シャーマンとしての動物画家」の中で伝えている。

私たちが動物や植物たちとなんらかの言いあらわしようのない一体感の感情をもつとき、人間と動植物とはもともとけっして別の生命を生きているのではなく、なにかそういう生命のかたちの違いをこえたもっと大きな力のようなものにつつまれながら、同じ世界を生きているのだという感動にみちた直感につきうごかされる。そのとき、私たちの意識のなかで働いているのは、この呪術的な生命感にほかならないのである。動物の生と人間の思考とが交感現象をおこす意識のレベルというのが、確実に存在するのである。そのときにも、やはり、人間は動物領域への変化をおこしているのだ。53

言わばあらゆる地上のもの、森羅万象は隙間なく繫がっていて存在の階梯をなすという、「充満」と「連続」を二大原理とする「存在の大いなる連鎖」（A・O・ラヴジョイ）の魔術的観念が、ブルースマンが鯰になりたいと歌うときに我知らずと近づいているものなのだ。ラヴジョイの説明によれば、「存在の大いなる連鎖」とは以下の如くである。

すなわち巨大なまたは——連続の原理の厳格ではあるが殆ど厳密に適用されることのない論理によれば——無限の数、階層的秩序に配列され、下はほとんど非存在すれすれの極めて乏しい存在から「あらゆる段階」を通って完全を極めたもの（ens perfectissimus）——すなわち、もっとも正統的な言い方によれば、それと絶対者との間の相違は無限だと考えられているところの最高度に可能な被造物——にまで至る鎖の輪から成り立っていて、その輪の各々が直ぐ上のものと直ぐ下のものと「可能な限り小さい」程度の相違によってへだてられているような、「存在の大いなる連鎖」という宇宙観であった。[54]

中間領域が無限に生成されることで、種と種の「あいだ」は充満する。一七世紀に詩人ジョージ・ハーバートは「蛙は魚と四つ足の獣とを結ぶ」と詠ったが、なぜ蛙を対象に選んだのか（わが国で言えば「鳥獣戯画」においてなぜ蛙が大々的に描かれるのか）、ブルースマンが歌う〈トード・フロッグ・ブルース〉は見事な説明になっているのだ。種と種のあいだに、哲学者のジル・ドゥルーズやミッシェル・セールの言うような「連鎖《セリー》」状の連続線を描き出したと言える。

オンリー・コネクト、すべては繋がっているのだ。ハリー・スミスがカントリーからブルースまでごった煮のようにすべてを注入した《アンソロジー》の表紙に、金細工職人テオドール・ド・ブライによる「神聖一弦琴《セレスティアル・モノコード》」の図像を選んだことは、大いなる統一原理のもとに万物が調和していることのアレゴリー（寓意）であった。これはスミスにとってブルースマンも、蛙も、鯰も、兎も、害虫も、椅子も、機関車も、決して無関係にあらずという類似《アナロギア》の法則に基づいた「魔的なるものの復権」（澁澤龍彦）を夢見るものだったはずだ。

空や鳥たち、鸚鵡や釣鐘、絹地や太鼓で以て、酩酊とはげしい愛撫で以て、がらんがらんと鳴り響く銅や真珠母で以て、おおくの日曜日や舞踏、子供たちのことばや愛のことばで以て、子供たちのちっぽけな拳への愛で以て、わたしは一つの世界を築こう、円い肩をした私の世界を……。[55]

フランス領マルティニーク島出身の黒人詩人エメ・セゼールの右の言葉は、「存在の大いなる連鎖」がヨーロッパに局限されたものではなく、（部分的にせよ）黒人世界にも共鳴する魔術的一元論であることを教えてくれる。ラヴジョイはこの魔術的一元論《ワン・ネイション・アンダー・ア・グルーヴ》の人類普遍性について語っている。「万物は一なりと述べることが多くの人々に特別な満足を与える……。一元性は、たとえば、物の分裂とか分離というような厄介さの克服またはそれよりの解除から生ずる歓迎すべき開放感を与える」[56]。

しかし神を至高に頂き獣を下に見る、人間中心主義の階層序列であるとして、「存在の大いなる連鎖」を当節流行のポストヒューマン思想の観点から叩くことは簡単だ。あるいは「すべてを一元化する悪しき帝国主義」「この鎖の中で黒人の位置は？」とカルチュラル・スタディーズの見地から批判もあるかもしれない。ただ、この魔術的観念の重要な点は、人間の位置は神、天使の諸階級から遥かに下って、他の動物たちと大差ない梯子のきわめて低い位置にあることだ。要するに人間の傲慢さを叩きのめす意味合いがあった。また下にあるものは上にあるものの単なる奴隷ではなく、「隷属なしの従属」関係にあったという。ラヴジョイは情感をもって語る。

> 我々が見た通り、どんな被造物の存在も単に梯子の上で上位にあるものの幸福のための手段ではなかった。各々は独立の存在理由を持っていた。結局はどれも皆同じく重要であった。それゆえ各々は上位のものより尊敬と思いやりを受ける権利と、自分自身の生活を送ったり、その地位にふさわしい「権利と心づけ」を得たり、機能を果たしたりするのに必要であろうものすべてを所有する権利を持っていた。[57]

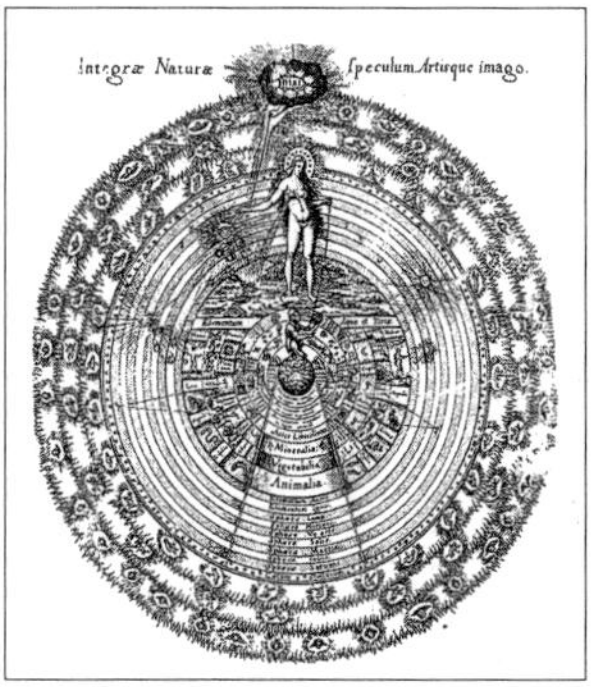

図２-17　視覚化された「存在の大いなる連鎖」
アーサー・Ｏ・ラヴジョイ、内藤健二訳『存在の大いなる連鎖』（筑摩書房、2013年）カバー表

無限の観念においていかに人間が矮小な存在

か！　魔術的ルネサンスの異端宗教者ジョルダーノ・ブルーノもかく言うとおりである。「人間であるからといって蟻である以上に無限の姿に近づくことはできないし、星であろうとも人間以上に無限に似ることはできない。……なぜなら無限においては、このような差異はとるにたらないからである」[58]。

差異を乗り越えて通底しているのは、すべては連関し世界は一つに繋がっている、そうありたい、という祈りにも似た感覚だ。そこに嘘はない。アフロ・マニエリスムはいたずらに西洋と非西洋を対立させる差異の思想ではなく、緊張を保ちつつの綜合の思想でなければならない[59]。表層だけ見れば「存在の大いなる連鎖」はたかだか人間中心主義の産物かもしれない。しかしその深層こそ見据えなければならない。「存在を繋ぐ魔術、存在を繋ぐエコロジー、魔術の研究とも、無論進化論の本としても面白い。この本をどう読むかはきみの〈今〉を問うのである」と、ラヴジョイの本の解説に高山宏は書きつけた。BLMを通過した〈今〉だからこそ、魔術を「前近代」という差別用語から守る土壌が整ったのだと、筆者は考えている。

第3章　ジャズとアウトサイダー——アルバート・アイラーの霊性

ひき裂かれ、色あせた、希薄な個人主義を、神秘主義的なアウトサイダーが、治癒し、統合し、抱擁する。失われた表象、イメージ、アイデンティティが、さまよう分裂体を経て、やがて恍惚的な調和、瞑想に誘われる。[1]

宇野邦一『風のアポカリプス』

（軍隊の）同じバンドの仲間はその頃の私の演奏を聴いて、「常軌を逸している。奴に話しかけるな。近寄ってはいけない」と言っていました。[2]

アルバート・アイラー

ニューオーリンズ・ジャズ——ジャズ史概略①

本章でマニエリスムとしてのジャズを考察するうえで、フリー・ジャズの天才アルバート・

アイラーを主人公として論じたいと思う。まずは、フリー・ジャズに至るまでの簡単なジャズ発展史を描いてみたい。前章までに扱った黒人霊歌、ブルース、そしてラグタイムと呼ばれる音楽の影響を受けつつ、アメリカのルイジアナ州ニューオーリンズで、一九世紀末から二〇世紀初頭にかけてジャズは誕生したとされる。ジャズ評論家の油井正一は「起るべくして起った。ニューオーリンズという町以外にこれほどジャズが起り得る要素をもった町はなかった」として、このアメリカ南端の都市の特殊性を強調する。[3]

アメリカ南部のニューオーリンズの歴史を簡単に振り返ろう。一七一八年にラ・ヌーヴェル・オルレアンとしてフランス人によって建設され、一七六三年にパリ条約によってスペインに支配権が移るも、一八〇〇年に再びフランスの統治下に入った町である。しかし一七九一年に始まったハイチ革命に危機意識を感じたフランスは、一八〇三年、ニューオーリンズを含むルイジアナ一帯（当時はカナダ国境にまたがるほど広大な土地だった）をアメリカに売却してしまう。油井正一が「史上最低のバーゲン・セール」と呼ぶほどに格安の値段であった。

ハイチ革命とは、「黒いジャコバン」「黒いナポレオン」と呼ばれた黒人指揮官トゥサン・ルベルチュールが、ナポレオンのフランス軍に抵抗し、ハイチの独立を勝ち取った黒人文化史にとって記念すべき革命運動である。この革命によって、フランス語を母語とするハイチの白人や自由黒人もニューオーリンズに逃亡してきた。そのためニューオーリンズには、フランス人、スペイン人、イギリス人、アフリカ系、カリブ系、クレオールなど実に雑多な人種がサラダボウル的に集まるようになり、この混沌の地にジャズが生まれたことはつとに知られている。それゆえジャズはアフリカ由来の黒人音楽のみならず、ヨーロッパの白人音楽からも強い影響を受けている。例えばラグタイム（あるいは初期ニューオーリンズ・ジャズ）の立役者の一人とされるジェリー・ロール・モートンは、代表曲〈タイガー・ラグ〉が古いカドリール（フランスで生まれた、四人が二組みで方形をつくって踊るダンス）に、ワルツやマズルカといったヨーロッパの舞踏曲を合成してできたスタンダードだと自己分析している。[4]

他にも、ニューオーリンズ名物となっているブラスバンドのマーチが黒人によって担われたことも、ジャズの誕生に大きな影響を与えた。エイブラハム・リンカーン大統領が南北戦争中の一八六二年に奴隷解放を唱え（予備宣言、翌六三年に本宣言）、晴れて自由市民となった黒人はこの音楽溢れる都市で、戦争に敗れた南軍の軍楽隊が残した楽器を安く手に入れ、ブラスバンドを組織し、音楽を食い扶持とするなかでジャズができあがっていった。

さらにクレオールの担った役割の大きさなど、ジャズ発生にはさまざまな要素があるのだが、ニューオーリンズ・ジャズの一つの凝集点としてサッチモことルイ・アームストロングが生まれた衝撃を指摘しておくにとどめる。

スウィングからビバップへ――ジャズ史概略②

一九三〇年代になると、ニューオーリンズという生まれ故郷を離れたローカル民俗音楽としてのジャズは、ベニー・グッドマンやフレッチャー・ヘンダーソンに代表される、大楽団の楽しい音楽「スウィング・ジャズ」として大衆性を獲得するにいたる。
スタイルを細かく列挙するより、映画『スウィングガールズ』で高校の吹奏楽部が演奏するジャズと言えば、イメージしやすいかもしれない。一九二九年に始まる大恐慌が一九三五年に回復のきざしを見せ始め、前途に明るい希望を見出したアメリカ国民たちが求めた、気分を高揚させる音楽がスウィングであった。「スウィングはアメリカ人の好みをひとつにして、どんな階層も年齢層も人種も超え、どんな分離の壁があっても浸透する」とジョン・スウェッドは『ジャズ・ヒストリー』で述べているほど、大恐慌を乗り越えて第二次大戦に向かっていく三〇年代のアメリカを一つにまとめあげるにふさわしい音楽であった。[5]
大和田俊之『アメリカ音楽史』によれば、「スウィング・ジャズは形式的にもソロ（個人の自発性、即興性）とアンサンブル（多様性の規律）が調和した音楽であり、個人の利益（ソロ）と公共の利益（アンサンブル）が矛盾なく共存する民主主義の理想をわかりやすく可視化した」。[6]そしてアメリカ民主主義精神を担ったスウィングは、第二次大戦では戦意発揚の音楽として利用されることにもなる。評論家の平岡正明はスウィングを聴くと、「戦争やりてえ」と聞こえるという名言を残している。[7]
しかし第二次大戦中、徴兵拒否をする銃後の黒人ジャズメンを中心に、スウィングに対するアンチテーゼのようにして、ニューヨークでビバップ（またはバップ）と呼ばれるジャズ・ムーヴメントが巻き起こる。スウィング時代に見られたような、お辞儀をして愛想を振りまくような素振りは一切見せず、バッパーたちは客にふてぶてしく背を向けて演奏し、ときに挑発さえ行った。

仮面をつけたように笑いもしないのは、それまでミンストレル的な道化の役割を担わされてきた先達の黒人エンターテイナーに対する反発だろう（第5章で述べるように、ジョージ・クリントンは意図的にミンストレルの道化イメージを利用した）。民主主義的なスウィングのバンド演奏とは打って変わり、個人の即興の超絶技巧を競い合うバトル形式に近くなった。いわゆる娯楽音楽から芸術音楽へとジャズが移行したのであり、大和田は「十九世紀末から現在まで脈々と流れる「ジャズ史」における唯一無二の切断点」と強調する。[8]

確かにチャーリー・パーカー、マイルス・デイヴィス、セロニアス・モンクなど、バップは今でも世代を超えて語り継がれるスーパースターが勢ぞろいし、基本的に「ジャズ」と言った場合、バップが念頭に置かれることが多い。良くも悪くもバップはジャズ言説史の中心であり、サッチモやグッドマンは「ビバップ以前」なのである。

またある素材を「引用」して、それを「改変」しながら「即興」するバップのスタイルが、きわめてヒップホップのフリースタイルに近く、アメリカ音楽史における現代的意義が大きいことも、バップがジャズ言説の中心にある理由の一つである。マイルス信者のジャズマン菊地成孔がヒップホップに着手したり、音楽評論家の中山康樹が『ジャズ・ヒップホップ・マイルス』のような本を上梓するのは、バップの方法論がヒップホップを考えるうえで、ヒントを多分に含んでいるからだ。[9]

ここまで「ニューオーリンズ・ジャズ（ローカルな民俗音楽）→スウィング・ジャズ（全国規模の大衆音楽）→バップ（少数精鋭の芸術音楽）」という進化論的図式を提示してきたが、これはあくまでわかりやすさを重視した簡便かつ一般論的な「図式」であって、ジャズ通の中にはこうした考え方は誤りだとはっきり指摘する向きも多い（まず「ニューオーリンズでジャズが誕生した」という定説に反駁することが多い）。「ジャズスタイルについて、いちばんありがちな誤りはそれぞれの共通点ではなく相違点を重視することだ」とジョン・スウェッドは苦言を呈しているが、進化論はまさにその「相違点」をもとに記述されるものである。[10] それゆえ筆者がここに提示した内容は、ジャズ史を学べば学ぶほど矛盾をきたすとも言えるので、あくまで概説として理解してほしい。

モード・ジャズ――ジャズ史概略③

バップの方向を押し進めたハード・バップのような動きがありつつも、一九五九年にバップを解体するような歴史的傑作が世に出る。「モード・ジャズ」の傑作として名高いマイルス・デイヴィスの《カインド・オブ・ブルー》がリリースされたのだ。西洋的なコード進行に制限されていたバップが、モード（音階、旋法）を中心にすることでその重力を逃れることが可能となった。モードに重大な価値を見出す大和田は、その意義について以下のように語っている。「通常、モードとはイオニアン、ドリアン、フリジアン、リディアンなどと呼ばれるスケールのことを指す。そしてモードを中心にフレーズを組み立てるということは、そのスケール特有のイメージや雰囲気を楽曲に導入することにほかならない[11]」。

ペンタトニック（五音）・スケールがブルースを連想させる音階であるように、スパニッシュ・スケールはフラメンコを連想させ、琉球音階は沖縄音楽を連想させる。モード奏法はある文化のイメージを内包するのである。そして大和田はクラシック音楽の機能和声から解放されたことで、モード奏法は非西洋圏の音楽に接続することができたという。結局はスウィング同様、クラシック的機能和声に縛られていたビバップの欺瞞をモード・ジャズは暴いたという意味で、ジャズ史における最大の転換点だったのではないかと言うのだ。

さらに大和田は、コードの重力から解放されたモードの「浮遊感」や、歴史性を尊重することで成り立つ引用やパロディと異なる「パスティーシュ（模倣）」的な特性から、モード・ジャズをポストモダン美学に結びつける。そしてニューオーリンズ→スウィング→バップのような直線的な歴史は、モードによって無効になり、すべてのサブジャンルは歴史の深みを失って同一平面上に並ぶことになったという[12]。「線」から「面」への転換を、ポストモダン・ジャズとしてのモードは促したのだ。

フリー・ジャズ――ジャズ史概略④

しかし大和田がモード・ジャズを強調することで、意識的にせよ無意識的にせよ排除しているのがフリー・ジャズである。《カインド・オブ・ブルー》がリリースされた一九五九年は、オーネット・コールマンによるフリー・ジャズ宣言とも言える《ジャズ来るべきもの *The Shape of Jazz to Come*》が出たのと同年なのだから。西海岸から出てきたコールマンを含むピアノレス・トリオは、ジェリー・マリガンやチェット・ベイカーともまったく異なる異次元ジャズだった。その混沌としたサウンドは、楽器もまともに弾けないアマチュアがやっているのではないかと当時から物議を醸していた。コールマンのインタヴューでの禅問答的な受け答えも相まって、「原始人を装って登場した知識人」（ホイットニー・バリエット）と評されたのも頷ける。

しかし大和田はなぜコールマンにほとんど言及することを避けたのだろうか。フリー・ジャズは、六〇年代の「ブラック・アーツ・ムーヴメント」に最も関わったジャズであり、黒人性というものを極端に強調したからであろう。『アメリカ音楽史』は、ポストモダンやアフロ・フューチャリズムと連動するかたちで、いま流行りの「ポスト・ブラックネス」を前提としている。これは要するに、インターネットが発達しアバターが自分の代理を務め、科学技術の発展で国境に縛られないプラネタリーな思考が当たり前になった現在、「肌の黒さ」を自明の前提とした本質主義は乗り越えられるべきと主張するものだ。そうなると、フリー・ジャズの

「黒さ」は大和田の本全体の構想にとって退行的で扱いにくい存在になろう。

　しかし本章で取り上げるアルバート・アイラーは、フリー・ジャズに括られながらも、そうした「黒さ」を突き抜けた「ユニバーサル」な思想と音楽を鳴らしている。「音符《ノート》から音《サウンド》へ」とはアイラーの有名な言葉で、モード奏法とは別の形で、従来のジャズの束縛を越えようとしていたことがわかる。

　また《カインド・オブ・ブルー》が親指ピアノ、ゴスペル、スペイン民謡、インド音楽、近代音楽、禅思想などを恣意的に組み合わせた、「リスペクト」と「歴史の深み」を欠いたポストモダン美学の結晶だと大和田は解釈しているもの[13]の、アイラーの音楽には同等かそれ以上に、さまざまな音楽的記憶のかけらがおもちゃ箱のように詰まっている。とはいえ、アイラーの蒐集音楽は決してポストモダン美学に回収されることなく、しっかりとアフロ・マニエリスムの黒い根をもつ。

　諦念に発するポストモダン的「断絶」より、危機意識に発するマニエリスム／モダニズム的「綜合」が志向されているのであり、「歴史」と「リスペクト」を感じさせるのだ。あるいは「知の格別の能力とは天啓《インジェーニョ》のことであり、その助けによって人間は事物を蒐集するのであり、事物は天啓《インジェーニョ》なき者には何の脈絡もなくばらばらにあるように見える」という哲学者エルネスト・グラッシの言葉[14]に鑑みれば、ポストモダンと違ってマニエリスム（つまりアイラー）の蒐集原理には、「天啓」があるのだと言える（この「天啓」概念に関しては後述する）。さて、ジャズの歴史を概観してきたところで、いよいよアイラーの音楽と思想に迫っていきたい。

アウトサイダーとスピリチュアル

ここからは、アウトサイダー・アートとアイラーの音楽の関係性を軸に論じていく。「LSDでラリった救世軍バンド[15]」とも形容されるアイラー・ミュージックを「統合不全」だとして、ヘンリー・ダーガーの描く戦闘美少女たちのサウンド・トラックにピッタリな「アウトサイダー・アート」の文脈に位置づけてみせたのは、菊地成孔の卓見である。[16] とはいえ〈ゴースツ〉〈ホーリー・スピリット〉〈聖家族〉〈音楽は宇宙の癒しの力だ〉といったスピリチュアルな曲名がずらりと並び、空飛ぶ円盤さえ目撃したとリロイ・ジョーンズに手紙するアイラーである。そのアウトサイダー性を霊性にしっかり結び付けていないのは、やや寂しい気もする。

ここでその視点を補うヒントになりそうな二冊の本がある。モーリス・タックマンがキュレートした伝説的展覧会『芸術の中の霊性《ザ・スピリチュアル・イン・アート》――一八九〇年から一九八五年までの抽象絵画』の図録がその一つ【図3-1】。パウル・クレーやカンディンスキーの抽象絵画を、モダニズム的機能主義やミニマリズムという誤解釈で抑圧することなく、ロバート・フラッドや錬金術書の怪しげなオカルト図像と並べることでその豊かな霊性をえぐりだし、より巨大な精神史に解き放った画期的な展示である。

もう一つは、そのタックマンが同じくキュレートした『パラレル・ヴィジョン』展の図録

【図3-2】であり、これはクレーその他の霊的モダニズム・霊的抽象画と、いわゆるアウトサイダー・アートを併置して「パラレル」であることを示した名展示である（日本では世田谷美術館に巡回）。

この二冊・二つの展示は、同一人物の手になるものである。すると、アイラー音楽の「アウトサイダー」性と「スピリチュアル」性に不即不離の「パラレル」な関係があることが、そこから導かれる。思えばコリン・ウィルソンの『アウトサイダー』で取り上げられている最後の人物は神秘主義者グルジェフであり、その続編となる第二著作の邦題は『宗教とアウトサイダー』であった。アウトサイダーとは、実存主義的な体制破壊者というより、むしろ神秘的なものに触れる幻視者《ヴィジョネール》なのである。

図3-1　Maurice Tuckman, *The Spiritual in Art: Abstract Painting 1890-1985* Abbeville Press, 1986

図3-2　『パラレル・ヴィジョン』展
モーリス・タックマン／キャロル・S・エリエル編、日本語版監修＝世田谷美術館『パラレル・ヴィジョン　20世紀美術とアウトサイダー・アート』（淡交社、1993年）

繋がりがすべて

本格的な議論に入る前に、アウトサイダー・アートは美術畑の議論でありそのまま音楽畑に構造的に移すことはできないという、菊地成孔・大谷能生対談（『AA　五十年後のアルバート・アイラー』所収）の議論への筆者なりの別意見から始めたい。二人の立場はクレメント・グリーンバーグ的なメディウム・スペシフィック（ジャンルはジャンル、メディアはメディアごとに論じられるべき）な批評を代表する立場で、否定しているのは異なる次元の「繋がり」を発見するアナロジーであり、そのあいまいさである。しかしこのアナロジーを可能にするのが学匠エルネスト・グラッシが『形象の力　合理的言語の無力』で説いたフマニスム伝統の「天啓《インゲニウム》」なのである（これは天才《ジーニアス》と同語源である）。

アナロジーは説明不可能なものとして天から降りてくる。論証よりも天啓、真理より類似、デカルトよりもヴィーコの優位を説いたグラッシは、『形象の力』で世界はメタファーやアナロジーによって異次元なものを「繋げる」ことでしかその「原理」に接近しえないことを語った。[17] アイラー・ミュージックの「寛容な抽象性」（蓮見令麻）が許すのは、やはり領域横断であり、「天啓」に根差したアナロジーであるはずだ。以下、この認識に立って論述していく。

スピリチュアルなジャズとは

さてここから「アイラー的霊性」を描出してみたいと思う。本丸に攻め込む前に、最近よく耳にする「スピリチュアル・ジャズ」について簡単に整理しておきたい。音楽ライターの柳樂光隆は次のようにまとめている。

①ジョン・コルトレーン・スタイルの管楽器
②マッコイ・タイナー系のモーダルなピアノ
③エルヴィン・ジョーンズ的なアフリカっぽいリズム／ポリリズム
④ジョン・コルトレーンやファラオ・サンダースの曲に象徴される印象的に繰り返されるベースのリフ
⑤ジョン・コルトレーン経由ファラオ・サンダースorアリス・コルトレーン的な原初的なアフリカの情景を想起させる壮大的〔原文ママ〕な曲想やプリミティブなサウンド＝アフロセントリックさ
以上の5点が最重要の判断ポイントになる。[18]

他にもいくつかの定義があるようだが、クラブシーンから再考される形で作られた「スピリチュアル・ジャズ」の括りからすると、アイラー自ら「父はコルトレーン、子がファラオ、精霊がわたし」と言ったにもかかわらず、当人は含まれないようなのだ。とはいえこうしたスピリチュアル・ジャズ「ジャンル」なるものは、あくまで聴いて宇宙的情緒に浸れるかどうかという雰囲気の問題であろう。目を向けるべきは、音楽ジャンル論ではなく、幻視者アイラーの霊性《スピリチュアル》そのものである。

チャイルド・アート

アウトサイダー・アートには、チャイルド・アートも含まれる。統合失調症者と、文明に染まる前の子供の描いた絵が、ともに「野生」に触れているからだ。子供——アリストテレスいわく「火」そのもの——は大人の人間社会のコードから見れば、すべからく統合失調状態である。デヴィッド・キーナンが一九六〇年代半ば以降のフリー・ジャズを「原初の官能的解放状態へと踏み込み、知性が介入しない、素のままの音楽」と形容し、「ファイア・ミュージック」と名づけたことも、ともに「火」を象《かたど》るフリー・ジャズと子供の親近性を物語っている。[19]

筆者などはアイラーの音楽を聴くと、とりわけアヴァンギャルドな演奏のなかに子供じみた素朴なメロディが突如浮かび上がったりすると、ふと笑ってしまう。ナット・ヘントフのインタヴューにアイラーが答えたところによると、「〈ゴースツ〉の冒頭のようにみんなが歌えるような曲を演奏したいと思っています。小さい頃に歌っていたような、誰もが理解できるような民俗調の旋律。そこを出発点にして、シンプルな旋律からさまざまな変種を作りたいのです。シンプルな旋律から複雑なテクスチャーへ、そして再びシンプルさへ、そしてより高密度で複雑な音へとまた戻っていく」[20]。

こうしたアイラー・ミュージックのもつシンプルさと複雑さのアンビバレントな共存に関して、「音楽的なだまし絵」と卓抜なパラレル・ヴィジョンを示したのはギャリー・ギデンス、スコット・デヴォー編『Jazz』である。アイラーのライヴ盤《Lörrach, Paris 1966》収録の〈ゴースツ〉を以下のように精緻に分析している。

威厳のあるオープニングの後に楽器が分裂していく結果は、音楽的なだまし絵、つまりメロディの錯覚の一例と考えてよいだろう。個々の貢献と演奏は支離滅裂で一貫性をかき、単発的な音が散在したまま曲を伝えようとしているように見える。しかし、絵画を鑑賞するように一歩下がって全体を見ると、すべて完璧に論理的であると気づく。音楽家たちは、それぞれがキャンバスを圧倒することなく、互いに最小限の量で塗る方法を知っているかのように、密接に連帯して仕事をしているのだ[21]。（大西譲訳）

「音楽的なだまし絵」という表現は、美術と音楽を繋ぐ重要なアナロジーである。エッケハルト・ヨーストもまた『フリー・ジャズ』という本のなかでアイラー音楽の特徴を極端な矛盾、極端な両義性に見ている。一言でいえば「パラドックス」に尽きるのであり、竹田賢一は「アイラーの音楽はクラインの壺的身体だ」と、その内と外が一体となった不可思議さを言い当てた。[22]

矛盾、だまし絵、パラドックスとさまざまに形容されるアイラー・ミュージックは、綜合すると「曖昧性」が顕著なのである。ピアニストの蓮見令麻は「表現において非明示的あるいは抽象的であることは、多様性に対する寛容を暗示すると言えるかもしれない」とアイラーを言《こと》祝《ほ》ぐ。[23]前衛的な表現において「寛容」がいかに重要かを指摘する蓮見は、「音楽教育におけるアカデミズムは、音の構造における必然性や論理性に対し価値を与えがちなため、アイラー的な表現の恣意性はあまり受け入れられない」とも言い、規律よりも寛容による「圧倒的な解放感」をアイラー音楽に見ている。この抽象性ないし曖昧性が、げんに筆者が本書で行っている音と絵画のパラゴーネ（比較）、リスナーの「共感能力の自生」を可能にしているのだ。

泥んこ遊びとしてのジャズ

また（複雑さを内部に畳み込んだ、とはいえ偽装されたものではない）アイラー音楽の素朴さに関して、清水俊彦は「アルバート・アイラーの想像の博物館とブラックユーモア」のなかで「無脊椎の肉体」と印象的な言葉で形容している。「〈無脊椎の肉体〉としての単純なテーマは、音楽に溶け込んでいる非定形のものや無名のものに、それだけますます自由に近づいてゆく」という。[24]

さらに付け足せば、その素朴さを言祝ぐ演奏は、西洋的なキューピッド型天使ではなく、善悪の彼岸にある「自然」そのもの、すなわち古代ゾロアスター教の天使を不思議と想起させる。俵屋宗達の天衣無縫な『風神雷神図屏風』はアウトサイダー・アーティストが描いたようなものだと喝破したのは中沢新一であったが、それはアイラーの「発狂の喜び」（菊地成孔）に満ちた音楽と「パラレル」ではあるまいか。黄金に輝く金箔の下に実はたっぷり泥を塗っていた宗達の屏風絵の「聖」と「俗」の混淆は、スピリチュアルなタイトルの下に隠された、ブルースやニューオーリンズ・ジャズなどの土着成分を混ぜたアイラー音楽の構造と似ている。土着という意味では、ジョン・スウェッドはアイラーを「フォーク・ジャズ」に括っている。[25] 往々にして二〇世紀モダンの前衛表現はフォーク、プリミティヴな表現の模索だったのである。「宗達の絵からは、物質界に現象する以前の、何ものにも歪められていない、自然の生《き》のエネルギーが放出している」[26]とは中沢の至言であるが、図らずも四方田犬彦もまたアイラー音楽の「泥」と「子供」ぶりに拘泥してそのアウトサイダー性をえぐりだしている。アイラーの〈Truth is Marching in〉の二つの演奏を聴き比べた四方田は、「二つの極の間を往還してゆくうちに立ち現れてくるのは、子供が泥遊びをして、お互いに泥をかけあったりして遊ぶのに似た快楽であり、それは世界がまだ定型をもっていなかった時代へと、音楽の力を借りて遡行しようとする意思の現われであるように思われる」と指摘する。[27]

　このアイラーの音楽的泥遊びに通じるものが、『破壊せよ、とアイラーは言った』の著者・中上健次の詩のなかに成分としてある、と四方田は言う。中上の「故郷を葬る歌」と題された詩の該当箇所を切り出してみよう。

熊野よ
くそもじ、わが故郷よ
くだけろ
さけろ
つぶれろ
もえろ
けむれろ
きえろ
うづけろ、つづけろ
ふやけろ、しんでろ、ぐねれろ
ごねろ、ごらねろ、どろねろ、とめれろ
おおわが故郷

四方田は以下のように言う。「「うづけろ」や「ぐねれろ」「ごらねろ」といった言葉は、それを発語する際の唇の歪みや捩れがまず想像され、その触覚的な語感から、何か凶悪なものが泥のなかでのたうち廻っているといった印象がある。中上は後にエッセイ集『破壊せよ、とアイラーは言った』のなかで、一九六〇年代の終わりに新宿のジャズ喫茶でフリー・ジャズの世界に耽溺した体験を書き記している。ここに掲げた造語の背後に、わたしはアイラーやコルトレーンのサックスの残響を聴き取ることができるような気がしている[28]」。

泥をこねるようなアイラーと中上の「擬音詩学《オノマトポエチック》」（ジェラール・ジュネット）は[29]、ジェイムズ・ジョイスや第5章で論じるジョージ・クリントンにも通じる。さらに、塹壕戦を中心にした第一次大戦の兵士たちの記憶が「泥」だったことを思うとき、文学やジャズにおける「モダン」が、ことのほか泥という混沌・不定形さから生まれたものだったことが見えてくる。

アイラー同様に過激なフリー・ジャズを奏でた山下洋輔が、タモリらとオノマトペ中心の言葉遊び「ハナモゲラ」を開発し、「ごろ がろ ぐれ もが」「ごあら ごあら」といったノンセンスな擬音がのたうち回る『もけら もけら』（絵＝元永定正）という絵本まで書いたことを考慮したい。擬音語の濫用とフリー・ジャズは、子供の泥遊びのような原初的記憶に遡行するのだ[30]。

素朴の大砲

さて、前人未踏のインプロヴィゼーションをやりながらも、「彼の形式的基盤のまぎれもない平凡さが人をほほえませる力をもっている[31]」のがアイラー音楽である。彼の軍楽隊時代の記憶が無意識的に突如浮かび上がったような、〈スピリッツ・リジョイス〉から聞こえるフラン

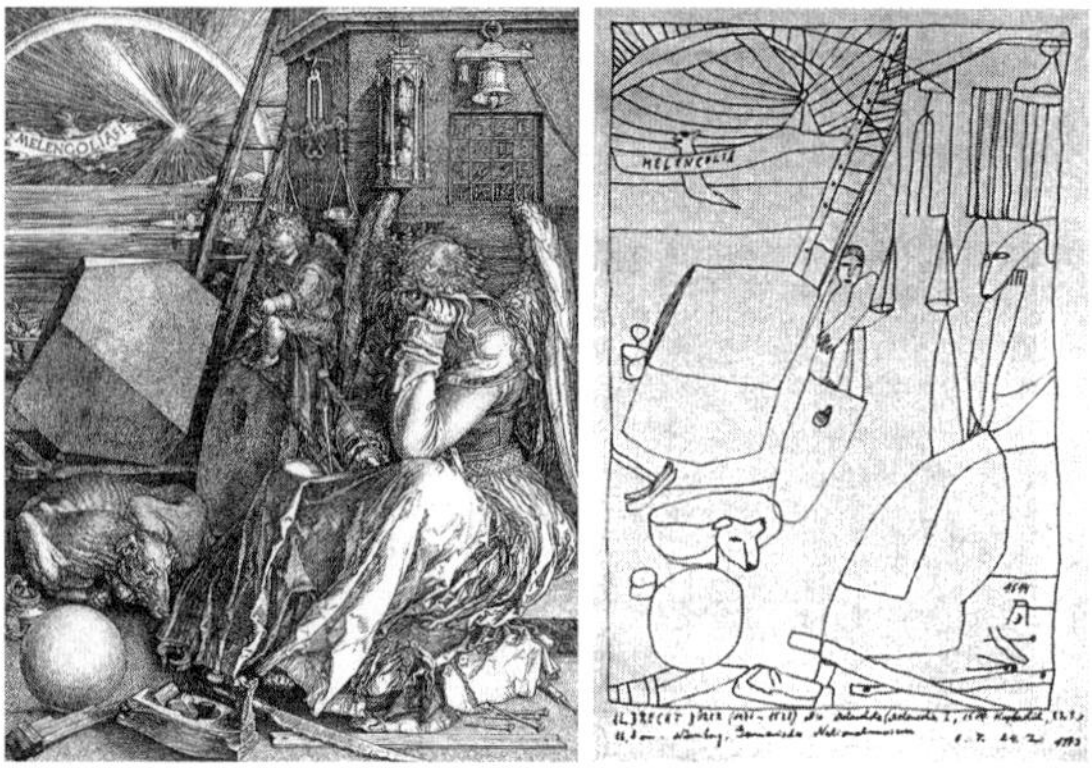

図3-3、3-4　オズヴァルト・チルトナーのデューラー模写
アイラーによるニューオーリンズ・ジャズの解釈と「パラレル」な幼児的でリズミックな抽象精神が感じられる
デイヴィッド・マクラガン、松田和也訳『アウトサイダー・アート　芸術のはじまる場所』（青土社、2011年）

ス国歌〈ラ・マルセイエーズ〉のメロディなどは、「素朴の大砲」（草森紳一）と呼びたくなる野生児ぶりだ。ところでアイラーは軍楽隊で実際にマーチを吹いていた。戦争とアイラー演奏の素朴さの平行関係を菊地成孔が指摘している。

やっぱり幾何学的なフレージングっていうのがモダン・ジャズのモダンたりうる要素ではあって、チャーリー・パーカーもドルフィーも、オーネットでさえそれを取り入れた。けど、アイラーは幾何学的にリズミックに吹くっていうことは最初から放棄してて、もう朗々とブロウするんだと。で、アイラーが吹いてるような黒人霊歌は、言ってしまえばずっと祖先まで遡れてしまうところがあって。それをもし戦争と結びつけるとするなら、ベトナム戦争の香りは全くないし、朝鮮戦争の香りもしない。第二次世界大戦の香りさえしない。むしろ南北戦争だ。[32]

そして菊地はヘンリー・ダーガーが『非現実の王国で』において描いた幻想の戦争が、アイラーのマーチとパラレルであるという。「あれには近代兵器が描かれていないですからね。だから南北戦争に見えるのだ」と。この菊地の発言は南北戦争で発明された新兵器群を考えると勘違いだとわかるが、それにしても北軍の雄姿を見るためにお弁当を持参してピクニック気分で戦場にやって来た市民、実家の農業を手伝わねばと戦争中に勝手に里帰りする南軍兵士がいたように、確かに南北戦争は六〇万人の死者を出した合衆国最大の悲惨な戦争だったにもかかわらず、アマチュア特有のゆるふわ感が妙にあるのだ。[33]そのあたりはアイラー・トリオの演奏に通じるものがあるのだろう。

「大部分の〈フリー〉のミュージシャンにとって、その標語は〈禁止の禁止〉であったようだが、アイラーにとっては〈すべてが許されている。すべてが可能である〉かのようにことが運んでいた。つまり〈否定〉から〈肯定〉への移行があったのだ[34]」とは、落書きする子供の存在そのものではないか？　オズヴァルト・チルトナーによるデューラー「メランコリアⅠ」の模写【図3-3、3-4】に通底する幼児的なリズムがアイラーの演奏から聞こえるのだ。

コ（ズ）ミック・ジャズ——宇宙と漫画を架橋する

さらなる「パラレル・ヴィジョン」をお見せしたい。二〇二〇年、アイラー没後五〇周年に合わせるかのように、『破壊せよ、と笑いは言った　現代マンガ選集』（ちくま文庫）というマンガ・アンソロジーが刊行された。無論、先述した中上健次『破壊せよ、とアイラーは言った』のパロディーであるが、「破壊せよ」の部分はともかく、アイラー音楽を「笑い」と結び付けたことは意義深い。

赤塚不二夫や谷岡ヤスジのノンセンス・ギャグ、長谷邦夫のパロディー・ギャグ、山上たつひこのブラック・ユーモアなど、本書にはアイラーと同時代の六〇年代ギャグマンガがバリエーション豊かに揃えられているが、中でも精神の計らいのなさにおいて最もアイラー的な笑いに通ずるのが杉浦茂だ。ちなみに宗達の屛風絵をアウトサイダー・アート認定した中沢新一がまたしても杉浦作品を同様に「アウトサイダー・マンガ」認定し、以下のように書いている。

「杉浦茂の漫画に登場してくる忍術使いたちは、自由闊達で、どこにも心の曇りがなく、そしてなにより僕の心を魅了したのは、猿飛佐助も霧隠才蔵も、そこに出てくる忍術使いたちがみんな、努力のあとというものをまったく感じさせない点だった[35]」。

「猿飛佐助」【図3-5】における浪人二人組が「逃げろう」と言って度肝を抜かれるのは、モンスターの恐ろしい造形ではなく、むしろコマ割りや遠近法といった「制度」が消失した、アイラーの子供ぶりにも通じる原初的宇宙の途方もなさである。

コルトレーンと並べてみるとよくわかるが、アイラー演奏の「自由闊達」ぶりは「努力のあとというものをまったく感じさせない」計らいのなさ（転じて狂気）がある。清水俊彦はフロイトを引きながら「ブラックユーモア」で「転覆」させるアイラー音楽の攻撃性を提示してみせたが、むしろより原初的な笑い、無垢が同時に超自然的に見える天使・子供の笑いなのであ

猿飛を やっつけるなんて 無理だよ
やい びんぼう浪人《ろうにん》 ふたり組 よく来たな
げーっ やだ やだ
逃げろう

図3-5　杉浦茂の融通無碍の宇宙
アイラー的《スピリチュアル・ユニティ》を感じさせる
『杉浦茂マンガ館　第四巻：東洋の奇々怪々』（筑摩書房、1994年）、107頁

る。仏文学者・マンガ研究者の中条省平が『ただしいジャズ入門』で提示した見解が個人的に「ただしい」と思う。

……アイラーにはどこか、がははと馬鹿笑いするような突拍子のなさと、ジャズの根源にある陽気なメロディへの愛着があって、底抜けに好きでした。ロックのキャプテン・ビーフハートと通じるような、クソまじめな馬鹿にしか出せないパワーというか、ローランド・カークとも通じるような芸人根性というか、落語好きの私の血につよく訴えるものがあったのです。[36]

とにかくコルトレーン神学の生真面目さ[37]に比して、アイラー神学は無脊椎《フレキシブル》で子供っぽいのである。清水俊彦の言い方を借りれば「〈中がどうなっているか〉を知りたがっている子供の熱狂的でほとんど宗教的な執拗さ〈神秘〉への傾斜[38]」とも言えるであろう。「中」はどうなっているか？　次はアイラーの幼少期から辿って「内」なる霊を探っていこう。

エクスタシーとしてのジャズ

子供時代、アイラー一家が暮らしていたのは、黒人と白人の両方が隣り合って住む快適な住宅街シェイカー・ハイツだった。子供たちは宗教的な雰囲気の中で育ち、黒人中流家庭の規律を守るよう育てられたという。母親は特にスピリチュアルで、教会にも熱心に通い、アルバート少年にも強い影響を与えた[39]。とすると、この宗教熱心なアイラー一家は、先祖を辿ると家内黒人《ハウスニグロ》であった可能性が高い。アイラーの出身地である北東部のクリーヴランドでは、南北戦争前には黒人人口が少なく、奴隷たちは主に家付きの使用人として暮らしていた。彼らは表向きには（南部よりは）白人と対等に扱われることが多かったという[40]。リロイ・ジョーンズの見解を引くと、

家内ニグロ（house negro）は、白人文化で何か自分に真似できるものはないかと探しつづけて一生を送っていたため、キリスト教に改宗するのは最初だった。こうして、黒人召使いとその末裔は今日でもキリスト教のなかでももっともヨーロッパ的ないしアメリカ的形式を実践している。北部のさまざまな監督教会派や長老派の黒人教会を創設したのは例外なく解放奴隷だったが、そういった人々は大概、〝家内黒ん坊（house nigger）〟の子弟だった[41]。

「家《うち》」にいた黒人奴隷が、白人文化への追従であったにせよ自分の「内《うち》」なるキリストに目を向けたのだ。貧困のせいでギャングに入ってタフガイぶる必要もなく、アイラーは豊かな内面世界を構築することができたわけで、彼のスピリチュアルな思想のみなもとはこうした宗教熱

心で中流の家庭環境に大部分負っていると思われる。しかしこのような「内」なるアイラーの精神世界は、その溢れるばかりのエモーションが抑えきれずに、必然的に音楽を介して「外」へ、インサイダーからアウトサイダーへ向かう運動を欲するはずだ。

イースト・リヴァーで変死したアイラーと同年同日（一九七〇年一一月二五日）に割腹し、「内と外の弁証法」（澁澤龍彥）を実践してみせた三島由紀夫いわく、「少なくとも人間が肉体の外へ1ミリでも出られない限り、心霊学のエクトプラズムみたいに内部から外部へ発出し得ない限り、人間概念は百万年後も今もおんなじだよ[42]」。

三島が切腹で成し遂げようとしたエクスタシー（語源である古代ギリシア語のekstasisは魂が肉体を離れて宙を漂う状態を指した）を、アイラーはテナー・サックスで引き受ける。詩人にしてジャズ評論家の奥成達が「アルバート・アイラー小論」において、内と外の溶解《スピリチュアル・ユニティ》について次のように述べている。

> しかし音というのは本質的にコッパミジンに一瞬〝外のもの〟となるのである。そのある音という奴は、ある種のチャンスによって、自己の内側の忘れられた大陸のような亀裂の世界と、外側の薄い紗のような自分とを、瞬間に溶解する、只一つの現実ともなり得る可能性をも秘めている。この主観という拳銃と、埋没した客観が、狂気的に溶解される一瞬の感動的なある時こそジャズのジャズたるゆえんであり、人間たるゆえんであると思う[43]。

つまり奥成の意見を敷衍すれば、テナーサックスの音を媒介にして、内なる自己（魂）と外なる自己（肉体）が出会い、両者を分かつ境界線は溶解するのである。ジャズ本と同時にオカルト本をいくつも上梓している、詩人北園克衛の主宰するVOU派の詩人でもある奥成らしい見解だ。

ドゥルーズ哲学者の宇野邦一がさらなるヒントを与えてくれる。「アウトサイダーが実験する〈外〉とはいつでも、内も外もない開かれた機械のなかに、新しい異質な結合や、かつて存在していたがいつのまにか見えなくなってしまった結合や、内と外を定めるしきいによって抑圧された結合を見出すことなのだ[44]」。「かつて存在していたがいつのまにか見えなくなってしまった結合」……？　筆者が冒頭で、グラッシ『形象の力』を援用しながら強調した「繋がり」を想起させる魔術的言葉である。アイラーだったらこの「見えなくなってしまった」繋がりを「霊的統合《スピリチュアル・ユニティ》」と名づけるであろう[45]。

愚者が聖者になる「さかさまの世界」

とはいえ「見えない」のみならず、「見える」部分からの考察も不可欠である。手始めにアルバムのアートワークを眺めてみよう。これまでESP期の代表作《スピリチュアル・ユニティー》とその前後の作品を前提に話を進めていたが、実はアイラーはインパルス！というレ

図3-6　Albert Ayler, *New Grass*
Impulse!, 1969

ーベルに移ってから「珍作」をリリースしている。ガールフレンドのメアリー・マリア・パークスの影響によりヒッピー化し、かつレーベル主のボブ・シールの商魂たくましさによって、最新鋭のポップさを獲得した《ニュー・グラス》（一九六九年）【図3-6】がそれである。元ホワイト・ストライプスのジャック・ホワイトのレーベル「サード・マン・レコーズ」から、二〇二〇年にLP版としてリイシューもされた。

アイラーが魂を売ったとして総じて酷評されてきたアルバムながら、ピッチフォークというインディー音楽に特化したサイトでは、リイシューを機に本作は10点中8・6という高得点を得ている。そのテクストを読んでもいま一つこの点数になる理由がわからないのだが、筆者はこれを「ユーモア音楽」としての再評価だと解釈している。

アルバム・クレジットによるとヘンリー・エプスタインに加えて「バイロン後藤」という謎のアーティストが手がけたジャケットは、サックスを吹くアイラーの口元が上下反転して写され、その顎鬚《あごひげ》のうえにアーチ状にちょこんと「new grass」という文字が刻印されている。その鬚が「新しい芝」のように見えるし、隠語的には「マリファナ」を指すあたり確実に笑いを取りにきてはいまいか。写真を撮ったのはウッドストック・フェスティヴァルの写真集、とりわけザ・バンドのセルフタイトル・アルバムとボブ・ディランの《ナッシュヴィル・スカイライン》のジャケット写真で知られるエリオット・ランディという人で、彼が撮ったディランの写真にはウッドストックで「逆立ち」しているものもある【図3-7】。

上下反転というのがポイントで、六〇年代は山口昌男に代表される道化学が隆盛を極め、「さかさまの世界《アデュナタ》」のトポス（場所を意味するギリシア語。転じて議論のテーマや主題）が復活したカーニバルの時代である。このアルバムのエンジニアがジミ・ヘンドリックスとの仕事で名高いゲイリー・ケルグレンで、その他のエンジニアとしての参加作にアンディ・ウォーホル周辺のバンドであるヴェルヴェット・アンダーグラウンドのファーストにセカンド、それからフランク・ザッパの露骨なタイトルの作品《すべては金のため》があると知ると、《ニュー・グラス》は人を食ったようなポップ・アートとして解釈することも可能かもしれない。「どうせ皆さんこんなのお好きでしょ?」というアイラー・アイロニー。

図3-7　ウッドストックにて逆立ちするボブ・ディラン

エリオット・ランディ撮影
エリオット・ランディ公式ホームページ
https://www.elliottlandy.com/ngg_tag/bob-dylan-black-and-white-photos-1969/nggallery/slideshow

「さかさまの世界」においては、道化は聖者となる。それ以上落ちることができない最底辺にいるものは、ひるがえって最も高いところにある聖者となるのである。ジャズ・ミュージシャンのスティーヴ・レイシーの言葉を借りれば、「アイラーが実質的に指し示していたのは、上空高く、大気圏を超えて、宇宙にまで向かい、そして下に向かっては地表に達するという道であり、そこから生まれたのが新たな総合体だった」[46]。大地から宇宙へ、俗から聖へ垂直に駆け上がるこのアイラー・ミュージックの上下反転的な性質は、《スピリチュアル・ユニティー》のバックカバーに添えられた「有史以前に存在する人間精神の上昇を意味するシンボルY」という謎めいた言葉に、既に予告されていた垂直運動だったかもしれない。

パンク・ジャズの始祖

さて、愚者がひっくり返って聖者になったアルバム《ニュー・グラス》には、意味不明な「れろれられろろろ〜」という異言《グロッソラリア》が繰り返される曲〈ニュー・ゴースツ〉があることに注目したい。グロッソラリアとは舌《グロッソ》/言語に精霊が宿って神がかりの言語を話す状態で、種村季弘によればRとLの発音が区別できない「ラリ」った状態だという[47]。同じく「はらほろひれ〜」というグロッソラリアで始まるアイラーの〈ラヴ・クライ〉でドラムを叩いているフリージャズ・ミュージシャンのミルフォード・グレイヴスが出演するドキュメンタリー映画『スピーキング・イン・タングズ』が一九八二年に公開されており、これはグロッソラリアの言い換え表現である。

いわば「従来のジャズ＝言語」に対して、「フリージャズ＝異言」という認識がある。そもそもサックスは最も人間の声に近い楽器だとはよく言われることで、グロッソラリアは楽器演奏によってでも発せられるのだ。マイケル・シーゲル『サキソフォン物語』いわく、「奏者と楽器の固い絆と、人間の声そのものの音とが一体とな」るサックス独特の特性から、「肉体と楽器が合体、融合して、ほかにはないもの、いわばサイボーグ楽器人間となる」という[48]。それゆえサックスは他の楽器よりも人間そのもの、息＝魂《プネウマ》に近づくため神秘主義的傾向を帯びるらしく、シーゲル本の一五章「ガブリエルの角笛」はサックスを吹くことの宗教的・神秘的側面が大々的に描かれている[49]。

　アイラーと比較されることもある牧師兼ミュージシャンのヴァーナード・ジョンソンが轟かすテナーサックスは「ゴスペル・サクソフォン」とも呼ばれ、死刑囚さえ涙させたというから、非言語であるはずのサックスのサウンドがいかに「神の言葉」のように響くかを物語る[50]。

　そしてアイラーのグロッソラリアは、予想外にパンク・ロックと結びつく。グリール・マーカスはパンク論の名著『リップスティック・トレイシズ』で中世賤民の偽預言者からダダへ、そしてシチュアシオニストを経由してパンクに至る精神史を剔抉《てっけつ》し、革命は常にアウトサイダーの神がかりの言語によってなされるのだと喝破した。具体的にはセックス・ピストルズのジョニー・ロットンの歌う〈アナーキー・イン・ザ・UK〉冒頭の「Rrrrrrright!」という発音不明瞭な唸りと、リトル・リチャード〈トゥッティ・フルッティ〉の“Wop-bop-a-loo-mop alop-bom-bom〟というbとpの破裂音の連打にグロッソラリアを見出し、[51] さらにそこにダダの前衛音響詩を加え、「二〇世紀の隠れた歴史」（マーカス本の副題）を系譜化した。そこにアイラーの「はらほろひれ〜」を加えることも可能であるはずだ。

　これは筆者の妄想ではない。なぜならマシュー・スメラが画期的論考「黒い激情、白いノイズ」で明かしたように、パンクとフリージャズという二つのノイズ・ミュージックには実は隠れた連帯があり、「パンク・ジャズ」「フリー・パンク」と呼ばれるサブジャンルが形成されるほどなのだから。そしてパンクとフリーを結びつける原理こそが何を隠そうアイラーの「音符《ノート》から音《サウンド》へ」という言葉である。それに共振するように音楽批評家レスター・バングスが「フリー・ジャズ：パンク・ロック」（一九八〇年）のなかで、テクニック（合理）を超えた激情（非合理）を言祝いだのだ。[52]

《ゴーイン・ホーム》と『オズの魔法使』

　そんな「パンク・ジャズ」の始祖アイラーのアウトサイダー音楽群のなかで、かえってそのノーマルさが際立つスピリチュアル・ソング集に《ゴーイン・ホーム》がある。タイトル曲は黒人音楽にも素養があった作曲家アントニン・ドヴォルザークのものだが、アイラーの演奏はブラック・アート・ムーヴメント的なアフリカ回帰願望という以上に、「アメリカ人が家／故郷《ホーム》に帰るとは何か？」を問うている風情である。[53] となるとむしろ「我が家が一番（There's no place like home.)」と言った、『オズの魔法使』のドロシーのセリフを重ね合わせたいところだ（アイラーは「魔法使《ウィザード》」も気に入りの概念だった）。

牽強《けんきょう》付《ふ》会《かい》ではない。移民やLGBTQIAなど差別されてきたマイノリティ一般にとって『オズ』が常に心の拠りどころになってきたことはつとに知られている。LGBTQIAの人々がシンボルとして掲げる「レインボー・フラッグ」は、映画版のドロシー役であるジュディ・ガーランドが歌う〈虹の彼方に〉がもとになっているという説もあり、ジュディもまた性的マイノリティの人々にとってアイコン的存在となっている。[54]

またマイケル・ジャクソンも出演した黒人版オズ＝『ウィズ』といったカルト映画もあるほどで、黒人にとっても何がしかの理想郷を体現していた。映画版のマンチキン国では小人の俳優が蠢き、トッド・ブラウニングの大問題作『フリークス』と裏表の関係をなす「逆ユートピア」（澁澤龍彥）が描かれている。そこは身体的マイノリティにとっても理想郷であったのだろう。そもそも主題歌の〈虹の彼方に〉はジャズでもスタンダード・ナンバーだ――「虹」はそうした不調和な人々を調和へと導くシンボリズムである。[55]

作家サルマン・ラシュディがこの映画から「出発」と「望郷」のパラドックスを汲みとっている。「出発することに誰もが抱く夢があり、この夢は、それと対立する、根を下ろしたいという夢と少なくとも同じくらい強力である。『オズの魔法使』の核心には、この二つの夢のあいだのせめぎあいがある」[56]。『オズの魔法使』を媒介して筆者が強調したかったのは、《ゴーイン・ホーム》には旅立つことと帰郷することが、対立というより同一に溶け込むような、未知のユートピアを発見するかのごとき不思議な感覚があることだ。

このアイラー的郷愁の正体、アイラーにとっての「故郷」とはどこかを次に考察していきたい。その前に、なぜアイラーの音楽には郷愁が感じられるのか、〈ゴースツ〉に隠された民謡起源から見ていく。

偽民謡

《ザ・コペンハーゲン・テープス》の解説で、ダン・ワーブルトンはアイラーの〈ゴースツ〉のメロディがスカンジナヴィア民謡〈Torparvisan〉から発想を得たものだと言う。音楽研究者の渡邊未帆は二つの曲の譜面を分析し、どちらも長三和音を使った終止形になっていると指摘している。ただしこれだけで直接の影響関係を指摘するのは難しいとしたのち、渡邊自身が幼少期に聴いた思い出の曲〈Farmer in the dell〉もまた長三和音の構成音からなる終止形だともいう[57]。どうもノスタルジアを掻き立てる音楽には、「定型」めいたものがあるらしい。

ここで先ほど触れた「チャイルド・アート」としてのアイラー音楽の問題に立ち返ろう。彼のアウトサイダー・ミュージックから子供っぽさ（何ならノスタルジア）を感じとったのは何も筆者だけではなく、ミジンコ学者にして、山下洋輔グループのサックス吹きである坂田明も同じである。「坂田明はスイス、モントルーでの『モントルー・アフターグロー』（FRASCO）

でアルバート・アイラーの〈ゴースト〉に童謡の〈夕焼け小焼けの赤とんぼ〉を飛ばしたのである」と望月由美の記事が伝える「赤とんぼ」は、のちに再演奏され、坂田の自主レーベルから《赤とんぼ》としてリリースされた。[58] 坂田自身が公式ホームページにその心情を綴っている。

古今より、何億人もの人々が見てきた赤とんぼ、清少納言、藤原定家、世阿弥、アテルイ、山田耕筰、三木露風もドヴォルザーク、シェーンベルク、アルバート・アイラー、弥三郎、保己一、よね、サカ、小五郎、大二郎、小津安二郎も隣のおばさん、八百屋の大将、も、みんなみんな、田園風景や家路に赤とんぼの群れを見たに違いありません。[59]

「ユニバーサルなフォーク・ソング」（竹田賢一）が醸す郷愁というのがある。その意味で、「〈ゴースツ〉冒頭〝ラード〟と〈ゴーイン・ホーム〉の冒頭の〝ラード〟。さらには〈赤とんぼ〉にも共通する〝ラード〟の音程関係。これを「郷愁の〝ラード〟」と呼ぶことは可能だろうか？」と言った渡邉未帆は卓見である。[60]

神秘の虹

坂田の〈赤とんぼ〉がもつ家／故郷《ホーム》への三丁目の夕日的ノスタルジーが、アイラー〈ゴースツ〉並びに〈ゴーイン・ホーム〉が醸す郷愁と重なる。と同時に、微小なミジンコという「見えない」生命の神秘に惹かれる、ジャズマンらしからぬ坂田の水中生物への関心が、アイラーの「見えない」ものに惹かれるスピリチュアリズムと奇妙に共振する。ミジンコに「愛」が通じるか否か真剣に悩み、通じないとわかったときにそれが西洋の押しつけがましい人間中心的な「愛」だったと悟り、ただただ顕微鏡を覗き、動いているミジンコの心臓のパルスに自分の生命を重ね合わせるロマンティック・サイエンスに至った坂田である。[61]

とすれば、清水俊彦が「無脊椎」と生物学用語で示したアイラーの音楽[62]に、「見えない」生命の神秘の鼓動を聴きとることも可能ではないか。テナーサックス奏者のデヴィッド・マレイはこう語る。「耳栓をして、自分の内なる声を聞いたことはあるかい。どくどくする心臓、体内をめぐる流れにね。テナーはそうしたものとの関係が深く、からだの音の高さに近い」[63]。テナーサックスを吹くことは、自分の内なる生命の律動を感じることと同義であり、神秘主義に傾斜するのは必然だった。

では、坂田明が〈ゴースツ〉に童謡〈赤とんぼ〉のメロディを重ね合わせた顰に倣って、筆者は〈ゴーイン・ホーム〉に〈虹の彼方に〉のメロディを重ねよう。というのも、米文学者の巽孝之が指摘するように、『オズ』の原作者L・フランク・ボームは神智学協会に出入りしていたオカルティストだからである。[64]世界で最も愛された作品『オズ』に、ブラヴァツキー夫人の怪しげな影がちらつく。「どこか（somewhere）」にある「虹の彼方（over the rainbow）」とは神秘的なる身体そのものを光の波動へ戻していくチベット仏教の最終奥義「虹の身体」の隠喩であり、「我が家が一番」とは「外」と「内」の融解、すなわちウロボロス（自らの尾を嚙んで円形をなす蛇または竜）的円環成就の隠喩であったかもしれないのだ。

先述のように、アイラーの〈ゴーイン・ホーム〉に、旅立つことと帰郷することが同一である不思議な感覚があると筆者が感じたのは、それは『オズの魔法使』同様に、「ゾクチェン」の教えが説く「虹の身体」の獲得を念頭に置いた演奏だったからかもしれない。人間が物質界に現象する以前の、霊的世界という未知へのノスタルジーであり、だからこそ普遍的《ユニバーサル》なフォークなのだろう。

蒐集と暗号——アウトサイダーとマニエリスム

アイラー音楽のスピリチュアルな側面に注目して、論じてきた。ここからは本書の主題ともいえる「アフロ・マニエリスム」の観点に、アイラーを紐づけて考察したい。高山宏が監修した「リアクション・ブックス」シリーズに『蒐集』という一冊があるが、この編著者であるロジャー・カーディナルこそ何を隠そう「アウトサイダー・アート」なる語の発明者である。「蒐集」をキーワードにするマニエリスム・アートとアウトサイダー・アートの関係が見えてこよう。

デイヴィド・マクラガン『アウトサイダー・アート　芸術のはじまる場所』の第二章は「アウトサイダー・アートと蒐集の創造的役割」と題されているように、やはりアウトサイダーとマニエリストはコレクター的身ぶりにおいて交錯するのだ。では具体的にアイラーの音楽にはいかなるマニエリスム的蒐集の跡が見られるか？ ジョン・スウェッドが列挙するリストの項目が大変参考になる。「評論家はアイラーの表現からなにもかもきとった。シドニー・ベシエ、イリノイ・ジャケー、ワルツ、サーカス音楽、ポルカ、フォークダンス、ビバップ、子どもの歌、カリプソ、葬送曲、ブルース、讃美歌、軍隊の行進曲、軍隊の行進曲のように演奏される讃美歌、アメリカ先住民のチャント（祈りの歌）、町のサブウェイシンガーズ、チャーリー・バーネット、フレディ・マーティン[65]」。

ワールド・ミュージック系ライターの吉本秀純によれば、それらは「決してこなれた感じではなく、生煮えの具材がゴツゴツぶつかり合いながら沸騰するスープか闇鍋のように混在している」といい、「他ジャンルの音楽の取り入れ方は、ハッキリ言ってかなり直感的で荒っぽいのだが、その音楽の根源的な部分を露わにするような魔力を持ち、強烈なエナジーを放つブロウで真っ向から対峙しながらアイラーの音宇宙の一部としてしまう[66]」としている。

由良君美門下で音楽評論家の福島恵一[67]は、「録音／記録された声とヴァナキュラーのキルト」という論考でアイラー音楽のもつ「出自も性格も異なる部分がヌエ的にひとつにつながれている」特徴、すなわち「怪物的マニエリスム」（田中純）を言い当てている。[68]さらに福島はアイラーの音楽蒐集を、第1章の黒人霊歌の章で取り上げた「キルト」と縫い合わせる。

各断片は現地から「根切り」され、言わば「精霊」化された上で、彼の「ホーリー・ワールド」に住まうことを許される。記憶の昏い水底に沈んだ断片が、ふと浮上して互いに結びつき、「異質なものの接合」としてのメロディを生み出す。それはパッチワークによるキルト作りに似ている。断片を次々につなげていくことで生み出されるキルトは、一平面のうちに異なるパースペクティヴを併置することも、それらをドミノ並べ同様に幾らでも並べ替えることもできる。[69]

「根切り」された断片というより、「根」同士が地下でリゾーム状に複雑に絡み合っている印象を筆者はもつが、ひとまず置こう。この記述から、奴隷制時代に「暗号」として駆使されたキルトのパッチワークへと我々の記憶は向かう。黒人霊歌の歌詞、キルトの模様が、地下鉄道による逃亡奴隷への隠れたメッセージとして複合的に機能していたことは第1章でみてきた。アイラーの得体のしれないヌエ的音楽もある種解釈を拒むような「暗号」として、メッセージならぬメタメッセージとして屹立する。迷宮のなかで鳴り響く「ミノタウルス・ミュージック」こそアイラーの隠喩音楽ではなかろうか。

この「暗号」なり「隠喩」なりもマニエリスムのキーワードである。〈生まれつきのフリーメイソン（Masonic Inborn）〉という、不思議なタイトルの楽曲に隠された謎を最後に解読してみよう。フランス人学者セシル・レヴォジェによる『ブラック・フリーメイソンリー　プリンス・ホールからジャズの巨人まで』【図3-8】という書物が興味深い指摘をしている。一七二三年、英国フリーメイソンのプロテスタント牧師ジェームズ・アンダーソンの名高い『憲章（*Constitutions*）』が編纂され、この秘密結社の遵守すべき入会ルールや道徳律が示された。その文面にある入会規則の一つ、「生まれながらの自由（born free）」なる表現が、実は解放されても「元」奴隷であった黒人はお断りということを示すためのものだった。[70]

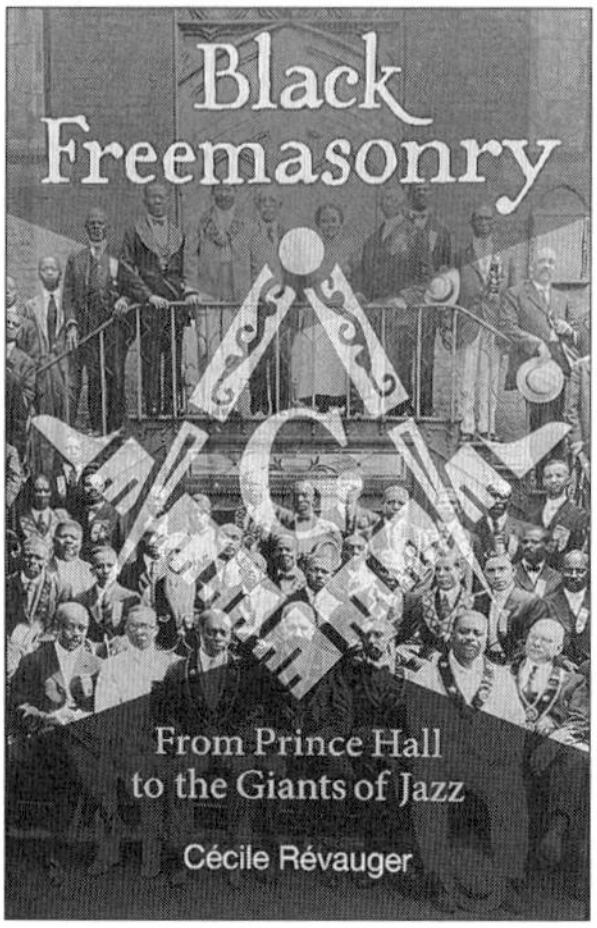

図3-8　Cécile Révauger, Translated by Jon E. Graham, *Black Freemasonry: From Prince Hall to the Giants of Jazz* Inner Traditions, 2014

それゆえアイラーは楽曲に「生まれつきの（inborn）」なるものを埋め込むことにより、婉曲的に「白い」フリーメイソンによる人種差別へのプロテストを図っていた。声高に平等を叫ぶことの危険性を、アイラーは充分に熟知していた。

「友愛」を訴えるアメリカン・フリーメイソンの大立者であったアルバート・パイクが、同時に黒人リンチ結社ＫＫＫのメンバーでもあるような狂気じみた世界で生き延びるには、「暗号」「韜晦」「隠喩」というマニエリスム的技巧しかありえないことを、我々はいまもってアイラーの音楽・思想から学ぶのである。[71]

第4章　詩人ジャズマン――土星人サン・ラーの「無」

「存在（To be）か非存在（or not to be）か、それが問題だ」
シェイクスピア『ハムレット』

「原‐遊戯が蘇生されねばならない。なぜなら詩と思考は互いを相手に遊び続けることができなければ硬ばっていくはずだからだ」

シューエル『ポール・ヴァレリー』

アルバート・アイラーに引き続き、本章でもあるエキセントリックなジャズマンを主役にしたい。その名はサン・ラー、みずからを「土星人」と自称していた。音楽家からはあまりにもかけ離れた称号である。もしかしたら、サン・ラーは音楽家という以上に思想家、思想家という以上に詩人と呼ぶのがふさわしいような気がする。アメリカ黒人《アフロ・アメリカン》のなかでここまで大胆に逆説《パラドックス》のレトリックを駆使した人間（本人の言を信じれば「土星人」）はいない。

膨大なディスコグラフィーを中心に、サン・ラーの詩人としての側面を排除することなく、彼が生きた歴史をまとめた湯浅学の『てなもんやＳＵＮ　ＲＡ伝』（Ｐヴァイン）は労作である。しかし本章ではそうした包括的な見取りというより、彼がこだわった「無（nothing）」なる概念にテーマを限定し、深く掘り下げていきたい。

図４－１　Sun Ra, *Nothing Is...*
ESP-Disk, 1966

ラーは「無」を愛した。「無」を多用した詩、歌詞、アジテーション用のビラ[1]などが夥しく残されているし、《Nothing Is...》（一九六六年）というアルバムがＥＳＰディスク[2]からリリースされているほどである【図４－１】。そうはいっても、サン・ラーの手にかかると「無」はきわめて厄介な語になるのである。

サン・ラーが主演した『スペース・イズ・ザ・プレイス』はカルト映画として知られ、二〇二一年にリヴァイヴァル上映されたときは好評を博した。映画で、ラーが「私は全にして無」と名乗ったように、彼のいう「無」は「全」に通底しており、言語遊戯や論理のアクロバットを通じて容易に反転する。その意味でサン・ラーは、ルネサンス時代に蔓延した「パラドックス病」の一症例でさえあるようだ。ルネサンス期の英国文学の研究で知られるロザリー・コリーは、『パラドクシア・エピデミカ』で以下のように語っている。

> 弁証法的な癖《へき》を持つ知性にとって、「存在」が持ちだされるや「非存在」、「無」が注意を惹かないでいることなど、あり得まい。弁証法のシステムに従い、「全」、即ち秩序宇宙《コスモス》、宇宙《ユニヴァース》が考えられ始めるや否や、「無」、「非存在」、空虚、そして真空といったものすべてが考えに入ってこなければおかしいのであった。[3]

無と全の弁証法、端的に言えば両者は切っても切れない関係にある。ときによっては無と全がイコールの場合すらある。サン・ラー思想のダイナミズムの正体はこのあたりにあるのではないかとひとまず定めつつ、詩と音楽の不即不離《ふそくふり》の関係、ラー哲学において「神話」がもつ意味、最終的に神秘主義的なアナロジー（類推）の力を示していきたい。

図4-2 『サン・ラーのスペース・イズ・ザ・プレイス』チラシ

詩と音楽——音響的アナロジー

まず、サン・ラーの詩について見ていきたい。Sun（太陽）と son（音）、aid（支援）と end（終焉）、nation

（国家）と notion（観念）……。類音異義語をペアとして、「舌上のオナニズム」（種村季弘）と言えるほどに言葉をいじくり倒して文脈を逸脱反転させていくサン・ラーの言語遊戯は、ほとんどラップ・ミュージックの押韻《ライム》に近い地点まで到達している。

英国ロマン派研究者にして *A Pure Solar World* というサン・ラー研究書をものしているポール・ヤングクイストは、以下のようにラーの詩のスタイルを評している。

> サン・ラーは表面上の意味から独立した単語の音響性を強調し、利用している。彼は音の類似から詩を書いていて、一つの音から別の音へ、そこからまた別の音へとつながっていき、異なる意味の見かけによって覆い隠された方程式を発見している。〔中略〕言葉の代用は、音の力を賦活する戦略となり、言葉によって紡がれ制限された運命を粉砕するのに役立つ道具となる。音の類似は等価性を増大させ、一方で意味は差異によって区別してしまう。[4]

要するに音響的アナロジーで（加えてそのトートロジカルで反復的な内容のリズム含めて）、サン・ラーは詩を限りなく音楽に近づけているのであり、それを自ら「トーンポエム」と名づけてさえいる。[5] この音の類似から連想ゲームのように発展していくサン・ラーの詩的哲学は、ジェニファー・ライシンガによるインタヴュー（一九八八年）でのラーの以下の発言に顕著である。

この誕生（birth）というのは厄介な言葉だ。この語は撤廃されるべきだ。至高存在は言葉で人間を罠にかけるが、その一つが誕生（birth）である。つまり、birthはberthとも綴るもので、これは寝台を意味する。そして人を埋めるときにそこが寝台（berth）となる、というのも死体は寝台に寝かされるからだ。だから彼らの死ぬ日は誕死日《バースデー》（berthday）なのだ。誕生日《バースデー》（birthday）はその中に地球の響き――erth――を隠し持っているから、君はまたそれを地球誕生日（be-earthday）と言うこともできる。[6]

フランスを代表する哲学者モンテーニュが『エセー』に綴った「我々の誕生第一日にして生が始まり、同時に死が始まる」という箴言をこだまさせる以上に、生（birth）から死（berth）へ、揺《ゆ》り籠《かご》から墓場までを直結させてゆくサン・ラーの音響的アナロジーの力が発揮されている。[7]そして三つ目の音の類似である「地球誕生日（be-earthday）」は単なる蛇足などではなくて、実はサン・ラー哲学の骨子を語っている。erthを並び替えるとthreになり、つまり音的には“three”を表すことになる。これは地球が太陽から三番目の惑星であることと関連し、また天体の位置のように人間の運命も「規律」と「正確さ」――この二語に関しては後述――によって決まっているという運命論を表現している。[8]

言語遊戯

以上サン・ラーの詩における音響的アナロジーに目を向けてきたが、視覚上の言語遊戯《マニエリスム》についても触れておきたい。例えばシカゴのワシントン公園でラーが配っていたビラなどを見ると、すべて大文字でタイプされていたり文章にヴィジュアル・エフェクトが施されていたことがわかる。[9] とはいえ詩のなかで抜きんでて視覚的なものは以下のものかもしれない。

Tomorrow Never Comes
Comes Tomorrow Never
Never Comes Tomorrow
Tomorrow Comes Never
Never Tomorrow Comes
Comes Never Tomorrow

三つの単語からできた簡単な一文をシャッフルないし循環させ、一行の末尾の語が次行の語頭に繋がっていることで独自の催眠効果を感じさせる。加えて、縦、横、斜め、あるいはその逆のどの方向からでも読めるようになっている。ヤングクイストはサン・ラーの詩的言語の特徴を以下のようにまとめている。「連想、並べ替え、音の類似、再配列。これらが外見上の意味を溶解し抽象的な等価性に落とし込む、サン・ラーの詩的平等を創り出す好ましい戦略になっている」[10]。

なるほど、種村季弘が『ナンセンス詩人の肖像』で礼讃した言語遊戯の奇人変人《エキセントリック》たちと、サン・ラーがかなり近いところにいるとわかった。とはいえルイス・キャロルが『不思議の国のアリス』と『鏡の国のアリス』で描いたしっちゃかめっちゃかの言語遊戯は、実のところ論理学教師であったキャロルの厳密なルールに支配された「ノンセンスの領域」（エリザベス・シューエル）に属するものだった。

ルール違反者に対して「あの者の首を切るのじゃ！」と叫ぶカードのクイーンは、最終的にアウシュヴィッツ収容所の人間を番号で管理するノンセンスなファシズム論理に繋がったことを、シューエルは指摘した。そうしたノンセンスの闇の領域に触れる時、ノンセンス詩人サン・ラーが自らの楽団「アーケストラ」を「ラー刑務所」と呼んだことは心胆寒からしめるところがある。次はそのあたりを見ていきたい。

ラー刑務所――監禁と飛翔

サン・ラーが彼の率いる楽団「アーケストラ」に対して完全な独裁体制をとっていたことは留意すべきである。想像しにくいことであるが、フリーメイソンなど大方の秘密結社同様に、アーケストラは女人禁制が基本という時代があった。

六〇年代後半から参加するジューン・タイソンという女性ヴォーカリストは、既婚者であるという理由で何とか参加を許された（しかし寝泊まりする場所は別）。ホワイト・パンサー党の党首ジョン・シンクレアからラーがデトロイトにゲストとして呼ばれた折には、MC5のような地元バンドの荒くれ者たちが女性をぞんざいに扱うのを見て、アーケストラの面々が影響されないか気を揉んだというエピソードも残されている。

このあたりは彼が「睾丸《こうがん》発達障害」を理由の一つとして兵役拒否をしたことと無関係ではなさそうだ。[11]サン・ラーの半ば誇大妄想じみた宇宙哲学は女性への現実的な性的不能が別エネルギーに変換されたものだと考えることもできるかもしれない。ミッシェル・カルージュが「独身者機械《マシン・セリバテール》」と呼んだ呪われた系譜にラーは属する。カルージュが取り上げたフランス人作家レーモン・ルーセルなどこの独身者《セリバ》たちの一部は、言語が言語自体で世界を完結させる機械状オナニズムの円環に囚われている。そして脱出不可能性のなかで言葉をシジフォス的に転がし続ける永久運動を試み続けるのだ。サン・ラーのトートロジカル（同語反復的）で造語主義的、おまけにパラドキシカルな言語の非生産性もそうした独身者言語に近いものがある。

以上のように、サン・ラーのアーケストラは女人禁制を筆頭に規律が重んじられており、楽団の面々がサン・ラーの思想から逸脱するのは許されないことだった。規律を破れば懲罰が与えられた。クローゼットに閉じ込めるという直接的なものから、あえて違反者のみ高級ホテルに泊めさせ、最高の食事と車を与えたりしつつもバンドと一緒に行動させず、演奏もさせないことで孤立を深めさせて反省させる「最高のもてなし」（？）という陰湿なやり口もあり、追い詰め方はいろいろだ。[12]

ヤングクイストが以下のように語る通りである。「彼はミュージシャンたちの信条など求めていなかった。音楽が一体どこから来たのか、どのように響くべきか、そして何をなすべきか、彼らが感じることができればよく、サン・ラーはただその理解を求めていた」。[13] こうした自由のなさを、サン・ラーは「ラー刑務所」と恐るべき比喩をする。「私の刑務所は世界最高の刑務所であり、アーケストラの面々はここで物事を学ぶ。私の表現したいことはこうだ。彼らは刑務所にいる、そして彼らはどこに行くこともない、それは不可能だからだ」。[14]

バンドリーダーとしての唯我独尊ぶり、そしてバンドに入ることが「刑務所」並みの規律を求められる点で、ラーはアメリカのロックミュージシャンにして前衛音楽家フランク・ザッパと比較される存在だ。ワーカホリックとして知られたザッパはツアー前に数ヵ月にもわたるリハーサルを義務づけ、一日一二時間労働は当たり前で、メンバーを「仕込んだ猿」と呼んでいた。[15] ともにファンでさえ途方に暮れるほど膨大なディスコグラフィーをもち、奇想天外な言動で知られる。

しかし特筆すべきは、両者ともに若い頃に刑務所に入れられた経験があり、その時の理不尽な経験がシニカルな性格に反映されたという点だ。ラーは徴兵拒否の結果、刑務所に入れられた。そしてザッパもまた、覆面警官にポルノ映画を撮るよう依頼され、喘ぎ声とベッドが軋む音だけ入ったふざけた音声テープを提出したら、それを証拠として逮捕された。ザッパの評伝を書いたバリー・マイルズは、この経験がいかにザッパにとって通過儀礼の役割を果たし、彼を変貌させたか記述している。「出所するころには、ザッパはもう官憲から聞かされることは何も信じなくなっていた。学校でアメリカン・ウェイ・オブ・ライフについて学んだことは、すべて嘘だった[16]」。

刑務所で培われた、世の中の当たり前とされることすべてを疑う態度——これはサン・ラーも同様に得たものだった。彼らが自らのバンドを「刑務所」のように仕立て上げたのは、こうしたキャリア初期におけるトラウマ的記憶も作用しているだろう。

アンチ・フリーダムの思想——規律・正確さ・バランス・数学

刑務所が要求するのは規律／懲罰《ディシプリン》であり、これはサン・ラーが「正確さ」という言葉とよくセットで用いたキーワードであった[17]。しかしサン・ラーのいう「規律」はサン・ラー自身が強いるものというより、より大きな「何か」に従った結果であったことがうかがえる。

私は政治家ではないし、平等を信じてはいない。それが私を少々特異な存在にしている。私はまた自由を信じていない。そんなものはないからだ。欲すると欲せざるとに拘わらず、私は創造主のために働かなければならない。空にある太陽や星々のように私はそれを行わなければならない。太陽や星はいつも決まった場所になければならない。人々が自由について話しているとき、彼らが何を言っているのか私には分からない。あらゆる至高存在に自由などというものはない。自由について語ること。これは私を騙ろうとする言葉の中でも最大の嘘である。というのも人はそんなものを見たはずがないからである。この地上で自由な者など存在しない。人は自由ではなかったし、事実、今後もそうなることはない。なぜなら人が自由であるならば、死を選んだりするはずがないだろう。しかし人は死ぬので、自由ではない。だから私は規律について話しているのだ。[18]

自由のなさは規律や正確さに結びつき、その二つはまた数学や幾何学の原理でもある。自らの詩を「方程式」と呼ぶサン・ラーらしい見解が、以下のグレアム・ロックによるインタヴューの発言に見られる。

数学はバランスである。それは自ら証明する。意味していることはこうだ。平衡やバランスを扱っているとき、人がそれを失ってしまったら、彼は立ち上がることさえできない。だからもしこの惑星が平衡を失ったら、裏返しになってしまうだろう。人は平衡を保つ必要がある。そういうわけで人には左足と右足があるのであり、だから立つことができる。

本当は、人は一人ではない。腕が二本あるように、二重性のもとにあるのだ。人は自身のバランスをとらなければならない。[19]

サン・ラーが強調する「二重性」とは、無論二つのものが一つの所に収まってしまった逆説《パラドックス》であるが、それを「バランス」の一語のもとに調停してしまう。本章冒頭で触れたロザリー・コリーの『パラドクシア・エピデミカ』が、サン・ラーのキーワードであった「無」を「バランス」に結びつける興味深い見解を見せている。「ハムレットは充満世界、生と人間実存の充溢《じゅういつ》に抗するひとつの平衡《バランス》として「無」を使っているふしがある。ハムレットから見ると、世界そのものが彼のさわぎ立つ精神に何ら娯しみ、息抜きを与えてくれるものではなく、ひたすらいやましに圧力をかけてくる「現実《リアル》」でしかない。「無」に思いをめぐらせること即ち、余りに重たく現実たる世界が課す責任から逃れることのメタファーなのである」[20]。

現実脱却としての、バランスとしての、そしてパラドックスとしての「無」は、ハムレット以上に、暴力と貧困が横行するシカゴ・サウスサイドで黒人の「現実」に苦しんだサン・ラーにこそ必要不可欠な（非）論理的武器だった。ノンセンス、刑務所、規律、正確さ、バランス、独身者機械……サン・ラー哲学を語るうえでのキーワードもある程度揃ってきたと思われるので、いよいよ本題の「無」の深淵に降りていくとしよう。

無と逆説

何もない「無《ナッシング》」、真空であるはずの宇宙空間に無限の音楽を響かせるサン・ラーの「スペース・ミュージック」の理念自体が、そもそもパラドックスである。というのも、宇宙空間において音は伝わらないのだから！　しかし不可能をテーマにするのが土星人サン・ラーである。「可能なことのすべては人間によって行われた。私は不可能を扱わなければならない」[21]。こうしたサン・ラーの逆説的な言いぐさは、人類学者バーバラ・A・バブコックの以下のような至言を思い出させる。「〈さかさま世界〉（*mundus inversus*）のトポスは、もともと「不可能事」（*impossibilia*）の連鎖から生まれる」[22]。宇宙という無重力空間においてこそ天地のひっくり返った「さかさまの世界」が可能なのだろうか。

宇宙が無であるように、サン・ラーにとっては音もまた無である。音は掴みどころなく消え去っていくものであり、拡散して通り過ぎていき、本質的に無の領域に属する。ヤングクイストのやや込み入った論理を借りるならば、「最も極端には、この音の消え行っていく性質は、無の先駆け、無の媒介、無の芸術として音楽を生じさせる万物の基礎として、無の優位に身振りする」[23]。これに対し、サン・ラーの詩「私が聞く音（The Sound I Hear）」が、ヤングクイストの小難しい言い回しを解毒する明快なものになっている。

私が聞く音は無である

それはあるようでない
私を取り巻く壁は無である
それらはあるようだが、無である[24]

音は本質的に「無」であり、アンビエント・ミュージックのようにさりげなく我々を取り巻いている。シカゴ・サウスサイドの底辺に生きる黒人を取り巻く現実の「壁」とは異なり、音の壁は薄い透明なヴェールのように優雅で美しいものだ。さらにサン・ラーの「天体の音楽」という詩では、この音楽が来たる場所が明示される。「この音楽は外なる天体からのものだ／否定の王国……虚無から来た音楽[25]」とあり、音楽は無からさらに進んで端的に否定（not）に発するものとされている。しかし否定は、シュルレアリストの手袋のようにここでも肯定的な内容に裏返されているのだ。

サン・ラーは四大元素（火・水・風・土）のなかでもとりわけ風を愛した。ミニモーグというアナログシンセサイザーを駆使した画期的アルバム《我が兄弟、風 *My Brother The Wind*》（一九七〇年）もリリースしているほどである【図4-3】。風を愛したのは、摑みどころなく消え去っていく「無」の性質が音楽と似ていたからだ。「座標の振動について」という詩では、いたずらな風のように not という単語を弄《もてあそ》んでいく。

風は非在（not）
しかし非在（not）は音符（note）である
音符（note）を組み替えれば音色（tone）
音楽は外宇宙光線の点から来たもの[26]

風と音楽はともに実体なく直ちに消え去っていくもので、その両者がnotという否定の響きをnote / toneと変奏していくことで音響的に溶け合っていく。そしてnotから始まった言語遊戯は最終的に外宇宙光線という希望の原理にまで高められるのだ。

図4－3　Sun Ra And His Astro Infinity Arkestra, *My Brother The Wind*
Saturn Research, 1970

さらに風は変奏される。《Somewhere Over The Rainbow》（一九七七年）というアルバムには〈Gone With The Wind〉という曲が収録されている。言わずもがな南部白人による黒人差別を隠蔽した映画として（悪）名高い『風と共に去りぬ』の英語原題である。いくら風が好きだとはいえ、D・W・グリフィス『國民の創生』と並んで黒人差別映画の代名詞とされるこの映画をタイトルに選ぶことは、サン・ラーの一筋縄ではいかないアイロニー、白人の言説を黒人流に茶化す（シグニファイする）天邪鬼《あまのじゃく》な性格を物語っている。

重力と恩寵

「無」をキーワードとするサン・ラーの連想哲学をこれまで垣間見てきたが、「神話（myth）」がこの連想に加わることでさらに奥深い世界が見えてくる。まず「神話」は「歴史」を否定するところから立ち上がる。以下は複数のLPのカバーに印刷されたサン・ラーの言葉である。

過去の文明は、今日の文明の基礎として用いられてきた。このせいで、世界は導きとしての過去に目を向け続けてきた。あまりにも多くの人が過去に従っている。この新たな宇宙時代に、それは危険である。過去は死んだ、そして過去に従う者は死ぬ運命にあり、過去のようになる。過ぎ去った（passed）ものは過去（past）であるから、死んだ者が過ぎ去ったと言われるのは偶然ではない。[27]

ここでは「パスト」という音の類似を使って「過去（past）」を「死者（passed）」に結び付けることで、「歴史」を盲信することの危険性を音響的に説得していると言える。こうしたサン・ラー史観を踏まえて、ヤングクイストは以下のように付言している。

神話はサン・ラーにとって無限へ至る乗り物となる。しかしそれは乗るにはトリッキーなロケットである、というのもそれはそこにはないからだ。神話がサン・ラーにアピールするのは、通常の科学の観測的で、計測的で、実質的な構成要素と違って、それが本当は存在しないからだ[28]。

神話は非在（not）であり、それゆえ「無」（nothing）と等価なものである。「非在性について（Of Notness）」という詩で、サン・ラーが「非在の王国……すなわち神話の帝国」と書いている通りである。

そして神話はさらに、無を媒介にして音楽と等価になる。ヤングクイストの言を借りれば、「神話のように、音楽は存在しない。〔中略〕それは実体をもっていない。媒介を欠いている。発生すると同時に拡散し、過ぎ去っていくさなかに現前する[29]」。なるほど神話と音楽には、本質的に消えゆく一過性の性質がある。しかし無であるからこそ、可能な空の容器としての可能性があるのであり、無は全に変貌することができる。サン・ラーの「チャーミングな黒い王子」と題された詩が、端的にその論理を物語っている。「永遠の神話の奇妙な真実／それはサウンド、つまり／サウンドの真実……音楽のサウンド／そして音楽は常に存在する／それは何にでもなりうる[30]」。ここでいう「永遠の神話の奇妙な真実」とは、神話＝音楽のもつ消え去っていく「無」の性質である。と同時に、「無」であるからこそ「それは何にでもなりうる」と最後に価値反転を起こす。ナッシングはエヴリシングと裏表の関係にあるのだ。

さて「無」というものをこのようにポジティヴに反転変奏させた思想家として、サン・ラーをシモーヌ・ヴェイユと比較することは有益であるように思う。ラーのいう「無」を「真空」と言い変えたかのように、ヴェイユは『重力と恩寵』で以下のように記述している。

恩寵は充たすためのものである。だが、恩寵をむかえ入れる真空のあるところにしか、はいって行けない。そして、その真空をつくるのも、恩寵である。[31]

ブルースの章で見た「存在の大いなる連鎖」が「充満」と「連続」を二大原理とする観念だったように、「真空」は西洋において悪魔そのものと見なされた。しかし、ヴェイユはむしろその「真空」に本質的な救い、「恩寵」の介入する余地を見出す。そしてヴェイユ思想から言えば、在米黒人ほど、この「真空」を招き寄せる存在はないのだ。

自分自身の中に真空を受け入れることとは、超自然的なことである。報いられることのない行為をするためのエネルギーは、どこで見つければいいのか。エネルギーは、どこか別なところからやってこなければならない。だが、しかし、そのまえに、すべてをもぎ取られることが必要である。何かしら絶望的なことが生じなければならない。まず、真空がつくりだされねばならない。真空、暗い夜。[32]

①サン・ラーは良心的徴兵拒否の結果、投獄され、愛する音楽を剝奪《はくだつ》された経験が、その後の彼の音楽活動に暗い影を落としたこと。②サン・ラーの暮らしたシカゴ・サウスサイドの黒人たちの生活の悲惨さ。③そして何より先祖が新大陸に奴隷として連れてこられたという屈辱的歴史。そうした三つの「絶望」が束になって、黒人（非）存在という「真空」の容器が形づくられた。そしてこの「真空」そのものが「充満」なのだと言うとき、ヴェイユの逆説はサン・ラーにいよいよ近づく。

何ごとにおいても、どんな特別な目的があろうと、それを超えて、むなしく望むこと、真空を望むこと。なぜなら、わたしたちにとって、想像することも、定義することもできない善とは、しょせん真空なのだから。だが、この真空はどんな充満状態よりも、充ち溢れている。[33]

サン・ラーはある意味で「ユートピア」を目指したが、この語はもともとギリシア語で「どこにもない場所」を意味する。希望の原理は「無」であり、「真空」との同一化である――「全体の中で、真の自分の場所にいることができるために、無となること」[34]。無場所《アトポス》としての宇宙を自分の居場所に設定するパラドックスを、サン・ラーが「宇宙が居場所《スペース・イズ・ザ・プレイス》」と見事にキャッチフレーズ化したことに、ヴェイユもまったく同意見だと見える。「流竄《るざん》の身であって、自分の家にいるという感じをもつこと。場所のないところに、根をもつこと」[35]。これは不可能な話だ。しかし「私は不可能を扱わなければならない」と言ったのがサン・ラーであり、「不可能は、超自然的なものへと至る門である」と言ったのがヴェイユである。我々はナムジュン・パイクの言う「遊牧的定住者《ステーショナリー・ノマド》」にならねばならない。

さらに、希望の原理は不可能性のパラドックスに胚胎することを美術史家G・R・ホッケは「絶望と確信」と名づけた。そのマニエリストのホッケに、いよいよヴェイユが近づくくだりがある。「相反するものの一致」とはマニエリスムのみならず神秘主義全般の中心的思想をなすものであるが、ヴェイユは「相反するものの一致」を「よい場合」と「よくない場合」に腑分けする。

相反するもののよくない一致とは（よくないというのは、まやかしであるからだ）、その相反するものが位置しているのと同じ次元において成り立つ一致のことである。そこで、被抑圧者に支配権を与えたりするのだ。それでは、抑圧と被抑圧という連関からぬけ出すことができない。／相反するもののよい一致は、さらに上の次元において成立する。そこでは、支配と抑圧の対立は、均衡という法の次元で、とけ去ってしまう。[36]

ここに来て、ヴェイユの文章の中にサン・ラーが強調した「均衡」なる言葉が出てくる。しかしこの「均衡」にはマニエリスム的な「緊張関係」（ホッケ）があることも忘れてはなるまい。「互いに矛盾するものの一致は、四分五裂のさまを生む。極度の苦しみをともなわずには、ありえないのである」[37]。しかしこの「極度の苦しみ」がヴェイユ哲学においては救済力になるのである。「たましいの動きの中に、相容れないものが同時に存在していること。同時に両側へとかたむく秤。小宇宙の実現であり、世界の秩序の模倣である」[38]。矛盾逆説が秤《はかり》のバランスを保った「小宇宙」となり、「世界の秩序」と化していくプロセスを、サン・ラーもまた夢見たのではなかろうか？

メタヒストリーとしての神話

さて、さらに「神話」にもうひとつ深い意味を込める、サン・ラーの興味深い発言が残されている。

私は本当はデモクラシー（民主主義）よりミソクラシー（神話主義）の方が好きだ。歴史以前。歴史より前にある何かは神話だ……そこには黒人がいる。現実は死に等しい、というのも現実にあるすべては始まりと終わりをもつからだ。神話は不可能について、不死について語る。そして可能なことはすべて試されているので、我々は不可能に挑む。

生活密着型の黒人音楽の言説で強調されることの多い「現実《リアル》」という言葉が、「死」と結びつけられる形で否定されていることがまず目を引く。黒人ヒップホップの世界でとりわけ誇張されることが多いものの、実のところこの「リアル」なる概念は、虐げられてきたアフリカ系民族が「クール」なタフガイ・ポーズを気取るうえで構築してきた虚構世界に過ぎない（リチャード・メジャース&ジャネット・マンシーニ・ビルソン『クール・ポーズ』）。『ムーンライト』はものの見事にこの虚構世界を内側から描いてみせた映画である。体を鋼鉄のように鍛え上げたドラッグディーラーの黒人が、ストリートの「リアル」を気取りつつも、いかに生い立ちの不幸とホモセクシャリティをその筋肉やブリンブリン（きらきら）なゴールドの下に隠しこんでいたか。

『スペース・イズ・ザ・プレイス』という映画でサン・ラーのライバル役であるピンプ（女たらしの成金）のオーバーシアなる男が、最後サン・ラーとともに宇宙に旅立つことができないのは、「リアル」な世俗世界の快楽（金・女・名声）にいつまでも拘泥していたからである。サン・ラーは忌まわしい負の歴史の「リアル」に立脚するのではなく、その歴史以前にある「神話」から歴史を書き換えるかのようだ。

ところでサン・ラーは神話を「真実より偉大な何か」と呼んだ。[39] 地上の生年月日、名前、証明書、家族といった「事実」の累積にまったく意味を見出さなかったラーは、土星から来たなドと散々自らの人生を作り話に変え、ラーの伝記を書いたジョン・スウェッドによれば、「彼は地球上での生涯の3分の1を消すことに成功した」という。[40] 神話は無であり、またアフロ・フューチャリズムが立脚しうる虚構《フィクション》であるゆえに、逆説的により偉大な事実《ファクト》として建立することができるというわけだ――ファクトは「作られたもの、捏造されたもの」といった意味のラテン語に由来している。[41] いつまでもタフガイ気取りのチンピラのように、あってないような「リアル」にこだわっている場合ではないのだ。

　さらに先述した映画『スペース・イズ・ザ・プレイス』が編集された一九七三年（公開は翌年）は、歴史学に「言語論的転回」（岩崎稔）をもたらしたヘイドン・ホワイトの名著『メタヒストリー』の刊行と同年であることは、筆者には偶然に思えない。本書は、歴史というものが客観的「事実」の集積などではなく、「物語」として修辞的に語られて／騙られてきたことを暴露した一冊で、いわば「ファクト」と「フィクション」の曖昧な境界線を問うた本だとも言える。歴史学の本にもかかわらず、四大元素詩人ガストン・バシュラールを本全体のエピグラフに選んでいたり（「わたしたちは、自分が最初に夢見ていたことだけを研究できるのだ」（『火の精神分析』））、『メタヒストリー』の序論は「歴史の詩学」というタイトルであることからも、ホワイトがいかに歴史と文学が切り離せない問題かを認識していることがわかるだろう。

　歴史というものは過去の「事実」に基づいた客観的なものなどではありえず、その事例研究の時点で主観、ホワイトの言葉を借りれば「比喩《トロープ》」（隠喩、換喩、提喩、アイロニーの四種類）

が駆使されているのだ。その意味で歴史とは客観的事実をベースに「本当」のことを記述したものではなく、「本当らしさ」をそれぞれの歴史家がレトリカルに表現した文学だ、というのがホワイトのメタヒストリー観である。

なるほど人文学畑に与えた影響力は甚大だったものの、歴史学プロパーからは当然、こうした見方に対して「文化的相対主義ではないか？」、「アウシュヴィッツをなかったものにする歴史修正主義を看過するものではないか？」、などの批判が殺到した。ホワイトはこう応じている。「わたしが知る限り、文化的相対主義は多くの異なった倫理的・政治的立場に到達することがある。けれども、不寛容や外国人恐怖やファシズムに至りつくよりは、寛容や他者を理解しようとする努力につながることのほうがよくあるのだ。ナチは、かけらも相対主義者ではなかった[42]」。ホワイトのこうした人道的発言はその場しのぎの嘘ではない。ハイデガー、ヴァレリー、サルトル、レヴィ＝ストロース、ミシェル・フーコーらを筆頭に、世界的に「歴史」というものに深刻な疑問が投げかけた動向に触れたのち、ホワイトは『メタヒストリー』で以下のような注目すべき記述をしている。

……西洋人が一九世紀の初頭以来誇りとしてきた歴史意識というものが、そもそも自分たちのイデオロギー的な立場を支えるために要請された都合のいい理論上の足場にすぎなかったのではないか……。西洋文明は、自分に先行する過去の文化や文明に対してだけでなく、自分たちと時間を共有していたり空間的に隣接していたりする同時代の文化や文明に対しても、このような理論上の足場を頼りにして思いあがった自画像を作り出してきたのではないだろうか。このことをひと言で表現するなら、歴史意識とは西洋に特異に見られる先入観にすぎず、近代的工業社会が持つとされる優越意識にしても、遡ってみればこの先入観から出てきたものにすぎないのではないか、ということである。[43]

確固とした事実として動かない西洋的な「歴史」に対して、メタヒストリーはレトリックの力を意識することで、硬直化して抑圧的な「歴史」を書き換えることができる。それゆえマイノリティにとってホワイトのメタヒストリーは特別なものになった。ブラック・スタディーズのカリスマであるヒューストン・A・ベイカー・ジュニアさえも本書に強烈にインスパイアされて、名著『ブルースの文学』の主要な着想源とした。ホワイトの見解を引きつつ、ベイカーはこう書きつけた。「比喩的思考とは、所与の言説で「伝統的」と考えられるものを修正するために、なじみのない（エキゾチックな）比喩を用いた言説の様式である」[44]。

それゆえ、サン・ラーの言う「神話」もまた「比喩的思考」による「伝統的」なるものの書き換えなのだ。『メタヒストリー』と『スペース・イズ・ザ・プレイス』が同じ一九七三年というのが、単なる年号の一致に留まらないと言ったのはこうした理由からである。さらに、

「歴史（history）は彼の物語（his-story）であり、私の物語ではない。私の物語（my-story）はミステリー（mystery）だ[45]」というサン・ラーの地口《シャレ》から、「神話」とは「私の物語＝ミステリー」なのだと明らかになろう。

神話から宇宙へ

歴史が否定され、神話が立ち上がる。神話は音楽である。音楽は乗り物となり、黒人たちを宇宙へと運び去る——。まさに映画『スペース・イズ・ザ・プレイス』はその顛末《てんまつ》を描いたものだと言える。映画を補足するように、宇宙に飛び立つ心構え、基礎準備としての「無」についてサン・ラーは講釈している。

音楽は言語である、そしてそれは、無の王国で生き残るためには人は無になる必要があることを教えてくれる。見よ、無は何も傷つけることができず、無に無を加えても無に等しい。〔中略〕君はゼロまでカウントしない限り、外宇宙へ行くことはできない。すべてはゼロから始まるんだ。ゼロまで数えると、君は外宇宙へと行ける。ＮＡＳＡはそれを毎日行っている、彼らはまずカウントダウンをするのだ[46]。

ＮＡＳＡの発射カウントダウンの「ゼロ」までも自身のキーワードである「無」に連想させ

る、サン・ラーの想像力の何たるかを垣間見るだろう。
サン・ラー思想において「無」と同様に「ゼロ」はポジティヴな内容を含んでいる。正確に言えば、ネガとポジが容易に反転する、さまざまなものを詰め込む余地のある容器という意味で「可能性」の代名詞である。例えばサン・ラーがアジビラに書いた以下の論理は実にアクロバティックだ。

ニグロは無である……ニグロのようなものは存在しないも同然であるから、ニグロは無の象徴である……。「ニガーには何の価値もない（A nigger ain't shit）」という慣用表現がある。黒人が糞（shit）以下というならば、無ということだ。ゼロである。[47]

「無」と「ゼロ」はラー独自の捻《ひね》りが加えられ、ここでは無産性から生産性のシンボルへ価値反転している。「糞以下」の最底辺（ゼロ）に触れているからこそ重力でもう落ちようがない。落下に同意することがそのまま上昇に繋がるような、すなわち愚者が賢者に逆立ちするというシモーヌ・ヴェイユが提起した「重力と恩寵」の論理である。[48]またサン・ラーには「O学（THE――O――LOGY....）」と題された詩がある。「神学」（theology）を分解して、「O学」（The-O-logy）という新しい学問を捏造したもので、以下のような内容ならぬ内容になっている。

O・・ゼロ《サイファー》（暗号）・・暗号《コード》
暗号《コード》X・・古写本《コーデックス》・・律法
暗号《サイファー》はル・サイファー（lu cipher）
The は Thu ゆえ、Le は Lu になる
暗号：ルサイファー：ルシファー[49]

こうして、文字O（オー）は暗号《サイファー》／ゼロを経由して堕天使ルシファーへと帰着し、もともとの神学の意味へと円環回帰する。コリーが『パラドクシア・エピデミカ』で紹介している「文字Oについて」という英語詩が、もしかするとサン・ラーの「ゼロ」概念のもつこうした産出性・遊戯性の良き解説になるかもしれない。O（オー）、0（ゼロ）、卵と「造形的地口」（P・アレシンスキー）を展開させていくコリーの知性を高山宏の達意の翻訳で見てみよう。

文字Oは形象からしていきなり無からできている、と詩人は言う。「0」（ゼロ）は暗号（cipher［ゼロの意も］）でもあるが、「解読（decipher）」される——理解され脱‐無化（un-nothinged）されるや——「全」になる。問題の詩最後の二行対句は、このパラドックス自体の「無」ぶり、というか、どうでもよさ（triviality）に引っ掛けた遊びで終わる。

Btt O enough, I have done my reader wrong,
Mine O was round, and I have it long.
でももう沢山［Oだらけだ］、私は読者に悪いことをした
私のOは丸かったのに、私はそれを長くしてしまった

「O」から卵へはほんの一歩だろう。卵は生成と創造のシンボルだったからだ。それから卵はゼロの形をしていることもあって、全と無の矛盾もろもろが卵を舞台に演じられ得たし、現に演じられていった。オランダ人修辞家エリュキウス・プテアヌスが優れた「卵礼讃 Ovi encomium」を書いて、卵から出てくる「何もが」魂より繊細かつ美しい「無」に似る様を詠った。卵がとりわけ創出力ある無であるのは言を俟たないが、滑らかなそのゼロの形の内部にひな鳥を、新たな存在を宿しているからである。[50]

サン・ラーは「何もない空間（The Empty Space）」と題された詩で、「あらゆる惑星はo（オー）である」とも書いているから、文字oの視覚的形態に注目していたのは明らかだ。[51] ゼロないしオーの卵型の形状が、卵そのものの生産性と結びつくことをさらに神秘主義文脈で広げるならば、これは「世界卵（あるいは宇宙卵）」の思想である。世界が一個の卵から生じると見る創世神話にサン・ラーの「ゼロ」が直結するか確言はできないものの、カリフォルニア大学バ

ークレー校でラーが「宇宙の黒人」なる講義を受け持った際にはネオプラトニズム系の書物を選定していたし、薔薇十字団や神智学をはじめ西洋オカルティズムにもかなり明るかったことも踏まえると、それほど無理な議論ではなかろう。

澁澤龍彦の「宇宙卵について」というエッセーが、さらに議論を広げるよすがとなりそうだ。いわく「卵とは、エリアーデによれば「全体のイメージ」……であり、一般に組織の最初の原理として、カオスから生ずるものである。やがて卵は二つの部分に分化して、天と地、昼と夜、太陽と月、火と水、男性と女性などといった、相互に対立的なものを生ぜしめるであろう[52]」。0（ゼロ）の形をした卵には、サン・ラーが「バランス」や「二重性」という言葉で表現した両性具有の両極性が一元性として内蔵されているのだ。また何より重要なのは、錬金術師たちが賢者の石を精製するために複合物質を入れる容器を「哲学の卵」と呼び、「精神的な生命、完全なる知識、すなわちグノーシスに達するためのシンボル[53]」としたことである。そしてこの実験器具としての「哲学の卵」と、世界の創造原理としての「世界卵」は、ミクロコスモスとマクロコスモスのように照応関係にある。

さて澁澤が「宇宙卵について」を収録する代表作『胡桃の中の世界』を刊行した一九七四年は、いみじくも『スペース・イズ・ザ・プレイス』が公開された年である。この映画の中で、サン・ラーと敵役オーバーシアはだだっ広い荒野でカードゲームに興じるのだが、そのミクロな盤上遊戯の結果が、実際のマクロな世界の動きを決定していく（まったく同年に寺山修司が

『田園に死す』で田圃のなかで将棋を指すシーンを撮ったことが思い出される）。

いわば手の上で弄ぶ宇宙模型のようなファンタスティックな想像力が、一九七四年という時点において澁澤とサン・ラーを繋いだのだ。映画のサン・ラーの決め台詞「君たちの現実が憎い（I hate your reality.）」とは、世俗を蛇蝎《だかつ》のごとく嫌って貝殻や宝石の幾何学的小宇宙に閉じこもった澁澤の貴族主義的な「貝殻中心主義《シェルフィッシュネス》（Shellfishness）」[54]と何らかの対応を見せている。サン・ラーの住まう宇宙とは「胡桃の中の世界」、すなわち無限小の中に無限大が格納されたきわめて澁澤的なミニアチュールだと思われる。サン・ラーの言語遊戯によって「無」が「全」に無重力のごとく反転するのは、ラーが盤上遊戯をする少年のように言語宇宙を弄んでいる感覚があるからなのである。「宇宙の壮大さが子供の手のなかの玩具となり、一方、子供の微小さが世界を抱く神の巨大さになるところの、この交叉的な運動ほど、バロック的な想像力を特徴づけるものはない」と文芸評論家ジョルジュ・プーレは『円環の変貌』のなかで語っている。[55]

ここまでサン・ラーの不可能を可能に、ゼロを無限に、極小を極大に反転させるアクロバットな逆説家としての才覚を見てきたが、こうした修辞技法は詰まるところ詭弁《ソフィスム》の精髄である。種村季弘いわく、

ああいえばこういう、これら始末に負えない天邪鬼たちの顚倒の論理の系譜は、かくてソ

フィストからマキャベルリまで、マニエリスム的決疑論からサド侯爵を経てオスカー・ワイルドまで、一本の赤い糸のように連綿とつながっている。それはなにごとかを証明するための論理ではなくて、それ自体として自立（あるいは逆立！）しつつ何者にも帰属しない論理、ワイルドのいわゆる「堂々たる無責任」、「いかなる証明にたいしても健康な、自然な軽蔑を抱いている真の虚言」である。この論理学上の断固たる反自然主義精神こそは、あべこべの世界の論理学たる詭弁《ソフィスム》の真髄であろう。人は詭弁の不毛や不真面目を嗤うだろうか。私には紅顔の不良少年たちが棒倒しや鞠遊びに戯れている天使的にアイロニカルな場景が眼に浮かぶのだ。[56]

最大の天邪鬼エドガー・アラン・ポーの詩的宇宙論『ユリイカ』を愛読したサン・ラーであるから、彼をこの「一本の赤い糸」で結ばれた系列に加えることに、筆者は躊躇《ちゅうちょ》がない。いや、もっと端的に黒人《アフロ》マニエリストだと言っていい。「天使的にアイロニカル」なのはサン・ラーもだろう。天使とは、サン・ラーがこよなく愛した概念であった。

デヴィッド・ボウイとサン・ラーを繋ぐ「無の力」

ここでサン・ラーと同じ道化の逆説家にして宇宙や無をテーマにした帝王デヴィッド・ボウイと比較考察してみたい。「無《ナシング》を歌った男」（田中純）であるボウイもまた、六〇年代末に〈スペース・オディティ〉という曲でまさにトム少佐なる自身のオルターエゴ（他人格）の宇宙遊泳を歌にしたが、この曲でも「ゼロ」に至るカウントダウンの音声が含まれていた。サン・ラー同様に、ボウイもこの「ゼロ」に何がしか肯定的な力を見ていたようである。この〈スペース・オディティ〉という曲に含まれる「そして僕にできることは何もない（And there's nothing I can do）」という歌詞を、「僕に成し遂げられる無が存在する」と読み替え、「無力」を「無の力」と積極的に読み替えることを説いたのは田中純であった。

地上からおのれを切り離して宇宙空間に漂うことが自殺に至るとすれば、トム少佐はそんな自殺を選択している。それは徹底した孤独の追求なのだが、そこで発見されているのは、世界とのあらゆる紐帯を断ち切り、青い地球をはるか彼方に眺めることで得られる「無《ナシング》」なのである。「無力」は「無の力」に反転する。そのように反転可能な無の両義性ゆえに、メランコリックな諦念の印象にもかかわらず、〈スペース・オディティ〉には決然とした意志が同時に感じられる。[57]

そのボウイ＝トム少佐が『スペース・イズ・ザ・プレイス』製作年の一九七二年に、歴史的傑作《ジギー・スターダスト》をリリースし、土星人サン・ラーと競うようにして火星人ジギーなるオルターエゴをもって、地球に降り立ったことを単なる偶然で済ますことはできない。

両者はスペース・エイジの生んだ「無の神話」なのだ。「神話とは精神屈折光学の一作用である[58]」とシュルレアリストのミッシェル・カルージュは『独身者の機械』のなかに書き、光学的幻影に囚われた独身者の呪われた系譜を描いてみせた。

しかしサン・ラーはそうした屈折した独身者の不能のエロスの「神話」を書き換え、「無」や「音楽」と等価とすることにより新たな意味を加え、見事に希望の原理に反転させた。映画の中で宇宙に旅立ったサン・ラーの言葉はフィナーレにふさわしい。「さらば、地球よ。君らは現実について話したいだけだ。神話はない。そう、私は君たちに語りかける神話である。だからさよならだ」。

シンセサイザー（綜合する者）

ここで完結と言っていいところだが、最後にもっと開かれた議論へ開いていきたい。そうでなければ、サン・ラーは独身者機械のノンセンス詩人の少しマシなヴァージョン、と見なされてもいっけん仕方がなさそうである。サン・ラーの詩はほぼ常に知的なノンセンスではあるし、所詮「ソウルミュージックはボディミュージックだ[59]」と時に肉体嫌悪を示したりもするが、その無重力言語は常に軽やかな音楽や舞踏を志向していて、精神と肉体のバランスが感じられる。いわば知性偏重の「ノンセンス」分析から肉体との融和を説いた「包括の神話」研究へシフトしていった学匠詩人エリザベス・シューエルの思想的バランス感覚に、サン・ラーその人の哲学がパラレルなのである。還元的知性のみでは重心が偏るので、夢や魔術や神話を駆使する綜合的（非）理性を常にバランスさせていないと人間は人間足り得ない、そのためシューエルはノンセンス一辺倒のルイス・キャロルを踏み台に、ゲーテやロマン派詩人に代表される「霊感が書かせた書、運動する詩」（ジョージ・スタイナー）の系譜の復権を唱えた。

しかしキャロルと同じイギリスのノンセンス詩人でも、エドワード・リアのリメリック（五行詩）に添えられたイラストには楽しそうに舞踏する動物たちなど常に肉体が見られることをシューエルは見抜いていた。サン・ラーも舞台にダンサーを投入し、宇宙神話を織り交ぜた大人数による「綜合」芸術を目指していたのであるから、ノンセンスはノンセンスでも、根本的に音楽も舞踏もない「閉じる」キャロルとは別人種なのだ（なにせ土星人）[60]。

最初シューエル『ノンセンスの領域』解説として、のちに『終末のオルガノン』に再録された文章で、高山宏は以下のように語る。

アナライズ（分析・分類・分解）する知性による世界の分解を指弾し、世界を再びシンセサイズ（総合）し、「再‐積分」（G・R・ホッケ）する方途として多面にわたる「詩的方法」の実現ないし蘇生を訴えるシューエル批評の全体像（corpus コーパスには「肉体」の意もあるわけだが）のなかで読む限りは、『ノンセンスの領域』についてどういう読み方をされようと自由であるとあえて言っておきたい。[61]

「シンセサイズ」。そう、シンセサイザーを最初に使ったジャズ・ピアニストとしてもサン・ラーは記憶されている。この「綜合する者」という意味深な名前を付けられた電子楽器が、映画『スペース・イズ・ザ・プレイス』では宇宙船のコクピットに搭載されていた。音楽が動力源であるこの宇宙船は、端的に「綜合する者《シンセサイザー》」によって駆動されていたのだ。「詩的思考が世界を取り戻す」と帯文に刻まれたシューエル『オルフェウスの声』には、著者自身による内容要約としての詩が掲載されている。その最後が「創世記《ジェネシス》」と題されていて、以下の四行で締めくくられる。

世界と精神のことを
詩人また詩人が言ったこと
ただ死にゆくものなどない、と
関係を持たぬものなど、ないと。[62]

シューエルの説く「包括の神話」は、ブルースの章で述べたネオプラトニズム的な「存在の大いなる連鎖」とも共鳴するものだ。人間と宇宙が、音楽を媒介にして調和・照応するオカルト思想は、サン・ラーのみならず黒人音楽全般に当てはまるものだという天啓に満ちた指摘をしたのは、ジョン・スウェッドであった。

ソニーは彼の音楽にネオプラトニズムを託した。この哲学的神秘主義的伝統において、音楽は宇宙のモデルであり宇宙を構成する一部であると考えられ、音楽は人類を宇宙と調和させる力を持っていた。これらの考え方は、プラトンあるいはそれ以前のアテネのダモン、またはサモス島のピュタゴラス、そしてプラトン以後のアンセルムス、フィチーノ、アグリッパ、15、16世紀の全ての魔術的音楽学者の中にも見受けられた。そして黒人ミュージシャン達はこの共通遺産を彼ら独自に生かし続けていた。彼らの共同体的秩序と生存は、音楽パフォーマンスがモデルとなっているばかりでなく、宇宙もミュージシャン達の相互作用から構成され、美学は二の次となり、音楽の相互作用と表現の中に現れている倫理が優勢となる。ソニーはショーペンハウアーと同様に、音楽とは最も純粋な表現様式であり、直接感情に訴える宇宙的言語であると考えていた。[63]

音楽がエーテルのように全宇宙を包み込み、万物を繋ぎ、調和させるのだ――ハリー・スミスが『アンソロジー』の表紙に配した神聖一弦琴を、サン・ラーはピアノないしシンセサイザーで置き換えた、と言えよう。またシューエルの言う「包括の神話」は、ジャンルを溶解させ繋げていくサン・ラーの領域横断性、そこから必然的に生じるアナロジーないし共感覚にこそ求められるべきものだ。「魔術が還元的ではなく総合的な思想であるように、サン・ラーの音楽、衣装、言葉、文章もまたすべてを受け止めることでしか理解できないものである」と柳下毅一郎も語る通りである。[64]

詩人なのか、音楽家なのか、アジテーターなのか、はたまた地球人なのか土星人なのか太陽神なのか、判然としない存在様態の横断性・曖昧性もさることながら、サン・ラーは色彩と音楽の関係を熱心に説く神秘主義的共感覚を追い求めもした。[65]

整理しておこう。我々が見てきた内容に即していえば、無＝風＝音楽＝神話が魔術的アナロジーの「方程式」によって軽やかに「繫がる」。サン・ラーが自らの詩を「方程式」と呼んだのは、平衡感覚と同時に何かと何かを繫ぐ「橋」のイメージを託していたからではなかったか。というのも、橋もまたラーのこだわった言葉で、「理解の橋」と題された詩があるのだ。「橋は何処にでも達する／思い思いの方法で／橋は通路である／より大きな連続性への…／抽象的な理解にさえ達する／橋よ………」[66]。

G・R・ホッケは繫がるはずのないものが繫がる隠喩をマニエリスム最大の特徴として見たが、ラーの言うところの「方程式」の記号「＝」が橋の形状であることを考えると、「詩という名の橋《リリカル・ブリッジ》」（フィリップ・グルントレーナー）を架けることによって万物照応の宇宙を目指したに違いない。「関係を持たぬものなど、ないと」とシューエルが言った通りである。

また「橋」は「神話」に至るためのメタファーであることが「円の永遠性」という詩で語ら

れている。「信仰とは橋かもしれない／現実と呼ばれるものと／神話と考えられているものの間に架かる橋」。[67] 綜合する者《シンセサイザー》を動力源とするラーの宇宙船とは、繋がるはずのないものを繋ぐ橋そのもの、隠喩すなわちアナロジーの原理そのものなのである。何かと何かを融通《パセ》するもの、すなわちパッサージュ。奴隷貿易における悪魔の「中間航路」を英語で「ミドル・パッサージュ」と言うことを知るとき、サン・ラーの宇宙哲学のもとで奴隷船の「歴史」が宇宙船の「神話」に書き換えられたのだと我々は知る。

ほとんどサン・ラーの代名詞となっているアフロ・フューチャリズムの一領域に彼を落とし込むのは間違いである。サン・ラーは本質的に「脱領域の知性」（ジョージ・スタイナー）の人であり、ラーその人が「綜合する者《シンセサイザー》」にして「橋」なのである。

次章では、サン・ラーと同じく大楽団を率いながらも、正反対と言ってよい猥雑でグロテスクなユーモア音楽を繰り出すPファンクの英雄、ジョージ・クリントンを取り上げよう。テーマは「道化」である。

第5章　Pファンクの宇宙——道化としてのジョージ・クリントン

「頭を解き放てば、ケツがついてくる」
ジョージ・クリントン

「修辞学自体にマニエリスムの種子がひそんでいる」
E・R・クルティウス

ミンストレル・ショーをご存じだろうか。南北戦争後の一九世紀アメリカに生まれた大衆芸能で、黒塗りした白人が黒人のフリをして楽器を演奏したりアクロバットをしたりする見世物で、その差別的な黒人の戯画化はある意味でアメリカの人種意識を形成したとさえ言える。大和田俊之の『アメリカ音楽史』も、アメリカの大衆芸能の始まりとしてこのミンストレル・ショーを始点に据えている。

しかしこの芸能が消滅した二〇世紀、そして二一世紀に入ってもなお、このショーが紡いだ

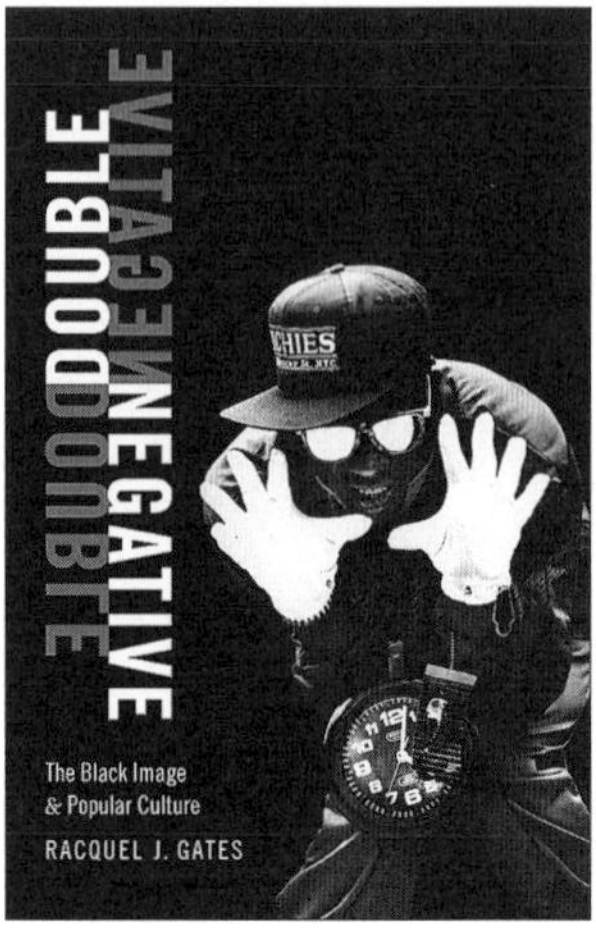

図5-1　ミンストレルのイメージを引き継いだ「道化の黒人」役を演じるフレイヴァー・フレヴ
Racquel J. Gates, *Double Negative: The Black Image & Popular Culture* (Duke University Press, 2018)

「道化の黒人」という像は固定観念として残った。だからこそ映画『ムーンライト』の笑いとは無縁な、繊細でメランコリックな黒人像は衝撃的だったのだとも言える——白人の作り上げたイメージから大きく逸脱するものとして。

　とはいえ、シェイクスピア悲劇で道化のヨリックがハムレットを映す鏡だったように、マジメ人間だけでは世界のバランスが取れない。黒人ヒップホップ界のオピニオン・リーダーのチャックDの横に、道化のフレイヴァー・フレヴがいるからこそパブリック・エネミーなのであり、シリアスな人間だけでは息苦しい。[1]

　意識の高い黒人は常に政治的であるべきで、そうでない黒人は軽んじられるのだとしたら本末転倒だろう。本章ではパーラメント、ファンカデリック及びそのファミリー・グループを総称する音楽集団「Pファンク」の始祖ジョージ・クリントンの鬼面人《ひと》を驚かす政治学及び修辞学を「道化」という観点から再考する。一九六〇年代に隆盛を極めるも、現代思想《あさだあきら》によって誤読され曲解され、今では忘れ去られてしまった山口昌男の道化論の可能性を再考する目論見でもある。

ミンストレル・ショーを過剰に演じる

音楽批評家のリッキー・ヴィンセントは名著『ファンク』の中で、Pファンクが作り上げた壮大なサーガ（後述）を「白人という存在そのものがない世界」と評している。[2] しかし、果たしてそうだろうか？

ヨーロッパ・クラシックの素養をもつPファンクのキーボーディスト、バーニー・ウォーレルのプレイを「ゴシック風」と喩えてみたり、ジョージ・クリントンの歌い方を「オペラ」に比してみたりと、ヴィンセントの記述からするとPファンクと白人文化との親和性は高い。これは「白人という存在そのものがない世界」という、自らの記述を裏切ってはいまいか。[3]

ビートルズ、ローリング・ストーンズ、レッド・ツェッペリン、クリームなど、白人ブリティッシュ・ロックからの強い影響を隠さないジョージ・クリントンの音楽趣味は実はかなり「白い」。その意味でジョージは、白人音楽の代名詞カントリー&ウェスタンから〈パープル・レイン〉を着想したプリンスに先駆けた存在だとも言える。ジョージはのちにプリンスのペイズリー・パークのスタジオでアルバム録音も行っている。「俺たちは黒人には白すぎたし、白人には黒すぎた。俺たちは混乱を生み出した」[4] と自ら認識するように、いわばPファンク自身、「黒塗りした白人」というミンストレル・ショーをさらに猿戯《シグニファイング》して、「黒塗りした白人をさらに真似た黒人」という人を食った感じが濃厚なのだ。

ファンカデリックの名曲〈マゴット・ブレイン〉におけるエディ・ヘイゼルの有名な超絶ギターソロも、黒人的なプレイというよりは白人ハードロックの伝統に基づいている印象だ。Pファンクの総帥ジョージが音楽における「黒さ」にそれほどこだわっていないことは、ブルースの知識が欠如している以下のようなエピソードに顕著である。

> それから数年後、ラジオでエリック・クラプトンがロバート・ジョンソンについて話しているのを聞き、俺は恥ずかしくなった。〈Crossroads Blues〉や〈Sweet Home Chicago〉など、彼の楽曲の大半を知っていたが、彼の生涯はおろか、名前すら知らなかったのだ。アメリカにいる黒人男が、何千マイルも離れたところにいる白人男からブルース・ミュージックを学ぶなんて、ありえないだろう？[5]

極めつけのエピソードは以下のものだろう。デヴィッド・ボウイがジェームス・ブラウン（JB）の影響を受け、「プラスチック・ソウル」を狙って偽ファンク曲〈フェイム〉を作った。そしてその〈フェイム〉をジョージが聴き、代表曲〈Give Up the Funk（Tear the Roof off the Sucker)〉を思いついたというのだ。

ファンクを模造した白人ボウイの偽ファンクを、さらに模造したものがPファンクの名曲となった。しかしさらに複雑なことに、このボウイの〈フェイム〉を、剽窃《ひょうせつ》された本人であるはずのＪＢ自身がほとんど再剽窃して〈Hot（I Need to be Loved）〉という曲を発表しているのだ。その意味で「白人が黒人音楽を簒奪《さんだつ》した」との通説は半分正しいが半分虚構でもあり、実際は双方向的な影響が終始あった。ボウイは黒人のふりをする白人であり、一方ＪＢやジョージ・クリントンはその「黒人を演じる白人」をさらに演じる黒人として、二重に虚構性が際立っている。大和田俊之『アメリカ音楽史』の最大テーマであったのが人種的偽装であり、エルヴィス・プレスリー然り人種的「他者」を演じる欲望がアメリカ音楽を駆動してきたという。

そして、その大本にあるのがミンストレル・ショーであった。

Ｐファンク印ともいえる「ノンセンス」[6]な歌詞や世界観は、ミンストレル・ショーに由来するものだとアメリカの民俗学者コンスタンス・ロークは指摘している。

〔ミンストレル・ショーでは〕他のアメリカン・ユーモアにおいては発展しなかった奔放で滑稽な特徴、一言で言えばナンセンスにもとづくユーモアが出現したのだ。西部の無骨な田舎者の場合、滑稽で野性味あふれる過剰さがあるとはいえ、それはけっして純粋なナンセンスへと溢れ出てはいかなかった。北部のヤンキー・ユーモアの場合も、そうしたものは示していない。たぶん、ミンストレル・ショーの歌の中に表されるナンセンスな語りは黒人が作り出したものではないと思うが、その感触は歌で語り継がれてきたニグロの寓話ととても良く似た感触をもっている。ミンストレル・ショーにおけるナンセンスには、その時代の他のユーモアと際だった違いがあると言うべきだろう。[7]

こうしたミンストレル式ノンセンス・ユーモアの例として、ロークは以下のようなものを挙げている。「老いぼれの小男が馬を乗り回していたんだとよ／奴さんの馬が蠅にキックをくらわせようとしたんだとさ／馬のやつは南に向けて脚を持ち上げたんだとよ／そいでもって、やつは自分の口でバーンと言ったんだとさ」。ここにはアメリカン・ユーモアに特有の得意満面な様子があるが、余裕たっぷりに見下すというより、「むしろ馬鹿馬鹿しいものの領域へと常軌を逸してまっしぐらに飛び込んでいくといった類のものであった」とロークは評している。[8]「素朴な黒人」という白人が抱く空想的ステレオタイプは、ここではほとんどルイス・キャロルの『不思議の国のアリス』に登場する人物たちのような、不可思議で荒唐無稽なノンセンス・ギャグに達している。しかしこの「素朴な黒人」像は、アメリカ社会を生きるうえで黒人は演じるよう半強制的に要求されるものである。ミンストレルに出演していた「本物の黒人」バート・ウィリアムズなどを例に、黒人文学研究の大家ヒューストン・ベイカー・ジュニアは以下のように指摘する。

ところで、ニグロとなるためには、つまり仮面の要求に従ってニグロとなるためには、ミンストレル・ショーの大枠と一致する必要がある（バート・ウィリアムズとジョージ・ウォーカーという黒人のエンターテイナーが、自分たちを「正真正銘の南部ニグロの二人組」として売り出したとき、彼らは言うに言われぬ裏返しの効果をあげていた）。黒人が「黒人」を演ずるといったこうした一致が、人をナンセンスの領域へ真っ逆さまに追い込むのである。この意味のなさ（ナン・センス）という儀式を中心的に支えているものこそ、ミンストレル・ショーの仮面である。[9]

「ノンセンスの領域」（エリザベス・シューエル）に押し込まれた在米黒人は、そのルールから逸してはならず、その非合理な世界が要求する「馬鹿で素朴なニグロ」を演じ続けなければならなかった――。『不思議の国のアリス』でバカげたルールを強要し、違反者に対して「あの者の首を切るのじゃ」と叫んだクイーンは、アメリカで「あの者の首を吊るのじゃ」と叫んで南部の黒人をリンチしたK

図5-2　「黒人」を演じる黒人バート・ウィリアムズ
道化&黒人のアトリビュートとされる鶏（チキン）に自ら扮していて、ノンセンスぶりが二重に強調されている
Louis Chude-Sokei, *The Last "Darky": Bert Williams, Black-on-Black Minstrelsy, and the African Diaspora* (Duke University Press, 2006)

KKにその姿を変えたと言える。

対してジョージ・クリントン率いるPファンクはルールに背くことなく、むしろ誇張された黒人像をさらに誇張して（バート・ウィリアムズに輪をかけて）演じることで、白人に送り返すことに成功した。本章ではミンストレルという戯画《カリカチュア》を引き受けて増幅させ、過剰なまでのノンセンスであることをとおしてノンセンスを内破させていくことで「宇宙的笑い」に到達する、Pファンクの修辞学を見ていきたい。

フリーク・ショー

さてミンストレルとは言ったものの、オムツを穿いたギタリスト、ゲイリー・シャイダーを筆頭に、ノンセンスが極まるPファンクのステージは畸形見世物《フリーク・ショー》の怪しさやいかがわしさに到達しつつあった。「売り込みに対する俺の関心は、P・T・バーナムのような興行師の精神、偉大なショウマンやプロモーターの伝統を受け継いでいる」[10]と、一九世紀にフリーク・ショーをビッグ・ビジネスの域に押し上げた張本人バーナムを自らに結びつけるジョージであるから、強引なアナロジーでもなかろう。ビートルズに偏愛を示す割には、Pファンクには全員が同じヘアスタイル・同じスーツを揃えるボーイズ・グループの統一感は皆無で、各メンバーが突き抜けたファッションで自己主張が激しい。実際にジョージの自伝を覗くと、床屋時代のエピソードとして小人のミルトンなる人物がポリティカル・コレクトネスも何のそのと嬉々として語られる。

男たちは、バーバーショップやバーで時間を過ごした。俺たちは物語を聞き、物語を目撃し、物語を作り出した。ある時、ミルトンという小男が、他の男をからかっていた。ミルトンは二・五フィート（約七五センチ）しかなかったが、口だけは達者だった。「お前の女房と寝たぜ。ホット・ドッグ・ウィリーと俺で、彼女を一晩中愛してやった。彼女、俺の名前を叫んでいたよ」とミルトンは言った。その男はミルトンを長い間見つめると、ストレート・エッジの剃刀を取り出し、ミルトンの腹を切りつけた。ミルトンが走って外に出た時、別の男が店に入ってきて、こう言った。「よお、ミルトン、プル・ユアセルフ・トゥギャザー（落ち着けよ／傷口を閉じろよ）」。[11]

ここでのジョージの語り口はグロテスクなユーモアに満ちている。ミハイル・バフチンは、フランス人文主義の作家フランソワ・ラブレーの『ガルガンチュアとパンタグリュエル』を「グロテスク・リアリズム」という概念を軸に論じた。そこには障害者への配慮という現代的なまなざしはなく、むしろ「畸形は笑わせる存在である」と言い放ったアリストテレス以来の大らかな伝統を引き継いでいる印象だ。中世のカーニヴァル（謝肉祭）では血・体液などが噴き出る肉体開口部が「グロテスク」への入り口として言祝がれていた。床屋でミルトンは剃刀《かみそり》

図5-3　ザ・テンプテーションズの統一感

メンバー全員が細身で高身長

The Temptations, *My Girl: The Very Best Of* (Motown, 2002)

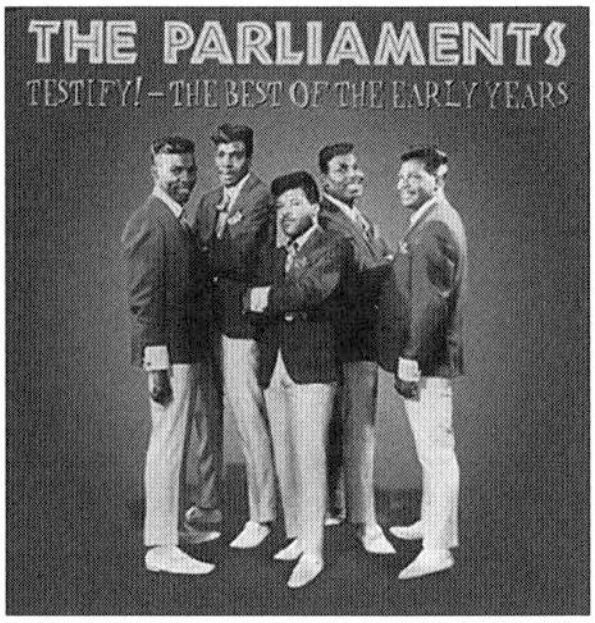

図5-4　ザ・パーラメンツの不統一感

小柄、がっしり、長身と多種多様

The Parliaments, *Testify! : The Best Of The Early Years* (Connoisseur Collection, 2000)

で切られて血を噴き出す悲惨な事態にあったにもかかわらず、「プル・ユアセルフ・トゥギャザー（落ち着けよ／傷口を閉じろよ）」と言語的縫合《ほうごう》のユーモアの対象にされている。

こうしたフリーク・ショー的なグロテスク嗜好こそ、ジョージはグループをまとめ上げる際に不可欠なものだと考えていた。Ｐファンク以前にドゥワップ（ゴスペルから発展した合唱スタイル）をやっていた頃のザ・パーラメンツ時代に、モータウンのオーディションで落選した以下の理由からも明らかだろう。

それから、体裁の問題もあった。俺は五フィート九インチ（約一七五センチ）でがっしりしており、グレイディも俺と同じような体型だった。一方、カルヴィンはもっと背が高く、それに対してファジーは小柄だった。不統一な外観が、視覚的な完璧さを損なったのだ。全ての点で完璧を求めるモータウンにとって、こうした事柄は重要だった。テンプテーションズは全員が六フィート（約一八三センチ）あり、まるで時計のパーツのように精密な動きをした。モータウンはマシーンだったが、俺たちは人間臭かったというわけだ。[12]

フリーキーであることは端的に人間的であるということだ。「ノーマル」であるとは機械的かつ組織的に画一化されたファシズムであり、むしろバラバラの畸形的なものをバラバラなまま寄せ集めることに民主主義精神は宿る。第4章で見たサン・ラー楽団の「調和」とは正反対に、Pファンクには「不調和」のまま豪傑たちを結集させるコラージュ的な大らかさ、世界革命浪人《ゲバリスタ》・竹中労の梁山泊理論（安易な協調性で個の傑出した能力を矯《た》めることなく、豪傑同士を連帯させる組織術）を想起させる。

道化論としてのPファンク

宮廷やサーカスの伝統に見られるように、畸形は道化の問題と踵《きびす》を接している。Pファンクの面々はステージ衣装にアヒルの足、鶏の頭、オムツを取り入れて倒錯を極めたと思いきや、スーツでびっしり決める者も紛れていた。まさにチグハグだ。ジョージはこう語る。「観客側から俺たちを見ると、あらゆる要素が衝突していた。想像できる限りのあらゆるスタイル、さらには予想外のスタイルまでが、一度にぶつかりあっていたのだ」[13]。本章後半のフランケンシュタイン神話で詳しく見ていきたいが、「あらゆる要素が衝突」とはチグハグなものが弥縫された様態である。継ぎ接《は》ぎでだんだら模様の道化服からわかるように、道化は絶対的真理を虚《こ》仮《け》にし相対化する、ニーチェが言うところの遠近法主義《パースペクティヴィズム》を基本原理とする。いわば二〇二〇年代のポスト・トゥルース時代をとっくに先駆けていた存在なのである。
「俺にとって、政治に関与することは、概して罠のように感じられた。人はいとも簡単に特定の思考に陥ってしまう」[14]とジョージ・クリントンは述べていた。BLMのシリアスなプロテストとは異なる、「もう一つの」黒人精神史を彼は生きている。ジョージは鋭く指摘している。

一方、俺はプロテスト・ソングとは別の方向に進んだ。俺には、社会的・心理的な事柄、特にその中でも生、死、社会統制といった最もシリアスな考えには、可笑しさがあるように思えた。そして、そこに留まり、喜劇と悲劇、現実と非現実の間のスペースに漂うと、一種の知恵のようなものが生まれてきたのだ。[15]

ジョージは道化的ジェスチャーの達人としてビートルズとボブ・ディランを挙げている。彼らは真面目な質問をされるとあえて突飛なこと・謎めいたこと・ノンセンスなことを言って身をかわしたからこそ、激動の六〇年代を生き延びられたのだという。「シリアス」の対義語として「レトリック」を据えたのは『雄弁の動機』の著者リチャード・レイナムであった。マジメ一徹《いってつ》の「哲学」に対して、衣装や化粧と同列視されることもある着飾る「修辞学」は論理をはぐらかす饒舌として下に見られる傾向があったが、その価値観を反転させ「修辞的人間《ホモ・レトリクス》」を言祝いだのがレイナムだ。修辞は華麗にものごとをヴェールに包んだり、自己韜晦《とうかい》の性質があるが、思ったことをそのまま口にすることは己の命すら怪しくするのであれば、それは必須教養ではなかろうか（逆説が解されず、言葉が一意的に切り取られ「炎上」するような時代には特に）。

ボブ・マーリーを例に、ジョージは自身のスタンスの極意を明かしている。

> パーラメントはメインストリームで、《Chocolate City》はラジオ・ヒットを狙っていたため、俺は必ず政治的発言をユーモアで包み、芝居がかった外套で覆い隠すよう心がけた。こうして自分を守ったのだ。その外套なしで外に出たアーティストを見ると、俺は彼らの身を案じた。俺は長い間、ボブ・マーリーの身を案じていた。彼は歯に衣を着せず、重要で有意義なことを語っていたが、これはジャマイカでは非常に危険だ。〔中略〕俺は反対の道を進んだ。そんな立場に俺たちを結びつけようとする者がないよう、とことんバカげた行動を取ったのだ。[16]

ふざけているようで、すごくマジメ——いわゆる面白真面目《セリオ・ルーデレ》の伝統——なのだ。「何かをパロディにするためには、その題材に注意を払わなければならない。注意を払うということは、真剣に考えているということだ。ということは、パロディが最も真剣な模倣の形ではないだろうか？」[17]。このジョージ・クリントンの道化的洞察は、「パロディは真面目な様式である」と言うリンダ・ハッチオン『パロディの理論』とほとんど同じ学究的鋭さを持つ[18]（さながらPファンクのPはパロディの略であるかのごとし）。物事を斜め《オブリーク》に見る道化は意識せざる批評家なのだ[19]。

スタートレックとスターウォーズ

このままPファンクの道化論を押し進める前に、少し迂回して議論をより広い視野に解き放つ必要がある。ファンカデリックとパーラメントのアルバムには、『スタートレック』や『スターウォーズ』の影響が濃厚な、壮大なPファンク叙事詩がこだましている。Pファンクのアルバムジャケットを手がけた伝説的な画家ペドロ・ベルが、"Sir Lleb"（bellの回文表記）名義で《コズミック・スロップ》からライナー・ノーツも担当するようになったことで、次作《Standing on the Verge of Getting it on》から宇宙規模のファンク物語が展開されるようになる。

その奇天烈な物語は概ね以下のようなものだ。「第三の惑星をファンクで満たすため、母なる大地はコズミック売春婦を産んだ。そして彼女はすべてのファンキーなるものに永遠を与えるために、サン・ラ、ジミ・ヘンドリックス、スライ・ストーン、そしてジョージ・クリントンを産んだ。〔中略〕ファンカデリアは母なる大地に養われながら増殖を続けたが、地球では保守的なニクソン教が幅を利かせて反ファンカリゼイションが進み、この力に対抗するために、コズミック売春婦はファンカデリア王国を作った」云々。[20]

このペドロ・ベルの作り上げたストーリーをベースに、ジョージ・クリントンは「地球にファンクを蔓延させるために、マザーシップに乗って宇宙からやってきたドクター・ファンケンシュタイン」という宇宙叙事詩の主人公に変身し、パーラメントの最高傑作《マザーシップ・コネクション》を生んでいる。物語では、ドクター・ファンケンシュタインはクローンであるスター・チャイルドを生み出し、銀河系ファンクの皇帝として君臨している。なお《マザーシップ・コネクション》の一曲目〈P-FUNK〉で初めて「Pファンク」なる言葉が使われ、これがパーラメントとファンカデリック、ひいてはそのファミリー・グループのやっている音楽を総称する言葉になった。[21]

このようにドクター・ファンケンシュタインというノリノリなキャラクターに自己同一化し、ジョージ・クリントンは道化を演じ続けた。そのライバル・キャラクターとしてサー・ノーズ・ディヴォイドブファンク（「鼻高々の脱ファンク野郎」と訳せるか）なるキャラクターが、パーラメント七枚目のアルバム《ファンケンテレキーVSプラシーボ・シンドローム》で初登場し、以降定着する。物語はざっとこうである。サー・ノーズは「「俺はシワひとつないスーツでビシッとキメて、汗なんかかきたくないから踊らない。それってクールだろ？」とほざきながら、スヌーズ・ガンを使ったプラシーボ（＝偽薬）症候群でファンク撲滅を図る。だがドクター・ファンケンスタインが完璧にファンキーに作り上げたクローンのスター・チャイルドが、相手を傷つけずに精神を緩めて解き放つ効果を持つバップ・ガンの攻撃で応酬し、見事サー・ノーズを躍らせることに成功する[22]」。

水の道化

ここまでが前置きとなる。以下ではPファンク道化論をさらに「変身」させるべく、パーラメントの《Motor Booty Affair》に収録されている代表曲〈アクア・ブギ〉【図5-5】の水属性を語るクリントン総帥に耳を貸そう。ファンクと水の相性の良さ、サー・ノーズの水嫌いが対比的に語られる。

アルバム最大の楽曲は、〈Aqua Boogie (A Psychoalphadiscobetabioaquadoloop)〉だ。同曲は、パーラメントの定番となった〈Give Up the Funk〉や〈Flash Light〉などと同じ手法で完成した。バーニーが、クラシック楽曲のチェロ・パートから、ブクブクと泡立つかのようなベース・ラインを作り出し、俺はイカれた調子で鳥の鳴き声を真似た（ちなみに俺は、『ターザン（Tarzun）』に出てくる鳥の声をお手本にしている——当時は誰もがこれを真似ていた）。〈Aqua Boogie〉は、泳ぐことを拒絶するサー・ノウズについての曲だ。水泳は楽しいのに、彼はそれをダンスの別形態と考えており、常にクールを気取る自分を邪魔するものだと思っている。同曲の中でヤツは、「おい、脚を離せよ。水が嫌いなんだ」と叫ばんばかりに言い放っている。[23]

ロボットのように表情を変えない無声喜劇人バスター・キートンのような機械式道化がいる一方で、水のようにフレキシブルで流動的な道化もまた存在する。アルバート・アイラーの第3章で触れた、杉浦茂マンガのふにゃふにゃした、水のように摑みどころのない（しかし破壊力のある）道化である。

Pファンクに結びついた水とは、ガストン・バシュラールが『水と夢』で幻視したようなポエティックな「物質的想像力」の産物でなく、東野芳明が『曖昧な水』で言うような「さらっとして、アッケラカンで、無味無臭、軽薄で身軽で変幻自在」かつ「意味あり気な深みを、その透明な不可視性において自ら否定し、嘲笑っているように見える」ような道化のふるまいをする水なのである。[24] 道化的な水の魔力は、「その捉えようのない任意性、とでもいうほかのないところにあるのだ。たとえば、水はどんな形態も装うことができると同時に、自らの固有の定型を一切もたない——その矛盾した多義性、おそるべき曖昧さ」をも

図5-5　Parliament, *Aqua Boogie (A Psychoalphadiscobetabioaquadoloop)* Casablanca, 1978

つのだ。
　一方でサー・ノーズはカチっとスーツで決めた気取り屋で、道化的な水の曖昧さ・多義性・いい加減さに触れるのを極度に嫌がる。そして「白い」ジョージ・クリントンはそうした水の道化《アクア・フール》の先祖としてビートルズの『イエロー・サブマリン』を挙げるのだ。

図5−6　レコードのジャケット裏に描かれたPファンク版イエロー・サブマリン（！）
Parliament, *Motor Booty Affair* (Casablanca, 1978)

　ビートルズに喩えれば、このアルバムは俺たちにとっての《Sgt. Pepper's》ではなく、《Yellow Submarine》なのかもしれない。俺が思うに、映画『イエロー・サブマリン（Yellow Submarine）』は、ビートルズのレコード同様、文化的な常識を覆した。大人のテーマと所感を子ども向けに料理し、ナンセンスを極めた記念碑的作品だった。映画の中に登場する怪物《モンスター》は、海にいる魚を吸い込むと、次は海底全体を吸い込み、さらには自分自身まで吸い込んでしまう。《Motor Booty Affair》に生息しているのも、この手の生き物で、そこには滑稽な闇がある。このアルバムで、俺たちは皆、俺たちなりのイエロー・サブマリンに住んでいたのだった[25]。

〈アイ・アム・ザ・ウォルラス〉などに顕著なように、ルイス・キャロルのノンセンス文学の伝統に連なるビートルズ（ジョン・レノンセンスなどと呼ばれた）、とはよく言われる話である。サン・ラーの前章で見たように、踊れないルイス・キャロルすなわちチャールズ・ドジスンは、音楽的で踊れるビートルズやＰファンク式ノンセンスとは根本的に異なる存在ではなかろうか。そもそもビートルズとジョージ・クリントンが愛した、曖昧で変容する海の豊饒さを、キャロルは蛇蝎のごとく嫌った。キャロル「海への弔歌（A Sea Dirge）」という詩には以下のようにある。

ボクノ嫌イナモノト言ヤ　蜘蛛ニ幽霊ニ所得税
一本ノ傘ニ三人詰メ込ミ　濡レレバ痛風モ痛ミマス
ソレヨリ何ヨリコレ以上　嫌イナモノハナイト言ヤ
ミンナガ海ト呼ンデイル　アイツガイチバン憎タラシイ
〔中略〕
キャンキャンウルサク吠エルマデ　犬ヲナグッテゴロウジロ
可哀想ダガ気晴ラシニャ　モッテコイデス大座興
ソイツガ朝カラ夜中マデ　吠エツヅケタト思シ召セ
コイツハカナワヌ大迷惑　ホンニコレコソ海ソックリ
（東野芳明訳）

海への嫌悪が、殴りつけた犬の発する鳴き声に重ね合わされる、きわめて病的なイメージが展開されるのだ。

犬の道化

犬と言えば、ジョージ・クリントンの〈アトミック・ドッグ〉、〈Why Should I Dog U Out?〉、アルバム《ドープ・ドッグス》などなど、Pファンクがこよなく愛した動物である。彼を敬愛するラッパーにスヌープ・ドッグがいることも付言しておこう。犬と水のイメージが不思議と結びつくことを考えるうえで、意外にもフランスの詩人フランシス・ポンジュの「物体の決意」の以下の一節が参考になる。水にそなわった悪徳として「重力」を挙げることで「低さ」が強調される。

私より低く、つねに私より低い位置に水はある。私が水を見るときはつねに目を伏せている。

水はまっさらで輝き《ブランシュ》、不定形で真新しく、受け身で、唯一の悪徳である〝重力〟にとり憑かれている。すべてに、周りをとりかこみ、突き入り、侵入し、浸み込み——こうやって、考えられぬやり方を駆使するのも、この悪徳を満足させるためである。

水自らの内側でもこの悪徳は働いている。絶えず崩れ落ち、瞬時なりとも、どんな形態にも屈することを止めず、自らを卑下するばかりで、土の上に腹這いになる。ある種の修道会の僧のように、ほとんど死体に近い。

つねにより低く！　これが水の金言であるかのようだ。つねにより高く《エクセルシオー》、の反対に。重力だけに服従する、このヒステリックな要求の故に、水は狂気だといってかまうまい。これは水の固定観念だ。（東野芳明訳）

水が偏執狂的なまでに保とうとする「低さ」とは、まるで森山大道の写真の都市を這い廻る犬の視点ではあるまいか。黒人ソウルはそもそも犬と深い繋がりをもっていたことをジョージ・クリントンは指摘している。「六十年代初頭、ルーファス・トーマスは、〈The Dog〉、〈Walking the Dog〉、〈Can Your Monkey Do the Dog〉、〈Somebody Stole My Dog〉と、犬に因んだシングルを連続リリースしたが、それ以来、犬はソウル・ミュージックの歴史において長い歴史を誇ってきた。俺

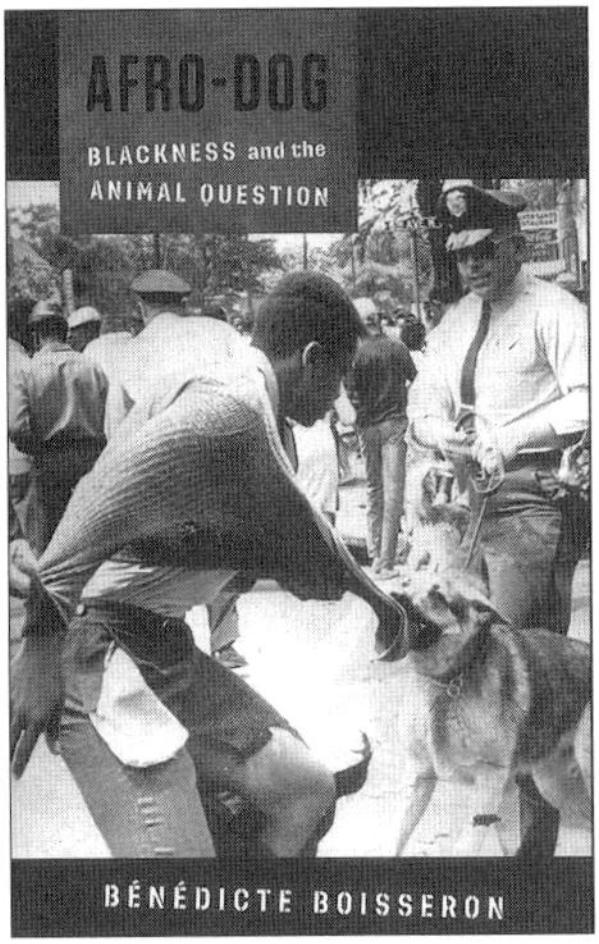

図5-7　黒人と犬の結びつきについて書かれた唯一の書
Bénédicte Boisseron, *Afro-dog: Blackness and the Animal Question* (Columbia University Press, 2018)

は、こうした曲がコメディとソウルをどのように融合しているのかを考えると同時に、一般的な言い回しとどのように結びついているのかについても考えていた[26]」。

要するに「つねにより低く」ある犬は、高きにあるものを「格下げ」（バフチン）する道化的存在である。その意味で「GOD は逆から読むと DOG だ」と言い放ったセックス・ピストルズのジョニー・ロットンは実に言いえて妙だった。「俺はドグマ（教義）よりもドッグ（犬）に興味があった」というジョージの発言もそうした高きを低きに下げるもので、Ｐファンクにおける犬とは落下する水のごとき「低さ」そのものとして、低さゆえに賢者になるのだ。

『マンボ・ジャンボ』から考える

水やら犬やら議論が迂回したが、そもそもファンケンシュタインとサー・ノーズの対立の物語には、『スターウォーズ』以上に重要な元ネタが存在する。ペドロ・ベル及びジョージ・クリントンはこの「Ｐファンク叙事詩」を構築するうえで、六〇年代黒人芸術運動《ブラック・アーツ・ムーヴメント》を代表する黒人作家イシュメール・リードが一九七二年に発表した長編小説三作目『マンボ・ジャンボ』【図5‐8】を大いに参考にしたのだ。

一九二〇年代のジャズエイジに、謎の集団舞踏病ジェス・グルーが発生して、罹《かか》った者はみな踊り狂い、世界が大混乱を迎える物語。一神教（太陽教）VS多神教（フードゥー）という構造の陰謀論小説で、その対立の起源を辿るとダンス好きの兄オシリスと踊れない弟セトの仲たがいにまで行き着くという壮大なストーリーだ。

この図式をPファンク神話にあてはめると、一神教＝セト＝サー・ノーズ、多神教＝フードゥー＝ファンケンシュタインになるだろう。後者はいわばサン・ラーの章で見た「オルフェウスの声」の系譜（舞踏的、神秘的、肉体的な非合理領域を受け入れる詩的精神）に属すると言ってもいい。『マンボ・ジャンボ』の巻末に列挙されている参考文献のうち、ジュースト・ミアルーの『ダンス――儀式からロックンロールへ、バレエから舞踏場へ』なる本の一節がフードゥーのみならず、ドクター・ファンケンシュタインのオルフェウス的精神を物語っているものとして特筆に値する。

いわく、「ダンスは普遍的な芸術であり、皆に共通する表現の喜びである。ダンスできない人は自己のエゴに囚われているのであり、他の人々や世界とうまく生きていけない。彼らは人生の調べを失ってしまい、冷たい思考の世界でのみ生きている。彼らの感情は深く抑圧され、よるべなく地上に留まっているばかりなのである[27]」。

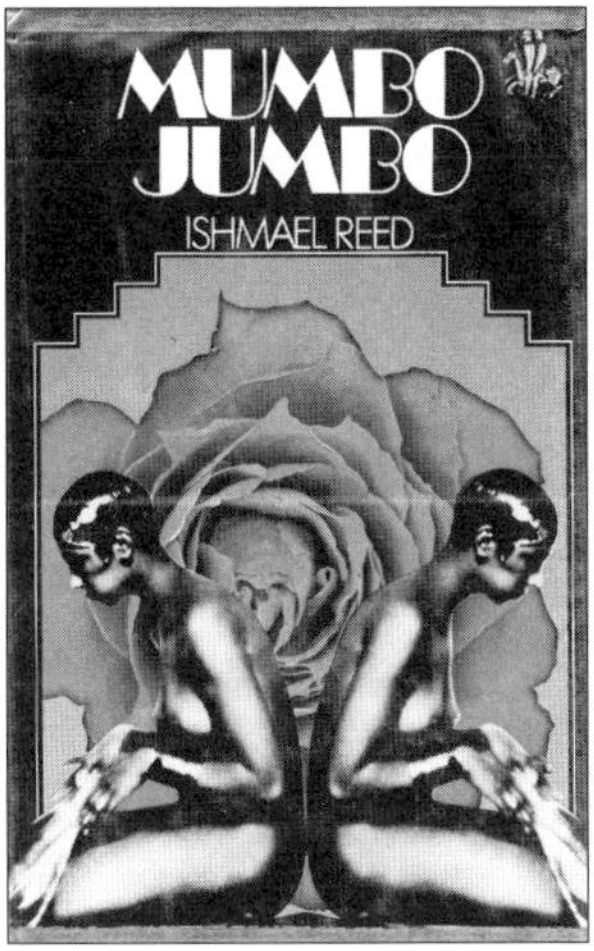

図5-8　Ishmael Reed, *Mumbo Jumbo*
Doubleday, 1972

　ファンケンシュタインなるキャラクターにジョージが仮託させていたのが、上記引用のような肉体的・生命的な言語であったはずだ。

い。自分の見栄えばかり気にするこの敵役ピンプ〔ポン引き〕が、NYで異様に人気だったという以下のエピソードは興味深い。

西洋的な太陽神《アトン》そのものである頭でっかちなサー・ノーズについても、もう少し考えてみた

サー・ノーズという「影」の重要性

サー・ノウズが気にしているのは、自分の見栄えや体裁だけだ。ヤツは格好を気にするあまり、リアルなことを何もしようとしない。踊りもしなければ、遊びもせず、泳ぎもしない。サー・ノウズは、セックスすらしようとしなかった。ピンプ・スーツが乱れてしまう。女体の上で飛び跳ねて、何になるというのだ？　しかし、サー・ノウズは自分を偽っているだけだった。皆、プッシーが大好きだ。プッシーですら、プッシーが好きなのだ。〔中略〕サー・ノウズは、Pファンクのキャラクターの中でも特に高い人気を博し、俺たちがサー・ノウズを攻撃し、バップ・ガンで撃とうとすると、ファンが反対するほどになった。これはとりわけニューヨークで顕著で、俺たちがサー・ノウズをバカにすると、ブーイングが起こるほどだった。彼らは、ピンプという思想を愛していた。ニューヨークでは、クールでいることが最も大切なことだ。ファンクの悦びよりも、そちらの方が重要だ

ったのだ。[28]

まさに「クール・ルールズ」。内面が怒りと欲望に滾《たぎ》っていようと外面をとにかくクールに抑え込み、わざとらしさを避ける宮廷仮面術「さりげなさ《スプレッツァトゥーラ》」のストリート版がピンプであり、サー・ノーズなのである。

イタリア・ルネサンス期の外交官・作家のバルダッサーレ・カスティリオーネ（一四七八－一五二九）による『宮廷人』のキーワードはこのsprezzatura（さりげなさ）である。今ではマニエリスムの身振りの典型だとされ、動詞形sprezzareは「侮蔑する」という意味を持ち、このニュアンスは名詞にも保存されているとリチャード・レイナムは指摘する。[29] ファンク的道化のホットな放縦ぶりに対するクールな侮蔑、それがサー・ノーズのスプレッツァトゥーラである。とはいえジョージ・クリントン自身がファンケンシュタインと同時にサー・ノーズを、ジキルとハイドのように隠しこんでいたことを知る必要がある。元床屋であるジョージにとって「スタイル」がキマっていることはきわめて重要であった。

> 人々は、新しいスタイルのため、外界に自己のイメージを打ち出すために、バーバーショップを訪れる。俺たちは、シルク・パレスで客のスタイルをデザインし、ファンカデリックで自分たちのスタイルをデザインした。実のところ、俺は表向きのイメージよりも遥か

に控えめで、冷静で、慎重な人物だ。だからこそ、クレイジーなスタイルを貫徹することができた。これは、誤解から生じた自由だった。そしてこの自由のおかげで、俺は本当の自分、つまり、スポットライトから離れたところで俺が育んでいたアイデンティティに集中することができた。[30]

床屋と凸面鏡

このように、Pファンク総帥としての自分のスタイルを床屋のように「デザイン」したと比喩で語られる。ジョージの床屋に通う常連たちがPファンクの母胎となったことは比較的よく知られているが、床屋という空間が黒人文化に占める重要な意味合いについてはあまり知られていない。[31]二〇二〇年に刊行された *You Next: Reflections in Black Barbershops* という床屋写真集を取り上げるニューヨーク・ポストの記事で、この本の著者アントニオ・ジョンソンの含蓄ある言葉が引用されている。「床屋は、黒人男性が自由に話すことができ、我々は何者か、何者になりたいのか、我々を取り巻く世界で何が真実であるのかなどの情報《フィードバック》を受け取ることができる場所なのである[32]」。

この『次のお客さん（*You Next*）』なる本の副題が示すように、床屋の鏡は仕上がりを確認すると同時に「内省《リフレクション》」の装置でもある【図5 - 9】。自分をメイクアップして作り上げるには鏡が必要なのだ。鏡の問題について、村井則夫の名著『ニーチェ』を参照してより深くのぞき込んでみたい。鏡は現実をそのまま模倣《ミメーシス》するものだから、そこには「真理」が反映され、「内省」に誘われる、というのが古来ある鏡（すなわち平面鏡）の観念である。しかし人文主義者エラスムスの『痴愚神礼讃』（一五一一年）に登場するのは、凸面に歪んでしまった鏡である。鏡を見ればそこに映るのは覗き込んだ自分をあざ笑うかのような、愚かに歪んだ自分である【図5-10】。

ふざけまくったジョージ・クリントンとは実のところ人々を歪めて映し出す鏡であり、人間そのものに本来的に備わっている愚かさを戯画化する凸面鏡だったかもしれない。マニエリスム画家パルミジャニーノの「凸面鏡の自画像」の畸形遠近法で描かれた絵画のように、ジョージ・クリントンという凸面鏡は「真理」なり「自然」をそのまま映し出すことなく、不自然でマニエリスム的に歪んだ像を通してあざわらう[33]。

東野芳明の知見を借りるならば、この道化的な鏡のイメージは水の不埒《ふらち》なイメージに接続されるだろう。「水も鏡も、存在、というよりも非存在、むしろ観念に近い。水も鏡も、それ自体を見ることはできない。他者を浮かび上がらせることによって自らを抹殺するのが、これら

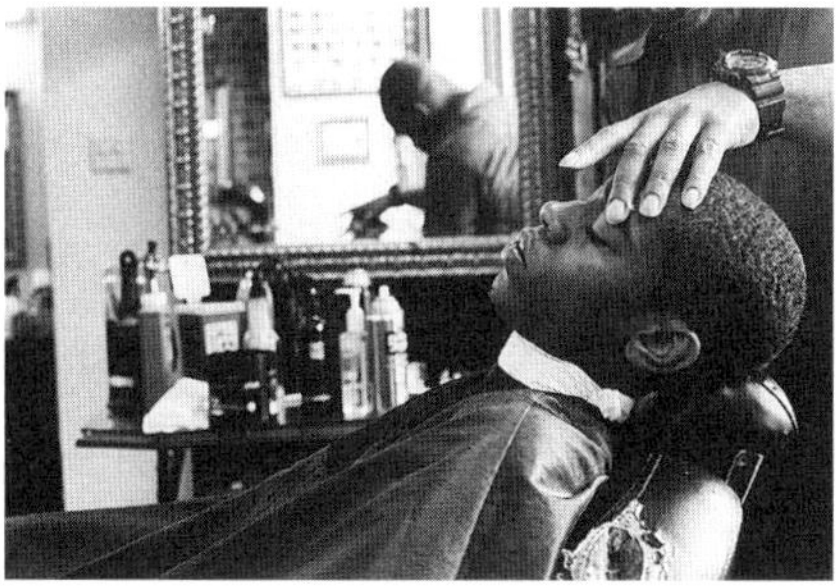
図5-9　床屋で「内省」する黒人男性
Levels Barbershop, New York, NY (Photography by Doug Segars) https://www.thefader.com/2017/10/11/black-barbershops-new-york-la-houston-new-orleans-essay-photos

図5-10　ジョン・カリン「凸面鏡のヌード」（2015年）
手を拡大するパルミジャニーノの「凸面鏡の自画像」以上に、尻を拡大するあたりにPファンクの猥雑な誇張に通じる「格下げ」の要素がある。映画『ノクターナル・アニマルズ』でエイミー・アダムス演じる主人公のオフィスの壁に掛けられていた
James Lawrence, *John Currin* (Gagosian / Rizzoli, 2016)

非存在の存在理由なのだ」[34]。水鏡というものが存在するように、水は不定形で、見る者をそこに投影させる悪戯《いたずら》っぽく気まぐれな鏡であり、まさに道化のはかなく非存在的なありようそのものなのである。

レオナルド・ダ・ヴィンチも以下のように「手記」に書いている。

「ちょうど鏡がその前を通過する対象の色に自らを変えるように、水は何ひとつ自分自身では持たないが、すべてを動かし、あるいは捉えるのである。そして、その通過する場所が千変万化すれば、それだけ自分自身の性質も千変万化させるのである」。まさにメタモルフォーシスであり、仮面のイメージであり、バロック文学研究者ジャン・ルーセがバロック美学に見出した摑みどころのない流動性、表層の絶えざる戯れが水と鏡にはあるのである[35]。

白人の偽ファンクを着想源にするPファンクにそもそも「リアル」などあったのか？　床屋という空間から誕生したPファンクとは、「スタイル」としてのサー・ノーズを映し出すと同時に、「流動性」としてのファンケンシュタインをもまた映し出す二枚舌な水鏡なのである。

肛門言語——糞をいじくる幼児のように

Ｐファンクに備わった道化性を、言語方面に特化させて考えてみたい。ファンク－ヒップホップの不思議な伝統として、異様に長い造語主義《ネオロギズム》というのがある。アイザック・ヘイズの〈Hyperbolicsyllabicsesquedalymistic〉（《Hot Buttered Soul》収録）、パブリック・エネミーの道化担当フレイヴァー・フレヴのラップする“Supercalafragahestikalagoothki”などがその最たる例であり、Ｐファンクにも分割・翻訳・発音が困難な恐ろしく長いタイトルの楽曲が存在する。ジョージはこう語る。

〈Promentalshitbackwashpsychosis Enema Squad / The Doo-Doo Chasers〉は、ファンクを反対側から考察しており、ファンクの浄化力がない場合に起こりうる恐ろしい（そして不衛生な）現象——心の下痢、心の便秘、ロジカル（論理的）、イロジカル（非論理的）、さらにはスカトロジカル（糞便的）なこと全て——を網羅している。[36]

「Promentalshitbackwashpsychosis」なる巨大な一本糞（？）のような怪物的言語が脱糞される。この曲の歌い出しはこうである。「世界は無料トイレ／我々の口は神経学的肛門／心理学的に言えば／我々は心理的便秘の状態にある／一分間につき一マイルの糞をするか／便秘の観念の状態にあるか／ああ糞のことしか考えられない」。まさに思考が糞詰まりしており、「浄化」が必要だ。ロジカル↓イロジカル↓スカトロジカルというファンクの段階的便詰まり現象に対してジョージは地口の浣腸を施し、脱糞《ファンク》させる。

一九七九年発表のパーラメント《Gloryhallastoopid（Or Pin the Tale on the Funky）》はPファンクが当時流行のディスコに寝返った（例えば〈Party People〉のような曲に顕著）アルバムとしてファンからすこぶる評判が悪いが、収録曲〈Theme from the Black Hole〉の宇宙と尻を連結《ケツ》させるリリックには瞠目させるものがある。

〈Theme from the Black Hole〉は、「アス」トロノミー（天文学）とアス（尻）の関係についての歌で、歌詞の通り、「テイルとは、長い尻にすぎない」と語っている。そして曲は、「ブーティ（尻）に乾杯」で始まり、後にブギに対する乾杯へと移行する。乾杯（ボトムズ・アップ）と尻（ボトム）をかけて、「ボトムズ・アップ」というわけだ[37]。

下半身が宇宙船に接続された《マザーシップ・コネクション》のジャケットが示すように、ここでは天文学《アストロノミー》は肛門学《アスホロジー》にまで「格下げ」され、天と地がひっくり返った「さかさまの世界」という中世的テーマが実現されていることがわかる。宇宙にあるブラックホールは人間が糞をひり出す肛門《ブラックホール》になる。

「格下げ」とはミハイル・バフチンがラブレーの文学についてグロテスク・リアリズムの特徴

として挙げたもので、高位・精神的・抽象的なものをすべて物質的・肉体的次元へと移行させるものだ。「《上》と《下》はこの際、絶対的な、厳密に地形学的《トポグラフィー》意味を持っている。上とは天であり、下とは大地である。大地そのものは吸いこんでしまう原理（墓、胎内）であり、生み出し、再生させる原理（母の懐）である。宇宙的側面から見れば、上と下とはこのようなトポグラフィカルな意味を持っている。〔中略〕格下げ・引き落としとはこの際地上的なものに向かうこと、一切を飲みこみ、それと同時に生み出す原理としての大地と一体化させることを意味する」[38]。サン・ラーの哲学宇宙の死や静謐《せいひつ》のイメージとはまったく異なり、Ｐファンクの「孕ませる言語」によって織り成された猥雑宇宙は生と豊饒のイメージであふれ、ラブレーの大地的なものと繋がっているのだ。

ところでジョージ・クリントンはこうした言語遊戯への狂いをして、自らを「偉人」の系譜に位置付けている。〈アクア・ブギ〉の長々しい副題「Psychoalphadiscobetabioaquadoloop」をめぐってジョージは以下のように語る。

「Psychoalphadiscobetabioaquadoloop」は一語の長さで「Promentalshitbackwashpsychosis」に勝った。では、この単語は、楽曲タイトルで最長の言葉なのだろうか？　そうとはいえない。『メリー・ポピンズ（Mary Poppins）』の〈Supercalifragilisticexpialidocious〉や、アイザック・ヘイズの〈Hyperbolicsyllabicsesquedalymistic〉があるからだ。それにしても、偉

人が考えることには共通点があるな。発想が進歩的なのだ。[39]

こうした解読不可能な造語主義を編み出した「偉人」と言えば、ラブレーの衣鉢を継ぐ作家ジェイムズ・ジョイスである。きわめて音楽的であるブラックカルチャーは、ジョイスの音響的文学と親和性がある。リードも『マンボ・ジャンボ』でアフリカ言語を「前ジョイス的表現」と書いているほどだ。そして『ユリシーズ』一二章の語り手は犬である（！）という衝撃の持論を展開した柳瀬尚紀『ジェイムズ・ジョイスの謎を解く』の指摘から、Pファンクの肛門言語は犬のイメージにゆるやかに繋がっていくのだ。

フランケンシュタイン神話

道化というテーマでこれまでセクションごとに論じてきたものを、このあたりでフランケンシュタイン的に縫合する必要がある。[40] ジョージの分身と言える「ファンケンシュタイン」はその名が示すように「ファンク」と「フランケンシュタイン」の合成語であり、メアリー・シェリーのゴシックSF小説『フランケンシュタイン』を着想源としている。

ジェームズ・ホエール監督の名作『フランケンシュタインの花嫁』（一九三五年）にちなんだ、ブライズ・オブ・ファンケンシュタインというPファンク派生ユニットも存在しており、このテーマにジョージがいかに固執しているかわかる【図5-11、5-12】。メンバーたちはそれぞれジョージ＝ファンケンシュタイン博士が作った「怪物」で、原作同様に謀反を繰り返す者、創造主を超えようとする者が続出した。

特にジェローム・ブレイリーという元メンバーは脱退してミューティニー（謀反）なるバンドを結成し、デビュー作《Mutiny on the Mamaship》でジョージの身勝手な振る舞いを徹底して糾弾した。他にもブレイリーと同時期にＰファンクを脱退したグレン・ゴインズがクエイザーというグループを結成している。しかし中でも注目すべきはファジー・ハスキンズ、カルヴィン・サイモン、グレイディ・トーマスのザ・パーラメンツ創設時のメンバー三人が一九八一年に結成した「ファンカデリック」というまったく同名のバンド（俗称「裏ファンカ」）で、《Connections and Disconnections》というアルバムの数曲でジョージ批判を行った。[41]

図５－11　The Brides of Dr. Funkenstein, *Live At The Howard Theatre, 1978*
Sequel Records UK, 1994

図５－12　ブライズ・オブ・ファンケンスタイン《恐怖のディスコ》
ATLANTIC / WARNER-PIONEER, 1979

しかしこうした被造物が創造主に反旗を翻すといったわかりやすい「フランケンシュタイン・コンプレックス」のドラマのみならず、創作原理そのものにフランケンシュタイン神話をあてはめる洞察をジョージは自伝で見せている。

俺は常に新しい概念を歓迎したし、クローン作成について読み始めると、深く共感した。ある意味、俺がやっていることと同じだったからだ。狭義では、ザ・パーラメンツがファンカデリックになり、ファンカデリックがパーラメンツになったことと同じだ――俺たちは人員を移植して、新たな有機体を作り出した。また、全ての芸術やアイデアという広い意味でも同じことだった。何かを利用し、それを複製するのだから。[42]

「人員を移植して、新たな有機体を作り出した」という表現がポイントで、死体を組み合わせて電流を流して「有機体」を作り上げたフランケンシュタインと事程左様に、Pファンクもまた寄せ集め・組み合わせの術によって全体を構築したのちに電気を流して〈ワン・ネイション・アンダー・ア・グルーヴ〉の魔術をかけたものだった。

また道化もフランケンシュタインの怪物もパッチワーク・コラージュの存在という意味では双生児である。「ワン・ネイション・アンダー・ア・グルーヴ」――Pファンクとフランケンシュタインの神話を超えて、ここからはアメリカ史そのものを巻き込んでいく壮大な精神史を披露しよう。

ワン・ネイション・アンダー・ア・グルーヴ――国家の四肢切断と魔術的治療

アメリカ黒人史をフランケンシュタイン神話で解読することで、Pファンクの生み出したフランケンシュタインの像もクリアに浮かび上がってくるだろう。「アメリカ合衆国自体がすでにフランケンシュタインの怪物を形成しており、多から一（*e pluribus unum*）を作り出す連邦政府の試みは、堕胎的かせいぜい胚胎的のどちらかを証明するものに過ぎなかった。アメリカ自体が巨大で、力強い、しかし不安にさせるほど制御不可能な暴走する怪物になるのである」[43]とクリス・ボルディックが指摘するように、アメリカ自体、そもそも継ぎ接ぎだらけの怪物のような構成州から成り立った移民国家であった。

気鋭の黒人フェミニズム研究者エリザベス・ヤングは名著『ブラック・フランケンシュタイン』のなかで以下のように指摘する。

「フランケンシュタイン」という名前の由来のある有名な説明だと、メアリー・シェリーはフランクリンへの称賛を捧げたということになっており、当時から「現代のプロメテウス」として知られており、パーシー・シェリーにも非常に尊敬されていた。この推測はほとんど確実にでっちあげだが……象徴的には筋が通っている。というのもそれは共和国の新たな構成州に実験を試みる博学な怪物の創造主として、ヴィクター・フランケンシュタインを任命することだからだ。フランクリン自身は、身体が四肢切断され、切り離された手足が反乱を起こした植民地を表象するブリタニアの図像学、それらの四肢が新たに組み合わされた身体を合衆国の図像学として展開した。このイメジャリーは少なくともアメリカとフランケンシュタインの身体との重なり合いを示唆している。[44]

欠損した手足が英国植民地を、その欠損した四肢が弥縫された身体がアメリカ合衆国を示したという図像【図5-13】は、南北戦争で実際に手足が吹っ飛んだ兵士を大量に抱え込むことで、メタファーを超えてリアルなアメリカのトラウマを表すことになる。

南北戦争において、ブラック・フランケンシュタインの怪物の像《フィギュア》／文彩は重要な新形態を提示することになる。一九世紀アメリカの中心的な政治的出来事であるその戦争は、国家の分離と再統合という修辞に目を向けさせた。「ユナイテッド・ステイツ」は南北戦争のはじめ複数形で、その終わりには単数形になった。それは、国家が北部諸州と南部連邦の二つからなるものというよりも一つの有機体であるという、前―北部諸州の信念の勝利を反映した結果だ。ジョン・ロスロップ・モトリーが戦争の初めに説明したように、「合衆国はたまたま複数形のタイトルだが、このように呼ばれる国家は統一体なのである、〃多数からできた一つ（*e pluribus unum*）」。国家の解体は、個々の兵士たち、すなわち南北戦争を戦った者たちの経験を特徴づける四肢切断、病気、心理的トラウマ——幻の四肢、神経衰弱、ヒステリア——に引き裂かれた兵士たちの、そうした経験の結果であり鏡であった。不自然に切断されたため、兵士と国家の双方は再統合を必要としていた[45]。

図5－13　四肢切断されたブリタニアを示す戯画
切り離された手足が反乱する植民地を示す（1767年）
Library of Congress Prints and Photographs Division Washington, D.C. 20540 USA　https://www.loc.gov/resource/ppmsca.31019/

ここでトッド・ブラウニング監督の大問題作『フリークス』（一九三二年）がこのヤングの見解を膨らませてくれそうだ。この映画ではサーカス芸人の小人ハンスを色仕掛けで弄《もてあそ》び、毒殺を図ってその遺産をかっさらおうとした五体満足の美女クレオパトラの陰謀が最後に露見し、フリークス集団が結託し彼女の下半身を切り落として見世物にしてしまう恐ろしいカルト映画であった。

映画内のハンスとクレオパトラの結婚パーティーで、フリークス集団が「グブル・グブル、我らが一員として、彼女を受け入れよう！（Gobble Gobble, one of us, We accept her!）」と唱歌しながら杯を回す有名なシーンがあり、「畸形化《フリーク・アウト》」を提唱したフランク・ザッパはこのシーンに着想を得て、自らが率いるマザーズ・オブ・インヴェンションのデビュー作を《フリーク・アウト!》(一九六六年)と名づけたほどで、自身のバンドやファンを畸形連合と形容した。

「黒いザッパ」と呼ばれることもあるジョージ・クリントンの組織術も、おそらくザッパ同様に「グブル・グブル、ワン・オブ・アス」方式である。床屋の七五センチの小人ミルトン、ザ・パーラメンツがモータウンのオーディションで落選した理由の一つとなったメンバーの凸《でこ》凹《ぼこ》な体格差に見られるように、バラバラでチグハグな「畸形集団」を「ワン・ネイション・アンダー・ア・グルーヴ」にまとめあげることに主眼があったはずだ。それはポリティカル・コレクトネスが要請するような、白人の周りをアフリカ系、メキシコ系、アジア系などが規則正しく取り巻く不気味な調和の不調和ではなく、忖度ぬきの不調和の調和である。

宇宙的笑いの彼方へ

〈ワン・ネイション・アンダー・ア・グルーヴ〉はアメリカ国家統合のフランケンシュタイン的な隠喩を超えて、さらに宇宙へと広がる。Pファンクはライヴなどでビートの一拍目に乗って「すべてが一つに(everything is on the one)」と歌うことがよくある。これは一拍目にすべてを集中させるジェームス・ブラウンの「ザ・ワン」方式(一拍目が何より重要と考える)の踏襲であると同時に、音楽的意味合いを超えて「あらゆるものがひとつであることを意味している」とリッキー・ヴィンセントは語る。[46] そして〈ワン・ネイション・アンダー・ア・グルーヴ〉という曲の秘めた宇宙哲学についてヴィンセントはさらに開陳する。

ファンク・バンドは、言葉で表現することなどほとんど不可能なことをリズムを使って見事に表現していたのだ。つまり、多様なリズムは多様な個性を象徴して、ファンクが持つリズムのグルーヴを通じて多様な個性はひとつにまとまることができるのだということを表現していたのだ。〔中略〕小さなバンドを越えて——大きなバンドへ——さらにはひとつの大きな集合体へ——現代の一部族へ——ひとつの共同体へ——あるいは宇宙へというように、多様性の中に統一があるという構想を拡大していくことにより、Pファンクの音楽は、**実際の共同体**を組織化するための象徴的土台を提供している。このような考えを背景にしていたのが、「One Nation Under a Groove」という曲だった。[47]

あらゆる猥雑物・夾雑物《きょうざつ》を弥縫し「怪物」が膨張拡大するのがPファンクの猥雑宇宙であった。ミンストレル・ショーについて語った本章冒頭で、筆者はノンセンスであることをとおしてノンセンスを内破させることがPファンク思想の骨子だとした。そこには白人主導のアメリカ社会の戯画化という側面もあるが、それ以上に、白人も黒人も巻き込んだ独自の宇宙的リズムを開発することに眼目があったのではないだろうか。

「現実の最も皮相な部分で、人間を組織しているに過ぎないメカニズムの中でしか否定しない場合に、それは諷刺という形をとります」と語り、「諷刺」より上位の「哄笑《こうしょう》」に注目する山口昌男の宇宙的道化論が、Ｐファンクの解説になりおおせている。

このところよく「制度」を批判する立場をとる人が居りますが、その多くの人達は、むきになって「制度」を攻撃するだけで、下手すると「制度」を補強するだけということになりかねません。何かを否定したければそれを包み込むような哄笑のリズムを捲き起し、けちな制度の規制力をあっさり飛び越えてしまえばよいのではないかと思います。[48]

Ｐファンクのミンストレルを過剰に演じる身振りも、白人考案の「ルール」を徹底的に守ることでそれを内側から突破し、宇宙的な「包み込むような哄笑のリズム」を獲得した例である。それは反体制が結局は体制に依存していることを知り抜いた人間の英知である。[49]黒人差別に単純に反対したところで、それは形を変えた差別を永続させることになりかねない。六〇年代の全共闘たちは「ナンセンス」と叫んで国家権力に反対したが、結局世の中は転覆することはなかった。

他方で、「アンポハンタイ　サンセイノ　ハンターイ」と意味もなく叫んだ杉浦茂マンガのふにゃふにゃした謎のノンセンス生物は、具体的な何かに反対することなく、ノンセンスによっ

図5－14　杉浦茂マンガの宇宙的笑いのリズム
BLM のシリアスな叫びがときに掻き消してしまうのが、Ｐファンク宇宙観の持つすべてを取り込む猥雑さであり、杉浦茂マンガのリズムである
『杉浦茂マンガ館　第四巻：東洋の奇々怪々』（筑摩書房、1994年）、67頁

てノンセンスを飛び越えて、宇宙を振動させる笑いを巻き起こすのである。ジョージ・クリントンが天文学《アストロノミー》に尻《アス》の響きを発見する駄洒落感覚もまた、硬直した分析知によって得られるものではなく、リズムや偶然性に立脚している。その意味で、Ｐファンクの猥雑宇宙は、サン・ラーの宇宙観よりも、アルバート・アイラーの天衣無縫な幼児的宇宙観に近い位置にある。

「人間の持っている言葉、体、全体を使って、日常におけるすべての事柄を相対化してしまうようなリズムを作り出す」という山口昌男の言葉は、Ｐファンクのリズムの定義のようにさえ思える。[50] あらゆるものを斜めに見る道化は、硬直した世界にズレを生じさせ、そのズレた（ポリ）リズムでもって世界を、宇宙レベルに再編成・再統合するのだ。「多様なリズム」は「多様な個性」の肯定となるのだから。

第6章　ホラーコアの解剖学——フランケンシュタインの黒い怪物たち

「娑婆《ソドム》ハ荒《ア》レテ美《ウマ》シ——屠殺《いつも》の夜《よる》」
森山光章『眼球呪詛吊り變容』

「私たちは、あらゆる倒錯者の快楽追求を是認し、インファンティリズム（退行的幼児性）を賛美する」
澁澤龍彥「『血と薔薇』宣言」

ホラーコア論序——はじまりの『ゼム』

二〇二一年公開のAmazonオリジナルドラマ『ゼム』に対して有名映画批評サイト「ロッテン・トマト」の批評家支持率が五九％と低評価だったことは、筆者にある種の納得と同時に、不信感をもたらすものだった。なるほど、確かに『ゼム』は黒人の眼を焼きつぶす、指を切り落とす、強姦のさなかに赤ん坊を放り投げて殺す（明らかに『時計じかけのオレンジ』を参照した対位法的音楽使用）など、残酷描写の満漢全席であり、眼をそむけたくなる心理もわかる。しかし、目をそむけてよいのか？

第1章の「黒人霊歌という暗号」で見たように、アメリカ黒人文化はそもそも血塗られた歴史であった。BLM以降注目されるようになった地下鉄道も、「もう動けない」と言って脱落した「乗客」たちを「車掌」がやむをえず殺していたことはあまり知られていない（白人ハンターに捕まって拷問されたら、間違いなく仲間の居所を密告するからだ）。それゆえ米国紙幣にその肖像が使われることになった奴隷解放運動家ハリエット・タブマンは、脱落しそうな「乗客」に対し、「死んだニグロは喋らない」と独りごちて恫喝していた。

残虐ということで言うならば、音楽批評家ロバート・パーマーの画期的ブルース論『ディープ・ブルーズ』第二章の「鉄道線路のように冷酷な心」で突如脈絡もなく挿入された、ショーペンハウアーとウィリアム・ジェイムズ読みのインテリ黒人殺人鬼ジェイムズ・コイナーのことを思い出してもよい。パーマーいわく、

ジェイムズ・コイナーは、デルタ地帯の人種や性の緊張関係が彼自身の内部で大きな音をたてているのを感じ、ショーペンハウアーやジェイムズのエッセイに行動の正当性を見つけたと信じた。十二月下旬のある夜、母が眠っている間に彼はコートの内側にピストルとナイフ、鈍器を忍ばせると、クリーヴランドの町はずれにある小さな家に向かった。ここ

には白人の男が身重の妻、幼い息子と一緒に眠っていた。彼は男を後頭部から撃ち抜くと、子供の後頭部をぺしゃんこにして、女の頭を脳が枕の上に飛び散るまで寝室の壁に打ちつけ、足と腿の肉を薄く切り取り、子宮から胎児を引きだした[1]。

オハイオ州クリーヴランド出身のアルバート・アイラーの平和的方法に対して、ミシシッピ州クリーヴランドのコイナーはブラックメタル的闘争を仕掛けたのだ。

こういった歴史を「残虐」「前近代」の一言で顧みず熟考することなき潔癖主義が、どこかＢＬＭには感じられてならない。『ゼム』に対して、テーマを盛り込み過ぎかつスタイル偏重のため、政治的意図が弱まってしまっている「黒人トラウマポルノ」に過ぎないという評さえ見かけた。しかし、果たしてバランスのとれた映像表現から、筆者が先述した黒人の血塗られた歴史の（平田弘史の劇画のごとき）凄絶さを感じ取ることができるだろうか？　露悪は必ずしも悪ではなく、バランスは必ずしも正義ではない（「バランス」がキーワードだったサン・ラーには申しわけないが）。『ゼム』で描かれた残虐ホラー描写は立派な黒人史観たりえるという仮定のもと、その同胞たる「ホラーコア」なる呪われたフランケンシュタイン解剖学音楽に、メスを入れてみようではないか。

ホラーコアの歴史

「ヒップホップ家系図で最も黒い羊」（チャズ・カンガス）、あるいは「ラップの最も恐怖を煽るサブジャンル」（ノア・ハベル）と形容されるこのホラーコアに関して、まとまった体系的な書物は一冊も存在せず、ネットに小史的なものがいくつか転がっているに過ぎない（好事家専門のニッチジャンルということだ）。それら断片をまとめ上げる形で、ひとまずこのホラーコアというサブジャンルを整理してみたい。

まずプロト・ホラーコアとして真っ先に名を挙げられるのがジミー・スパイサーの〈Adventures of Super Rhyme〉（一九八〇年）である。この一五分近くある曲では、スパイサーがドラキュラに出会った事の顚末を語るラップ・パートがある。一年後の一九八一年には、ドクター・ジキル&ミスター・ハイドという、いかにもな名前のラップデュオがデビューし、一九八五年にはデイナ・デインが〈Nightmare〉という曲をリリース。これらは五〇、六〇年代のホラーポップの流行に似たコミカルなもので、恐怖を煽る要素はまったくない。

一九八八年にはDJジャジー・ジェフとフレッシュ・プリンスがホラー映画『エルム街の悪夢』をパロディー化した〈A Nightmare on My Street〉を発表したが、非公式だったため配給会社のニュー・ライン・シネマに訴えられてしまう。それに対して公式に『エルム街の悪夢4 ザ・ドリームマスター』のテーマソングとなったファット・ボーイズの〈Are You Ready for Freddy〉【図6-1】がリリースされ、ここでは映画で殺人鬼フレディー・クルーガーを演じたロバート・イングランドがラップを披露している。

　言ってしまえばキッチュなジャンク品であったわけだが、ホラー風味にギャングスタ・ラップの血で血を洗う極道《ストリート》の美学が加わることで、真にダークな緊張感を混えた正真正銘の「ホラーコア」が誕生するのである。テキサス州ヒューストン出身のゲトー・ボーイズによるファースト・アルバム《Making Trouble》収録の〈Assassin〉という曲がそれで、比較的無害だった同時代のホラー趣味ラップを加速度的に暴力化させた。ホラーコア最大の人気を誇るグループInsane Clown Posseのメンバーであるヴァイオレント J は、自伝 *Behind The Paint* のなかで、この〈Assassin〉という曲が初めて録音されたホラーコアであると語っている。

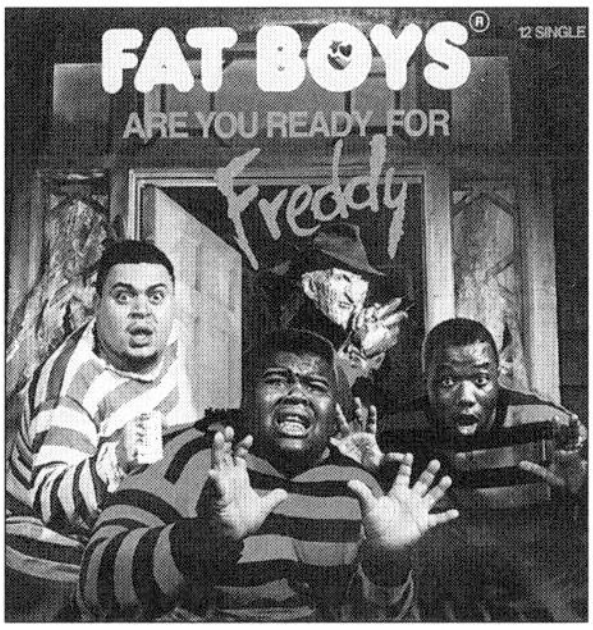
図6-1　Fat Boys, *Are You Ready For Freddy*
Tin Pan Apple, 1988

　ゲトー・ボーイズに見られるような、ホラーコアとギャングスタ・ラップの微妙な重なり合いをノア・ハベルが精密に分析している。「時系列的に言うと、ホラーコアはギャングスタ・ラップの直後に続いたもので、多くの点で、それは論理的かつ芸術的な展開のように思える。両者ともすすんで暴力に耽《ふけ》り、理由は違えど攪乱を目論んでいる。ギャングスタ・ラップが過激なサヴァイヴァリストの精神を提示する一方、ホラーコアは人間の堕落の過剰さの方へと向かっていった[2]」。のちに西海岸ギャングスタ・ラップの雄スヌープ・ドッ

図6-2　Esham, *Boomin Words From Hell*
Reel Life Productions, 1990

グがホラーコア趣味の炸裂した映画『ギャング・オブ・ホラー』（二〇〇六年）にメフィストフェレス的役割で主演したのも、両ジャンルの近似性を物語るエピソードだろう。

　ミシガン州からも新たなホラーコアの雄たけびがあがっていた。エミネム出現以前のデトロイトで著名だったエシャム（Esham）のデビューアルバム《Boomin' Words from Hell》【図6-2】が、一九八九年にリリースされたのだ。

　超現実的なホラーの要素はリリックに出てこないが、それはデトロイトという都市自体が「地獄」のメタファー、すなわち現実社会そのものがホラーであったから必要なかったとも言える。このデビュー作の一九九〇年リイシュー・ヴァージョンから収録されるようになった〈Red Rum〉という曲は、スタンリー・キューブリック監督の『シャイニング』でダニー少年が書きつけた回文（逆から読むとmurder＝殺人）に依拠したもので、以下のようなものだ。

ジェイソンみてえにおめえを追いかけてやる
おめえをとっ捕まえてマイク一本で打ちのめしてやる

ロキみてえにおめえの心の中を走り回ってやる
おめえに俺が見えねえのは　俺が控えめだからさ
俺はサタデーショッカー、お決まりのホラー映画
おめえが見たこともねえ最高品《シット》をお見舞いしてやる
マイケル・マイヤーズ、磔《クルシファイヤー》にされし男

という風に、ジョン・カーペンター監督のスラッシャー映画の金字塔『ハロウィン』の殺人鬼マイケル・マイヤーズに直接言及しつつ恫喝することで、チープなホラー趣味とギャングスタ美学とが接合しているのがわかる。

またサウンド面で言えば〈Cross My Heart〉という曲ではヒップホップのサンプリング・クラシックであるジェームス・ブラウン〈ファンキー・ドラマー〉をメタルのギターリフとくっつけ、〈4 All the Suicidalist〉ではAC/DCとゲトー・ボーイズの幾つかの曲をサンプリングしていたりすることからもわかるように、白人メタルの悪魔主義《サタニズム》と黒人ヒップホップを融合させたのがエシャムの功績である。

ただしエシャム自身は「ホラーコア」と呼ばれるのを拒んでいて（ゴスロックの重鎮たちが「ゴス」と括られるのを嫌がったように）、自分は「アシッド・ラップ」をやっていると語っている。こうした呼ばれ方を嫌悪するのはクール・キースも同様で、彼は自らの音楽を「ポルノコ

ア」と名づけた。ゲトー・ボーイズ、エシャムのようなリアリティをもったギャングスタ風ホラーコアと違って、クール・キースはドクター・オクタゴン【図6-3】という変名でシュルレアルでアブストラクトな変態的ホラーコアを作っている人だ。あとでこの作品については、マッド・サイエンティストの文脈で詳述する。

図6-3　Dr. Octagon, *Dr. Octagonecologyst*
Mo' Wax, 1996

百花繚乱

ここまでホラーコア黎明期の巨星たちについて書いてきたが、実は彼らの登場した八〇年代時点ではまだホラーコアという言葉は存在しなかった。KMCの一九九一年のアルバム《Three Men with the Power of Ten》からホラーコアという言葉が使われるようになったのだ。そして九〇年代に入って、ブラザー・リンチ・ハング、R・A・ザ・ラギッドマン、バックヤード・ポッセ、ザ・フラットライナーズ、ザ・グレイヴディガーズなど百花繚乱の観で、ホラーコアは黄金時代を迎える。

これらの動きを象徴するのがインディペンデント・ホラー映画『ザ・フィアー』（一九九五年）である【図6-4】。この映画はサウンド・トラックでホラーコアを大々的に取り上げ、いわば同時代グランジ・ロックをコンパイルした映画『シングルス』（一九九二年）と同様の役割を担った。とりわけホラーコア黄金時代のなかでも、「ダーク・カーニヴァル」と呼ばれる世界観を作り上げたインセイン・クラウン・ポッセは、メインストリームで大人気を誇るようになる。一方ザ・グレイヴディガーズはアンダーグラウンドな世界に潜り、単にホラー映画に言及したりゴア趣味を出すのみならず、ホラー映画で使われるマイナーコードや不気味なアトモスフィアやサウンド・エフェクトを活用して恐怖の質をネクストレベルにまで高めた。

しかしゼロ年代以降になるとホラーコアの全盛期は過ぎ、インターネット内でニッチ化・細分化していくことになる。ホラーコア・シーンを代表する白人ラッパーにネクロ（Necro）がいる。彼の名前はデスメタル・バンドのスレイヤーの曲〈Necrophobic〉から取られていることからも、エシャムで確認したようなメタルとホラーコアの相性のよさが確認できる（メタルとヒップホップを融合させた最大の功績はデフジャムにあるが）。

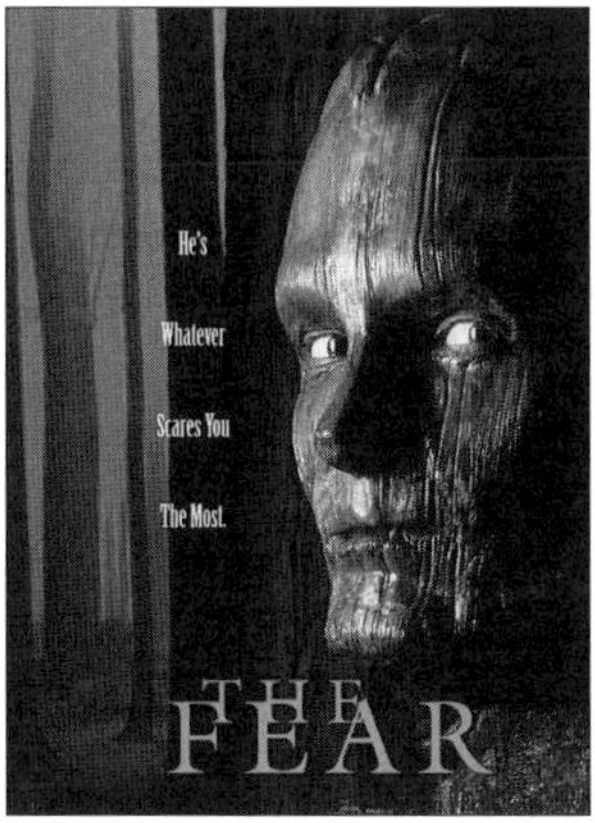

図6-4　ヴィンセント・ロバート監督『ザ・フィアー』
告知用ポスター

デスメタルとラップの融合ゆえにネクロは自ら「デスラップ」と称しており、リリックの内容はマンソン・ファミリー、自殺、性暴力、人肉食など実に世間が眉を顰めるものばかり。カナダの九歳の幼女トリ・スタフォードを誘拐して殺害した凶悪犯罪コンビのマイケル・ラファ

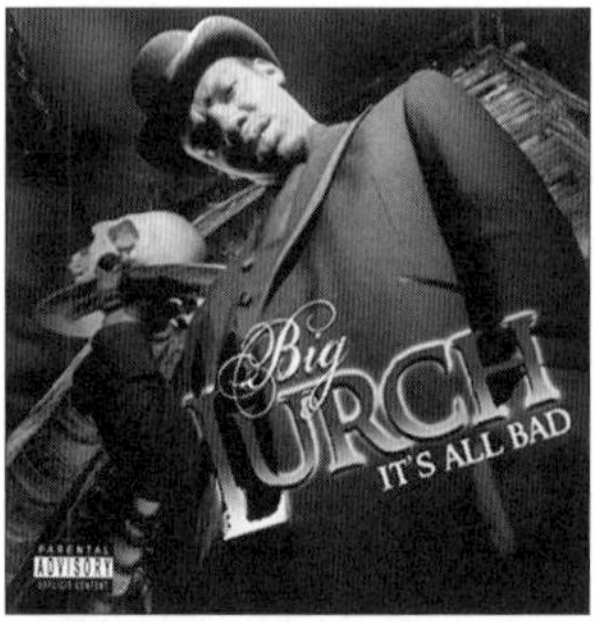

図6－5　Big Lurch, *It's All Bad*
Black Market Records, 2004

ーティーとテリ＝リン・マクリンティックは、犯行に及ぶにあたって繰り返しネクロのラップを聴いたという。

　しかし極めつけはアントロン・シングルトン、別名ビッグ・ラーチ（Big Lurch）【図6－5】である。ヒップホップ・グループのコズミック・スロップ・ショップの一員でもあった彼は、二〇〇二年にルームメイトを殺害し、胸部を切開すると、肺を引きずり出し嚙みついた。友人の証言ではその後シングルトンは裸で通りに出て、空を見上げていたという。逮捕後の検査で、彼がルームメイトを殺したあとにその肉を食していたことが判明して一気に猟奇色を強めた。パリ人肉事件を起こした佐川一政のヒップホップ版である。『韻と罰』（二〇一一年）というドキュメンタリー映画にはビッグ・ラーチへのインタヴューが収められている。

　比較的最近のホラーコアの動向で言えば、エシャムの遺伝子を受け継ぐデトロイト出身のラッパー、ダニー・ブラウンが挙げられる。彼が二〇一六年にリリースした四枚目のアルバム《残虐行為展覧会（*Atrocity Exhibition*）》はジョイ・ディヴィジョンの曲タイトル、ひいてはJ・G・バラードの同名小説に言及したものだ。

　大人気のタイラー・ザ・クリエイターなどが所属する創作集団「オッド・フューチャー」の

面々も、ホラーコアの再来と評されるときがある。タイラーの〈ヨンカーズ〉という曲のPVでは、グロテスクな昆虫をタイラーが弄び、首吊り描写もあったりと悪趣味きわまりない。この曲が収録された《ゴブリン》（二〇一一年）には〈トランシルヴァニア〉などドラキュラの出生地を冠した曲など、ホラーコアのテイストがそこはかとなく漂っている。他にもホプシンというホワイト・コンタクトをつけて悪魔的容貌のラッパーも出てくるなど、ホラーコアはその全盛期を過ぎてなお、後続を生み出し続けている。

以上、駆け足でホラーコアの歴史を見てきたが、錯綜を極めるこのジャンルについて博物学的に網羅したい向きはぜひ「闇人の音楽ブログ」にアクセスしてみてほしい。日本人離れした異常な情報量で、それもそのはず闇人は和製ホラーコアのトラックメイカーであり、氏の参加作である Lord KaliBhava a.k.a. Damien Colloaona の《Holy Mountain》（二〇二〇年）はスプラッター、インド哲学、ホドロフスキーが一緒くたに混ざり合った傑作である。

ただし本章で考えたいのは、果たしてこのジャンルが単に同時代ホラー映画のチープで悪趣味な恐怖感覚を、ヒップホップに移植しただけのものなのかという点である。結論から申せば、奴隷制時代以来の黒人差別に根差したホラーの感覚が、このジャンルでは戯画化されたかたちで増幅

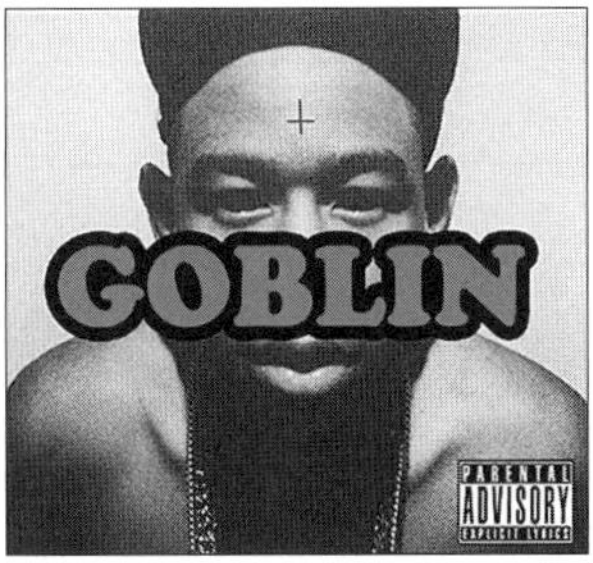

図6-6　Tyler, The Creator, *Goblin: Deluxe Edition*
XL Recordings, 2011

図6-7　Brotha Lynch Hung, *Season of da Siccness*
Black Market Records, 1995

図6-8　Esham, *KKKill The Fetus*
Reel Life Productions, 1993

されている気がする。ブラザー・リンチ・ハング【図6-7】のような、明らかに南部の黒人リンチの痛ましさ・おぞましさを狙ったネーミングさえある（一九九五年に発表された《Season of da Siccness》はレイプ、幼児殺害、人肉食を露骨に描きながらもRIAAによってプラチナム認定され、ホラーコアのマスターピースとされている）。

スリー・6・マフィアが傑作《ミスティック・スタイルズ》で見せた陰惨なリリックや、DJスクリューがチョップド&スクリュードを駆使した気だるげなサザンゴシック・サウンドに、南部奴隷制の残響を聴き取る感性が必要である。というのも、先述したエシャムには《KKKill the Fetus（KKK胎児殺し）》【図6-8】という衝撃的アルバムがあり、在米黒人が抱え込む人種的パラノイアと解剖学趣味を融合させた「ブラック・フランケンシュタイン」（エリザベス・ヤング）的一作となりおおせているのだから。また、第1章で見たM・ラマーの「アフロゴス」とホラーコアには共通の恐怖感覚があり、その正体をここでは辿っていきたい。

デカダンスと胎内回帰

かつて高山宏は、一七五八年と一九八六年のハレー彗星接近とその後のカタストロフィーの予感を縁結びの神として、一八世紀末と二〇世紀末を繋げる黙示録的文化史を『ふたつの世紀末』のなかで展開している。前者はゴシック・リヴァイヴァル、後者は悪趣味と呼ばれる文化が猖獗《しょうけつ》を極めた。一九世紀末にはオスカー・ワイルドやユイスマンスに代表されるデカダンス美学が生まれ、もっと遡って一六世紀末にはマニエリスムがあった。いわば各世紀がその終末を前に頽廃に向かう傾向があるのであり、高山は以下のようにレトリカルに結んでいる。「ハレー彗星がめぐりくるようにデカダンもめぐりくる。カタストロフィーの予感もまためぐりくる。星《アストロン》が災厄《デザストロ》をもたらすのだ。すべからく世紀末は炎上する」[3]。こうした時代《ピリオド》の生理について、種村季弘が月岡芳年を論じた「デカダンスの論理」で深い洞察を与えている。書き出しにはこうある。

> 世紀末芸術におけるデカダンスは、一般に、極度に衰弱し老化した文明の本質的退行願望として定義されるであろう。長期の泰平のためにあまやかされ、洗練の極に達した神経は、おのれの終末を察知して、時代の没落する夕陽の光を血のように浴びながら、遠い失われた世界へと想像力を通じて回帰する。[4]

文化には泰平期があれば頽廃期（デカダンスは「腐る」を意味する「ディケイ」から派生した語）があるのであり、翻って幼児期へと退行することもある。我が国の江戸時代も長らく続いた間の抜けた平和を打ち破るようにして、化政期に鶴屋南北の残酷かつカラクリの変転極まりない節操なき生世話物（きぜわ）が出現した。

「ディケイド」といって一〇年で歴史を区切っていく見方、あるいは至福千年なる一〇〇〇年で歴史を区切る見方があるように、欧米では概ね一〇〇年のサイクルが一般に認識されている（人の人生のワンサイクルに鑑みてこの時間区分が最も妥当な気がする）。この種のデカダンス把握に精神分析的なメスを入れると、Ｎ・Ｎ・ドラクーリデス『芸術家と作品の精神分析』の以下のような見解になるだろう。

われわれは、現代芸術が幼児的な外観を呈するのは、われわれの文明が老齢化して幼児期への退行を起こしているからではないか、と問いたくなるのである。それに、今日の神経症的──異性攻撃的または自己攻撃的──表現は、退行による幼児的メカニズムの繰り返しではないのか。老化 gerontomorphose から子ども返り pedomorphose への変質ではないのか。生物学的周期性の更新へ向っての出発点ではないのか。（種村「デカダンスの論理」、四四頁に引用されたもの）[5]

二〇世紀末にホラーコアがほとんど幼児的な密室芸とも言える残虐イメージを弄んだのも、この見解から言えば老化した文化における「子ども返り」ということになる。ある種の子宮回帰願望ではなかろうか。

先述したエシャムの《KKK胎児殺し》もその倒錯した表れであるし、特にこの傾向が顕著なのがブラザー・リンチ・ハングの《Season of da Siccness》というアルバムだ。〈Return of da Baby〉という曲には「子宮に殴打／部屋に飛び散る内臓（Slugs to the womb / Guts all over the room）」というリリックがあるほか、「赤ん坊の脳味噌を見ろ／したたり落ちる胎児（Watch them baby's brains / Drip out that fetus）」や「赤ん坊の脳味噌、血管、脊椎を喰らう（Eatin' baby brains, baby veins, baby spines）」など、子宮に紐づいた赤ん坊や胎児のイメージが頻出する。「俺のことをただマンソンと呼んでくれ（You can just call me Manson）」というラップも、妊娠した女優シャロン・テートをナイフで刺殺したマンソン・ファミリーへ言及した意味では、子宮のイメージに間接的に結びつく。和製ホラーコア界にその名も「ハハノシキュウ」というラッパーがいることも見逃せない。

アブジェクシオンから大海的退行へ

フランスの思想家ジュリア・クリステヴァの言う「アブジェクシオン」理論が、こうしたホラーコアの子宮オブセッションを理解するのに役立つだろう。原初的な主客未分化の状態（胎児）から主体／客体の不連続状態（社会的人間）へ移行するに際して、人はその前段階をグロテスクなものとして棄却《アブジェクト》しつつも、畢竟魅せられてしまうという逆理を暴いたものだ。嘔吐物や糞便など汚物に感じる原初的な穢《けが》れと、それに同時的に宿る聖性の刻印がまさにアブジェクトの本質である。

　妊娠や出産も一種のアブジェクトであると言え、クリステヴァはこう語っている。「おぞましきもの《アブジェクト》に化するのは、清潔とか健康とかの欠如ではない。同一性、体系、秩序を撹乱し、境界や場所や規範を尊重しないもの、つまり、どっちつかず、両義的なもの、混ぜ合わせである」[6]。人類学の知見から、妊婦は両義性を持つ存在として、野生社会ではしばしば聖なるものと同時に穢れとして扱われてきたことはつとに知られている。

「他面、個人史を遡及してゆく場合には、アブジェクトを介してわれわれが直面することになるのは、言語活動の自立によって、母的本質から離脱して外＝在するようになるまさにその以前に、母的本質の刻印を消し去ろうとする最も古層にある試みである」[7]ともクリステヴァは書いている。人間存在が言語習得以前の段階で、すでに母子一体化したユートピアから離脱し自立せんとするア・プリオリな傾向があるとわかる。それは逆説的に子宮内の至福感たるやということで、自立を阻むおぞましき重力圏をいったん棄却してなお、その魅力には抗しがたい。「アブジェクシオンに呑み込まれることも頻繁で、そのために自己を分離させるメスをおのが内部に入れる結果となる」[8]ともあり、すると「ママ（母ちゃん）」を最大限にリスペクトすることが義務づけられた黒人の母系文化のなかで、いわばラッパーが己と母親の子宮を象徴的に分離させるメスにあたるのがホラーコア的表現ではないか。その意味で「愛は拷問または外科手術に酷似している」と喝破したボードレールは慧眼であろう。

つまり妊娠↓出産に至る原初的アブジェクトの母子ドラマがあったのち、再び母胎と一体化したいと思う子宮回帰の退行願望が生まれた際に、ホラーコアのラップという「音と意味で模倣されたアブジェクト」（クリステヴァ）が反復され、浄化《カタルシス》に至ることで現実界に踏みとどまるのだ（ちなみに参考までに挙げると、「出産」という原アブジェクト行為を「排便」によって反復しているともクリステヴァは言う）。[9] しかしなぜ子宮に対してあれほど攻撃的である必要があるのかというと、それはユートピアを追放されたことへの復讐だからではなかろうか。「攻撃性が出現するのは、いわゆる《一時的ナルシシズム》の幻影以後われわれが味わい続ける根源的な剥奪感に対する応答としてである。それは当初の欲求不満に絶えず復讐しようとする」[10]。

以上、ホラーコアが子宮・胎児攻撃的であるのは一種のアブジェクトであるという説を開陳した。しかし逆説的にそれは羊水へのノスタルジー――「おぞましい《アブジェクト》他者〈母〉への息苦しい渇望」[11]――を強烈に刻印した反抗の身ぶりであり、ラップ内において胎児を殺すことはその胎児と一体化したい「原初的《アルカイック》なナルシシズム」の欲動を表す。引用だけで織り成されたノーマン・ブラウンの書物『ラヴズ・ボディ』にあるように、「われわれは自分が殺すものと同一化する」のだ。[12] これは精神分析学で言う「体内化（incorporatioin）」であり、この欲動による取り込みに失敗した症例が恐怖症であり、本論の文脈で言うホラーコア的表現である。恐怖の克服は口にする（発語する）ことでなされる口唇的なものである。

そうした子宮回帰願望、羊水へのノスタルジックな退行願望を、フロイトの弟子のハンガリー人精神分析家サンドール・フィレンツィは「大海的《タラッサ》退行」と名づけた。つげ義春の前衛マンガ『ねじ式』が海辺に始まり海辺に終わる物語で、幼児的な夢の論理で展開され、メメクラゲに裂かれた腕の出血を止めるための手術《シリツ》を求めて最終的に女医（母）に行き着く近親相姦物語であるのも、タラッサ的退行の一症例である。[13] ホラーコアの血の海のデカダンスも、存外、経血と羊水の入り混じったセラピー効果をもつ母なる大海なのかもしれない。[14]

孤独な手

ここで「自己を分離させるメス」というクリステヴァが語った言葉を、ホラーコアの文脈に照らしてもう少し考えてみたい。より正確には切り刻むメスやナイフをもつ血塗られた「手《マヌス》」を問題にしたいと思う。ブラザー・リンチ・ハングの《Coathanga Strangla》というアルバムのジャケット【図6-9】では、切断された血まみれの両手が大々的に描かれている。フロイトが「不気味なもの（Das Unheimliche）」（一九一九年）という論文で指摘したように、空想文学のなかに出てくる「体から分離した手」なるモチーフは引き裂かれたアイデンティティの強烈な象徴になるという。

ネクロの作品ジャケットにもその傾向は顕著だ。《Gory Days (Instrumentals)》（二〇〇三年）、《Know Con-science》（二〇一八年）、《Snitches Get Stitches》（二〇二〇年）、《Knife Season》（二〇二〇年）など、四枚ほど「体から分離した手」のモチーフが強迫観念的に現れ出る【図６‐10、６‐11】。エシャムの《Dead of Winter》でも怪物のおぞましい左手のみが写されていて、そもそもこのホラーコアなるジャンルが、鉤爪で子どもを引き裂く怪物フレディを据えた『エルム街の悪夢』の大ヒットと同時代的に発展してきたジャンルだったことを思い出させる。ジョン・カーペンターの『ハロウィン』のポスターも、ナイフを持った殺人鬼マイケル・マイヤーの「体から分離した手」が強調されていた。

図６‐９　Brotha Lynch Hung, *Coathanga Strangla*
Strange Music, 2011

つまりは人間性喪失の隠喩として、人を殺す刃物を持つ手として、ホラーコアの「体から分離した手」は現れる。しかし「手」の問題に向かう前に、「人間性喪失」という箇所に関しても説明がいるだろうか。ホラーコアは前章で扱ったファンクまで連綿と受け継がれた、黒人音楽伝統におけるネオプラトニズム的な宇宙的一体感の感覚が消失している。いわば卑小な個を超えた、充実した全体性のイメージとしての「存在の大いなる連鎖」は崩れ落ち、非連続の孤立した個が恐怖表現によるショック効果をいたずらに狙う。あるいは人物の成長といった連続的ヴィジョンは描かれることなく、成長も発展もないその場限りの残酷描写が延々と続く。黒人音楽史における無であり真空地帯であると言ってもよい。ここにはサン・ラーの「無」のように充実した「全」に反転する救済のヴィジョンはない。

エシャムの〈KKK胎児殺し〉という曲では、前章で扱ったファンカデリックの〈マゴット・ブレイン〉がサンプリングされているが、“Mother Earth is pregnant for the third time（母なる大地が三度目の妊娠）”というヴォーカル部分が選ばれリピートされている。これはつまりアイロニーであって、人間と世界を生宇宙的《バイオコズミック》に連結させる臍の緒の切断、新たな生命を孕んだ大地母神の否定を意味しているのである。この非連続のヴィジョンに苛まれた個は、アブジェ

図6－10　Necro, *Gory Days Instrumentals*
Psycho+Logical-Records, 2003

図6－11　Necro, *Know Con-science*
Soundcloud Only, 2018

クトの問題で見たように逆説的に母胎回帰願望を持っている。子宮という名の小宇宙へのノスタルジアは、ホラーコアにおいてきわめて幼児的な攻撃性の形態で発現する。

マヌスとマニエラ

さて、充満と連続の原理から零れ落ちた孤独な個のもつ「手」の問題をさらに膨らませるならば、先述したドクター・オクタゴンのデビュー作《Dr. Octagonecologyst》が重要になるだろう。マッド・サイエンティストのイメージがここでホラーコアジャンルに付与されたのだ。ドクター・オクタゴンの遠い先祖ともいえる存在に解剖学者アンドレアス・ヴェサリウス（一五一四―一五六四年）【図6-12】がいるが、彼の有名な肖像には解剖された死体の手が一緒に描かれている。美術史家マルティン・ヴァルンケによれば、手を汚す仕事の人々であるとしてブルーカラーと同列視されていた芸術家や外科医が、マニエリスム時代に入って一挙に「学のある手《ドクタ・マヌス》」（デューラー）として知性化・権威化された。ヴァルンケの言葉を借りれば「手の精神化」である。[15]

図6-12　ヤン・ステーヴェンツ「アンドレアス・ヴェサリウスの肖像」（1543年）
『ユリイカ　増頁特集：マニエリスムの現在』（青土社、1995年）、297頁

ここでデイヴィット・J・スカル『マッ

ド・サイエンティストの夢』を繙くと面白いことがわかる。SF映画においてマッド・サイエンティストの狂気は衰えた手、変形した手、移植された手、義手によって表象されてきたというのだ。[16] フリッツ・ラング『メトロポリス』のロトヴァング博士の義手、そして『博士の異常な愛情』のストレンジラヴ博士などはその代表例だ。手《マヌス》に知性を充電しすぎた結果、狂気《マニア》に至ったのがドクター・オクタゴンであろう。

しかしドクター・オクタゴン出現以前から、ヒップホップは外科手術のイメージでとらえられてきた。パブリック・エネミーの最高傑作《It Takes a Nation of Millions to Hold Us Back》(一九八八年)は、プロデュース集団ボム・スクワッドによってサンプリングされた絨毯爆撃コラージュの強烈さから、クリストファー・ワインガルテンから「臓器移植」、グレッグ・テイトからは「顕微手術」とそれぞれ喩えられ、ロイ・クリストファーは総括して本作を「フランケンシュタイン・サウンドスケープ」と名づけた。[17] いわば過去音源(死体)を切り刻み、縫合して新たな音源(生命)を作り出すという意味で、フランケンシュタイン博士と同工異曲の手捌きでヒップホップはトラック・メイキングをしているのだ。ドクター・オクタゴンはその意味で、ヒップホップに本来的に備わっているマッド・サイエンティスト的身ぶりを誇張してみせたに過ぎない。

「手《マヌス》」はトラック・メイキングをするDJのみならず、ラッパーにとっても重要である。ラッパーの出てくるPVやライヴ、フリースタイルの映像などを見ているとその異常なまでの手の動きに瞠目させられるだろう。『おそば湯屋』というブログを覗くと「ラッパーの手の動き50」なる記事さえあり、「払う」「ダメダメ」「チョンパ」「ゼニ」「クロスアーム」などリリックに紐づけられたラッパーの大仰なジェスチャーが多数紹介されている。[18]「大仰」などと書いたが、このジェスチャーは古代においては雄弁術として、一種のレトリックとして用いられていたことを美術史家アンリ・フォションが、「手を讃えて」というテクストで伝えている。

そして言語は、まずは全身で体験され、踊りで模倣されたが、次に手によって肉付けされたのである。日常の習いとして、手の動きは言語に弾みを与え、明確にするのに役立ち、その要素を分け、音が漠然と融合した状態を分離し、それにリズムを加え、さらには微妙な抑揚を与えて彩ることにさえ貢献したのである。このように会話を身体で模倣し、声と手の交流を行うことのうち、ある種のものが古代人たちの言う雄弁術に残っている。[19]

一般人からすれば「大仰」に見えるラッパーの暗号的な身ぶり手ぶりは、「声と手の交流」を実現するものだったのだ。[20]手が人間を人間たらしめる。「世界を手にすることは、いわば触覚的な勘を必要とする」とはフォションの至言である。だがホラーコアはそうした人間的な手を、きわめて人工的なものに変えてしまった。カルトホラー映画『キャンディマン』では、右腕をノコギリで切断され、蜜を塗られた状態で養蜂場に連れていかれ、蜂に刺されて悶死した黒人男性が、鈎フックをつけて人間を八つ裂きにする亡霊としてよみがえる都市伝説が描かれるが、唐十郎『河原者の唄』の一節を借りるならば、まさに「おめえのかぎ手に血はかよわねえ」なのである。[21]

掌《たなごころ》はもはや心に繋がるものではなく、手は手でもって自己完結することになる――手法に次ぐ手法、模倣に次ぐ模倣。ホラーコアの登場によって、ヒップホップの手法《マニエラ》は、創造的マニエリスム（手《マヌス》と手法《マニエラ》と同語源）からキッチュな衒奇性《マニリールトハイト》へと変容したのだ。

堕落した嗜み

ホラーコアにおける手《マヌス》の話から、本書の通奏低音である「マニエリスム」の話へと移っていこう。ネクロが〈Human Consumption〉という曲の“Sick fucks with mild mannerisms practicing cannibalism”というリリックで「マナリズム〔マニエリスムの英語表現〕」と「カニバリズム」で韻を踏んでいる。ここでの「マナリズム」は美学用語ではなく明らかに「マンネリズム」の意味合いで、ある意味ホラーコアという進化なきジャンルへの自己言及となっている。しかしむしろ注目すべきは、それが「カニバリズム」と押韻されることで、食人という残虐行為に結びつけられている点だろう。

種村季弘は「恐怖美考」というエッセイのなかで、流血酸鼻のマニエリスム期の作品としてシェイクスピア『タイタス・アンドロニカス』を取り上げている。種村の内容紹介文の鬼面人を驚かす恫喝的スタイルが見事なマニエラなので引用しよう。「兄弟が二人して若い身持ちのよい娘ラヴィニアを襲って強姦し、ことが露見するのをおそれて娘の舌を抜き、字が書けないようにと両腕を切断してしまう。だが、豈計らんや、ラヴィニアは舌のない口に鉄筆をくわえて砂の上に暴漢たちの名を書き残す。事の次第を悟ったラヴィニアの父親は、復讐の鬼と化して二人の犯人を惨殺し、屍体をコマ切れにして肉パイを作り、それを兄弟の母親に食わせるのである[22]」。

こうしたマニエリスム作品にせよゴシックにせよデカダンスにせよ、世紀末的な恐怖表現というのはショックを与えたり驚かせたりすることに主眼がある。しかしその効果を狙いすぎると「わざとらしさ」が生じてしまい、失敗したマニエリスム、すなわちキッチュ表現に堕する――G・R・ホッケはこれを失敗したマニエリスムすなわち「衒奇性《マニリールトハイト》」と呼んだ。シェイクスピアが『タイタス・アンドロニカス』を著したとされる一五九〇年頃は、既にマニエリスムも退潮期特有のデカダンスに満ちている。しかしこのシェイクスピア作品がいくらスプラッター趣味の流血酸鼻であろうと、単なるキッチュで終わらない、真にこちらの臓腑に挑みかかる心胆寒からしめるところがあるのは確かだ。

単なる密室遊戯に堕することなき恐怖表現をめぐって、江戸川乱歩が月岡芳年の無残絵を論じた「残虐への郷愁」で以下のように語っている。

芳年の血の絵は道化者ではない。生真面目《きまじめ》な顔をした可愛らしい残虐の部屋の玩具の一種である。しかし玩具とは云へ、あれには狂人的稟質《ひんしつ》を持つもののみが覗くことのできる、遥かなる太古の夢がある。何千年抑圧されてきた残虐への郷愁がある。[23]

マニリールトハイトをマニエリスムへと高めるのが乱歩の言う「狂人的稟質」なのである。ホラーコアにも僅かながらこの天稟《てんぴん》を持った者らがいる。

ところでネクロがラップの中で用いた"mannerisms"という単語は「マンネリズム」の意味で用いられていることは明らかで、ホラーコアというジャンル自体、ほとんど様式化・手法化された恐怖で、ブラックメタル以上に進化を拒む退化論的な雰囲気が濃厚であることの自己言及にさえなっている。進化や成長という社会的制度に組みこまれることなく、その堂々巡り《マンネリ》の不活性状態を楽しむのがジャンルの美学であり、享楽さえ見出すのがデカダン派の嗜み方ではあるが、マニリールトハイトやマンネリズムに落ち込むことなき、つまりはジャンルに興味のないものにもアピールする力を持った、ホッケの言う意味での正当なマニエリスム表現たりえているホラーコアを最後に取り上げてみたい。

黒人共同体の集合記憶

結論を申せば、優れたホラーコアとは、奴隷制時代の恐怖を反映ないし持続させたものであると思われ、その歴史認識こそが衒奇性《マニリールトハイト》に陥ることなき真のマニエリスム・ホラー表現の骨子である。いや、むしろリスナーの歴史認識の高さがホラーコアをより高次のものに高める、と言えるかもしれない。例えば血まみれの黒人が斧をもって襲ってくるホラーコアの典型的イメージに、反逆奴隷ナット・ターナーの鬼気迫る姿を二重視できるかどうか、などである。

良質な恐怖表現の例をいくつか挙げてみよう。スリー・6・マフィア《ミスティック・スタイルズ》収録の〈Fuckin' Wit Dis Click〉を聴いてみる。鐘や雷雨の音が鳴り響く典型的なゴシック風の雰囲気を醸し出しているが、第1章で述べたように、激しい雨の日は足跡が消え、においが掻き消されるというメリットから黒人奴隷が逃亡するベストな天候なのであった。あるいは〈ミスティック・スタイルズ〉という曲にある"Da moon is full and all I see is 6-6-6 in da sky"というリリックも、いかにも幼児的なサタニズムへの言及であるようでいて、theが訛ったdaという表現が、未だ啓蒙されざる黒人奴隷制時代の、不気味な謀反の予感を漂わせることに意図せずして成功している。

ブラザー・リンチ・ハングというミュージシャンの名前にすべてが集約されている。白人に「リンチ」され、木に「吊る《ハング》」される黒人の恐怖がいわゆる「南部ゴシック」の源泉なのであるから。エシャムの《KKK胎児殺し》も単なる悪趣味を通り越して、奴隷制の恐怖を持続させたKKKに意図的に言及することによって、恐怖の本質を抉り出しているのだ。ポプラの木にぶら下がった黒人死体を歌ったビリー・ホリデーの〈奇妙な果実〉【図6-13】から、第1

図6-13　Billie Holiday, *Billie Holiday Sings Strange Fruit*
Sonet, 1956

章で見たゴシック・ゴスペル歌手M・ラマーにまで連綿と受け継がれる恐怖語りを、表向きジャンクなありようとは裏腹に、ホラーコアはブラック・ユーモアの表現によって引き継いでいるのである。

また黒人共同体の比較的穏やかな集合記憶のようなものを残酷趣味に改変するテクニックも、マニリールトハイトをマニエリスムに高めることになる。ブラザー・リンチ・ハングの〈Siccmade〉に“Baby barbecue ribs and guts（赤ちゃんバーベキューのリブ肉と内臓）”というおぞましいリリックがある。これをひねりのない残酷趣味と解することはたやすい。しかし、バーベキューが黒人共同体にとって非常に重要なものだと知ったらどうだろう。

バーベキュー・レストランで働いていたことから、バーベキュー・ボブという芸名のブルースマンがいたことをまずは指摘しよう。第2章でも紹介したオールド・ハット・レコーズから「ブルースとバーベキュー」をテーマにした異色のアンソロジーCD《Barbecue Any Old Time : Blues from the Pit 1927-1942》【図6-14】さえリリースされていて、バーベキュー・ボブの楽曲も収録されている。あるいはブラック・パンサー党創始者ボビー・シールが『ボビーとバーベキュー（*Barbecue'n With Bobby*）』というBBQ本を出し、さらに「ヒップホップPVの歴史で最も記憶に残る九つのＬＡバーベキュー」という記事があり、[24]ドクター・ドレが〈Still D.R.E.〉という曲で「毎日バーベキュー」とラップしていると知ったら？　ブラザー・リンチ・ハングの曲は、「バーベキューが大好きな黒人」というステレオタイプを巧みに茶化《シグニファイング》したダーク・バーベキュー・ボブ的な表現だと考えることが可能となる。[25]

産婦人科医という設定のドクター・オクタゴンがマッド・サイエンティストとして凶悪な手術を行うのも、アメリカ史の隠された真実を踏まえると単なる馬鹿設定とは言えなくなる。舞台化されたメアリー・シェリーの『フランケンシュタイン』が翻案の過程で残虐趣味ばかり強めていき、一九世紀アメリカではファウスト的・プロメテウス的な物語の深みをかなぐり捨てた煽情的な三文パクリ小説が量産され、その影響で生体実験のための死体漁りが現実に横行した。そしてその時に略奪された死体はたいてい黒人だったのだ！　そうした歴史的コンテクストをみると、死体になってさえ肉体を弄ばれる側だった黒人奴隷がマッド・サイエンティストの役を演じることは実に解剖学的な茶化しとも解釈できる。

図6－14　バーベキュー・ブルース
ここに人肉を並べるとホラーコアになる
V.A., *Barbecue Any Old Time : Blues from the Pit 1927-1942*　Old Hat-Records, 2011

國民の再創生

最後にＫＫＫからホラーコアを逆照射してみたい。

KKKは「100%アメリカ人」という（あまりにもあんまりな）アーティスト名義で一九二八年に七八回転レコードをリリースし、〈輝き燃える十字架〉と〈神秘の都市〉の二曲をNYで録音している。逆説的なもの言いになってしまうが、この音源を対蹠地《たいしょち》に置くことで、初めてホラーコアの「ホラー」が何を意味するか見えてくるだろう。例えばKKKに両親を焼き殺されたブルースマン、チャンピョン・ジャック・デュプリーにこそ、ホラーコアの表現衝動の原初的形態を認めるべきではないか。その抜き差しならない恐怖が隔世遺伝的に、ブラック・ユーモアの形態で現れ出たのがホラーコアなのである。

さて、KKKテーマから結論を導出していければと思う。アメリカ映画の父とされるD・W・グリフィス『國民の創生 The Birth of a Nation』は、その映像スペクタクルやクローズアップの発明で高く評価されているが、KKKを英雄的に描いた点に関しては現在かなりの糾弾を浴びている。スパイク・リーの話題作『ブラック・クランズマン』では、『國民の創生』のKKK内部の上映会のシーンがあり、白装束のKKKが黒人誘拐犯から白人女性を救出するシーンで大盛り上がりしていたのをご記憶の方も多かろう。

この映画に顕著なように、黒人は「怪物」として、白人という騎士に退治されるものとして表象されてきた。そのアメリカの負の歴史が『國民の創生』には凝縮されており、逆説的にホラーコアというジャンルにとって恐怖表現を掬い上げる源泉となった。しかし、サン・ラーの第4章で見たように、おぞましい歴史は書き換えられなければならない。黒人奴隷ナット・ターナーの反乱を描いたネイト・パーカー監督の黒人反逆映画は、グリフィスの黒人退治映画のタイトルそのままに『バース・オブ・ネイション』(二〇一六年)と名づけられた【図6-15】。エリザベス・ヤング『ブラック・フランケンシュタイン』によれば、このナット・ターナーという反逆奴隷は、同時代に一世を風靡した『フランケンシュタイン』(小説より翻案された演劇のほう)の影響で、創造主に謀反を起こす「怪物」になぞらえられた。[26] そして死んだ後、ターナーは実際に『フランケンシュタイン』の怪物のように解剖された。

しかし、バビロニア神話などに見られる退治された怪物のバラバラ死体から世界が生まれたという、混沌から秩序に至る全世界的にみられる創世神話のように、このバラバラに引き裂かれたターナーの死体から新たな「国家」が生まれるのだと、監督のパーカーは言わんばかりだ。

図6-15 『バース・オブ・ネイション』
告知用ポスター

Pファンクの第5章で見たように、死体を継ぎ接ぎして作られたフランケンシュタインの怪物は、各構成州からなるアメリカ合衆国自体の隠喩となった。ヤングはこう書いている。「ナット・ターナーは捕らえられ、審判され、処刑され、彼の死体はおそらく解剖のため外科医に引き渡された。私たちは、解剖室から盗まれた死体を寄せ集めて作られたフランケンシュタインの怪物を、ナット・ターナーの運命を予告し復讐するものと見なすことができる。ナット・ターナーの死体の最後は、フランケンシュタインの怪物の始まりである[27]」。

『バース・オブ・ネイション』に連動するようにして、DJスプーキーはクロノス・クァルテットとコラボして《リバース・オブ・ア・ネイション》【図6-16】というマルチメディア・リミックス作品を作った。KKKの恐怖《ホラー》の核《コア》たる『國民の創生』に向き合ってこそ、新たな黒人の歴史は紡がれるのだ、とばかりに。そしてパブリック・エネミー（featuring パリス）もまた《リバース・オブ・ア・ネイション》（二〇〇六年）というアルバムをリリースしている【図6-17】。ロイ・クリストファーに「フランケンシュタイン・サウンドスケープ」と名づけられるほどに過去音源を切り刻んだ彼らが、「国民の再創生」をアルバム・タイトルに銘打つこ

図6-16　Paul D. Miller, *DJ Spooky's: Rebirth of a Nation*
Starz / Anchor Bay, 2008

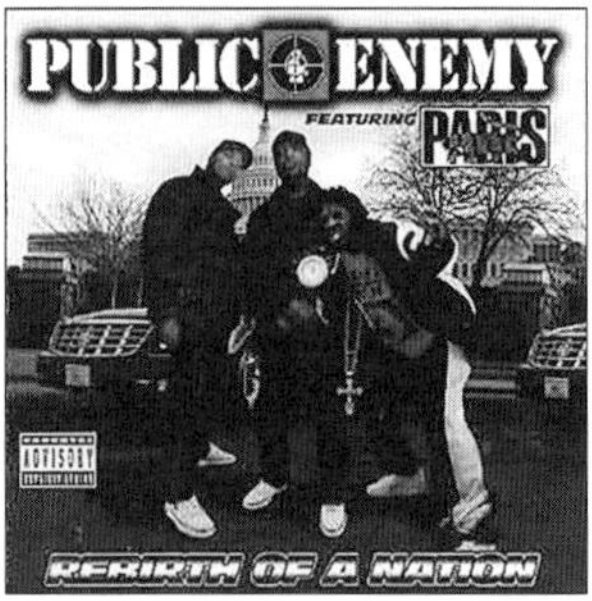

図6-17　Public Enemy featuring Paris, *Rebirth of a Nation*
Guerrilla Funk Recordings, 2006

とは、音源カットアップによる音の継ぎ接ぎがアメリカ黒人による歴史の書き換えに等しいことを明かしている。

G・R・ホッケが『絶望と確信』で、真のマニエリスム的表現は絶望のオクターヴが高まれば高まるほど、希望に転じていくものだと喝破したとおり、ホラーコアをバカげたB級表現と蔑むだけでは、つまりおぞましい恐怖に向き合うことなくして「希望の原理」（ブロッホ）は発見しえない。クリーンなサウンドを表層的に聴取している限りでは決して聞こえてくることのない、歴史的・立体的聴取によってのみ浮かび上がってくるダーティーで、コンテクスチュアルで、インターテクスチュアルな音楽を「ホラーコア」と私は呼びたい。

第7章　テクノロジーとしてのヒップホップ

秘すれば花なり　秘せずは花なるべからず
世阿弥『風姿花伝』

遊びをせんとや生まれけむ
『梁塵秘抄』

はじまりのヒップホップ

そもそもジェームズ・ブラクストン・ピーターソンの『ヒップホップ・アンダーグラウンド』という書物との出会いから、筆者の『黒人音楽史』構想は始まった【図7－1】。ヒップホップにおける「地下」というテーマを掘り下げたこの本は、コンシャス・ラップ（黒人意識を高めるようなシリアスな内容のラップ）と似たような意味で使われるのみだった「アンダーグラウンド」なる概念を、より広いパースペクティヴに解き放ち、ヒップホップというジャンル

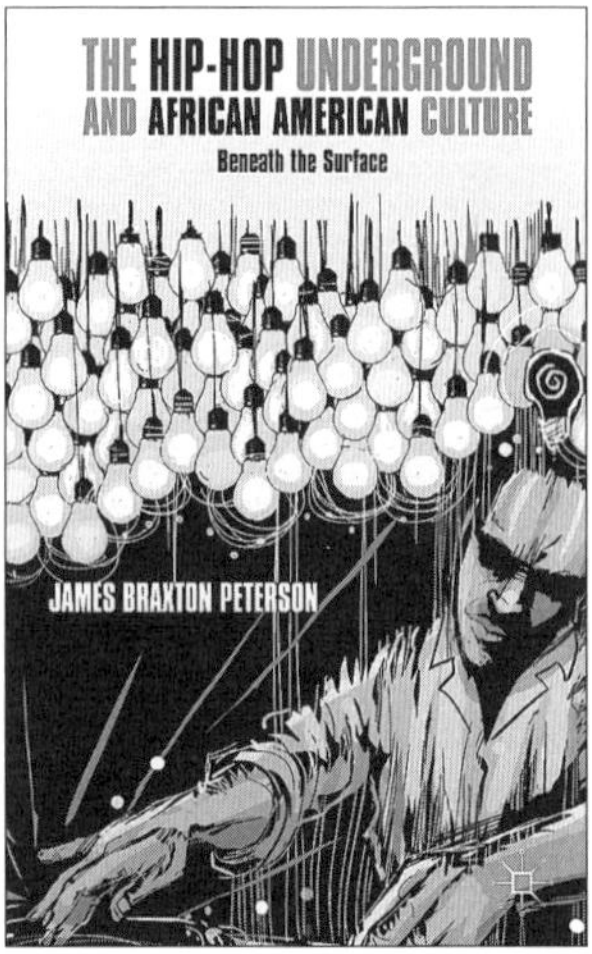

図7－1　James Braxton Peterson, *The Hip-Hop Underground and African American Culture: Beneath the Surface* Palgrave Macmillan, 2014

を超えた壮大な「地下」テーマの黒人精神史を描いて見せた。第1章で扱った地下鉄道から語り起こされ、黒人秘密結社ファイヴ・パーセンターズの数秘術ラップまでを、連綿と受け継がれる黒人のアンダーグラウンドな「暗号的想像力」として系譜化した、きわめて重要な一冊である。

しかしあえてピーターソンに付け足すならば、マニエリスムにとっても「地下」は重要な概念なのである。地上からは見えない秘教的世界に根を張るのがマニエリスムであり、G・R・ホッケも「精神史的洞窟学《スペレオロギー》」とあえて命名しているほどだ。マニエリスム的精神を代表する博学者アタナシウス・キルヒャーは、地質学を扱った書物を『地下世界（*Mundus Subterraneus*）』と名づけた。ホッケによれば、「キルヒャーは、我が地球の〈内部〉は錯綜として解きえぬ一個の迷宮にほかならぬ、と考えた」。そして「私たちの精神的伝承のこの鍾乳洞の青緑色の岩壁には、幸運にめぐまれれば、氷のように冷たい闇にかこまれて、奇妙に様式化された〈秘文字《ヒエログリフ》〉の符牒、私たちの祖先のメッセージが発見されるのだ」[1]。このホッケの記述は、ピーターソンが紹介する、ヒップホップの奥義が書かれた埋蔵経をNYの「地下」で発見するソウル・ウィリアムズの作品『死せるラッパーの巻物（*The Dead Emcee Scrolls*）』を絶妙に想起させる。つまりキルヒャー的な秘教じみた「地下世界」への想像力は、黒人たちにも無縁ではないのだ。

　とにかく『ヒップホップ・アンダーグラウンド』と、これに対する筆者の書評「来るべき「アフロ・マニエリスム」に向けての試論」をもって、拙著『黒人音楽史』の構想は始まった。[2] 二〇一八年の夏のことで、それから四年近い歳月が流れた。「マニエリスムとしてのヒップホップ」をテーマに書きたいことは雪だるま式に増えていった。サウス・ブロンクスの廃墟から始まったヒップホップと、ローマ劫掠の荒廃から始まったマニエリスムは成り立ちからして似ている。そして世界の断片化が必然的に要請する「再 - 積分化」（ホッケ）への衝動、かいつまんで言えば引用と蒐集こそがマニエリスム・アートの要諦だとするならば、そのヒップホップにおける対応物はサンプリングである。……などなど、共通点を挙げればキリがないほどであるが、それをここで網羅するには別途一冊の書物が必要だ。ゆえに本章ではテーマを限定しなければならない。

　ここまでの章は、土着的な部分からアフロ・マニエリスムとしての黒人音楽を考える内容が多かったので、最終章では「テクノロジー」や「デジタル」という切り口からテクノ・マニエリスムとしてのヒップホップを考察したい。

ブレイクビーツとラッパーの誕生

カリブ系移民のＤＪクール・ハークが、一九七三年八月一一日に資金集めのために開いたウエスト・ブロンクスのパーティーが、ヒップホップ・テクノロジー史の元年である。というのも、この日にいわゆる「ブレイクビーツ」が発明されたのだ。クール・ハークは、ブレイクと呼ばれる楽曲の間奏部分（ヴォーカルのない最も踊れる部分で、「音のオーガズム、歌の絶頂点」[3]）でフロアの客が最も盛り上がることをＤＪブースから確認していた。そのブレイクは無論途切れるのだが、二台のターンテーブル、同じ二枚のレコードを駆使することで、そのブレイク箇所を交互に繰り返して、半永久的に踊り続けることができるブレイクビーツが発明された（当時のクール・ハークはこれを「メリーゴーラウンド」と呼んでいた）。

そしてこのＤＪのさなかに、クール・ハークは自らマイクを持ってフロアを盛り上げる「トースティング」も行っていた。しかしＤＪ作業の忙しさから、ハークの代わりにコーク・ラ・ロックがこのＭＣを務めるようになり、フロアの友人の名前を叫んだりするようになった。これがラッパーの生まれた瞬間であり、いまでもラッパーをＭＣと呼ぶのはこの時代の名残りである。またジャマイカ移民であるクール・ハークは、レゲエで用いられた「サウンドシステム」という、野外で爆音を出すための音響装置をヒップホップに持ち込み、その重低音の効いたサウンドはのちに「ブーン・バップ」と呼ばれるヒップホップを象徴するサウンドになった。

このターンテーブルの技術をさらに洗練させたのがグランドマスター・フラッシュである。

彼はハークの「メリーゴーラウンド」を「4BF＝6CCR＝Full Loop」と公式化した。大島純『MPC IMPACT!』によれば、「つまり片方のレコードが４小節進行するあいだに、もう片方を反時計回りに６回転すれば、ブレイクの先頭にたどり着けるというものだ」という。[4] こうした数式趣味は、後述する秘密結社ファイヴ・パーセンターズにより顕著にみられるものだ。

サンプリング&チョップ・ビートという発明

とはいえ音楽としてのヒップホップをジャンルとして決定づけたのは、マーリー・マールによって「サンプリング」が発明された瞬間だろう。ヒップホップ界で伝説となっているエピソードがある。レコードからあるフレーズをサンプリングしようとしたところ、マールは間違ってスネア・ドラムの音だけを抜いてしまったのだ。普通ならばやり直すところを、マールはレコードからドラムやベースといった、ある楽器の音のみを部分的に抽出できる可能性があることに気づく。これによってビートやフレーズの一音一音をサンプリングして、チョップして（切り刻んで）、並べ替えて再構築するというサンプリング・ヒップホップ（いわば「電子的ブリコラージュ」）が誕生した。

サンプリングという手法のみならず、重要なデジタル・サンプラーの機器についてもある程度触れておきたい。SP１２００がそれである。この機材の前にOBERHEIM DMXというドラムマシンがあり、この力強いキックスネアのサウンドを用いてヒップホップの「ブーンバップ・サウンド」を世に知らしめたのがＲＵＮ ＤＭＣである。しかしこのOBERHEIMはサンプラーではないので、他の音を取り込むことができず、あらかじめセットされたサウンドパターンしか使えないのだった。

ＳＰ１２００はこのOBERHEIMのサウンド・キャラクターを踏襲しつつ、さらに自由に音源をサンプリングして取り込むことができる優れモノだった。「ＳＰ１２００はマーリー・マールが産み出したサンプルをチョップしてオリジナルのビートを構築するコンセプトを直感的に具現化し、世界中のレコードから探し得たサンプルを、いくらでも３・５インチの安価なフロッピーディスクに保存することができた」と、大島純はこの機器の革命性をまとめている。[5]

ヒップホップ史上の最高傑作とされることも多いＮａｓの《Illmatic》（一九九四年）に参加したプロデューサーのほとんどが、このＳＰ１２００を使ったというからどれくらい重要な機器であるかわかる。要するにヒップホップの黄金時代とされる一九九〇年代のＮＹサウンドを象徴するような、汚れた感じの音を出すサンプラーと考えてもらって差し支えない。

デジタル・ホモルーデンス――「手」で遊ぶサンプラー

このＳＰ１２００と並び称されるヒップホップ・サウンドを決定づけたサンプラーがＡＫＡＩのＭＰＣシリーズである。ＭＰＣは４×４＝16の大きなパッドで構成されたもので、専門的な知識も不要できわめて操作性が高い。この誰でも操作可能な構造は、赤井電機とＭＰＣシリーズを共作したロジャー・リンが、スティーヴィー・ワンダーから受けたアドヴァイスを考慮したものだ。

リンが自作したドラムマシーンを盲目のスティーヴィーに渡したら、使いこなせなかった。それゆえ余分な機能を一切捨て、大きな入力用パッドと音声ガイドのメトロノームのクリック音などを採用して、極度にシンプル化。この説明書のいらない直感的なニューマシーンをリンがスティーヴィーのもとに持っていくと、彼が気に入ったというのだ。[6]

だからリンが最初に手がけたドラムマシンＬＭ－１からＡＫＡＩ ＭＰＣへと引き継がれていく直感重視というコンセプトは、スティーヴィー・ワンダーの触覚性に根っこがあったのだ。「触覚は、芸術作品に一種の神経組織、あるいは有機的統一を与える」というマーシャル・マクルーハンの言葉を踏まえれば、サンプラーを叩くＤＪは手を使うことによって、無機的機械と有機的人間の共生体となるのだ。[7]

目が見えないスティーヴィーのような人でも、遊びながら使えるサンプラーであるＭＰＣは、デジタルという英語がデジット（指）に由来する語源を不思議と思い起こさせる（指を折って数えたため digit は「数字」も意味するようになった）。いわばＭＰＣでビートメイキングする者は、避けがたく電子遊戯者《デジタル・ホモルーデンス》と化す。その象徴的存在がＭＰＣ３０００を駆使し、サンプリング・ヒップホップの傑作《ドーナツ》を残したＪディラである。ディラは人が叩いているようなドラム・サウンドを追求したため、ズレを修正するクオンタイズ機能を使わなかったという。MPCを生み出したロジャー・リンはスウィングやシャッフルと呼ばれる「ヒューマナイズ機能」を搭載することによって、人によって叩いたような音を可能にした。しかしディラはそうした機能を使わずに、独自のメソッドでMPCをより人間的なもの、もっと言えばドラマーの模倣を超えた「楽器」のレベルにまで高めたのだ。大島曰く、「MPCのパッドは、叩くという人間にとって最も本能的な音楽演奏を可能にして、人間がデジタル・サンプルを楽器のように演奏できるという行為を完成させた[8]」。

アフリカ・バンバータ——奇想のヒップホップ①

ここまでブレイクビーツやサンプリングといった技法、ドラムマシンやサンプラーといった具体的な機材との関わりからヒップホップ・テクノロジーを概観してきた。ここでさらに当節流行の「アフロ・フューチャリズム」の観点からも、ヒップホップとテクノロジーの関わり合いを考えてみたい。

かいつまんで言えば、アフロ・フューチャリズムとは抑圧された黒人の負の歴史を未来的イメージでポジティヴに書き換えるムーヴメントで、第4章で扱ったサン・ラーが「神話」という言葉で「歴史」を書き換えたようなものが代表的である[9]。もっとわかりやすい例を挙げると、奴隷貿易という忌々しい「歴史」をエイリアンによる誘拐という「神話」に置き換える類がある。アフロ・フューチャリズムの代表的なミュージシャンとして名前が挙げられるのはサン・ラーやジョージ・クリントンなどと相場が決まっているのだが、不思議なことにヒップホップのミュージシャンはシャバズ・パレセズなど一部例外を除いてそれほど名前が挙がらない。ここまで見てきたように、ヒップホップほどテクノロジーと蜜月関係を結んできた黒人音楽などないにもかかわらずである。それゆえ、ここからは「初期の頃のヒップホップのイメージを見てみると、未来を覗き込んだ感じがする」と言って、ヒップホップというジャンルそのものをアフロ・フューチャリズムとして読み換えた天才ロイ・クリストファーの慧眼を実証していく作業となる。[10]

重要な年号は一九八二年である。この年に元祖サイバーパンク映画『ブレードランナー』が公開され、黙示録的な爆撃シーンで始まる大友克洋のサイバーパンク漫画『AKIRA』の連載がスタートした。[11]そしてまったく同じ八二年に、クール・ハーク、グランドマスター・フラッシュと並ぶ三大DJの一人、アフリカ・バンバータが近未来的なヴィジョンの〈プラネット・ロック〉をリリースしている。この曲はローランドのTR-808（いわゆる「ヤオヤ」）で作られたハードなドラムパートにラップが乗り、さらにサビの部分でドイツの機械じみた四人組テクノ・バンドのクラフトワークの楽曲〈ヨーロッパ特急〉をサンプリングしたことで有名になった。〈プラネット・ロック〉は「エレクトロ・ファンク」などとも形容されたが、バンバータ本人は第5章で扱ったファンカデリック、並びにYMOがインスピレーションになったと語っている。[12]

バンバータがＹＭＯに言及しているのは、ヒップホップとサイバーパンクとの親和性を考えるうえで見逃せない。サイバーパンクとは西洋が「テクノ・オリエンタリズム」のレンズを通して見たエキゾチックな近未来アジア像を舞台に、ゴテゴテした機械ガジェットが満載のＳＦジャンルなのである。またサイバーパンクにはミラーシェードと呼ばれる電脳サングラスのようなものが代表的なガジェットとして登場するが、バンバータもそれに似通った近未来的なサングラスをかけている。

そもそもバンバータを筆頭に、先述したＪディラやクール・ハークなどのプロデューサーやＤＪは、夥しい音楽機材の山に囲まれた半分人間、半分機械――ウィリアム・バロウズ言うところの「柔らかい機械《ソフト・マシーン》」――のような存在である。ストリートの「リアル」を謳うヒップホップは、実のところオタク的なマシン・フェティッシュと切れない関係にあるのだ（イターシャ・ウォマックはアフロ・フューチャリズムを駆動する力として「内なるオタク《インナー・ギーク》」を指摘している。[13]そもそもオタク要素満載のナードコア・ヒップホップというサブジャンルさえ存在する）。また〈プラネット・ロック〉をバンバータがリリースした一九八二年は、ダグ・Ｅ・フレッシュが「ヒューマンビートボックス」の技法を創始した（と豪語する）年でもある。サイバーパンク同様、ヒップホップ界でも人間と機械の融合が進みつつあったのだ。

「アフロ・フューチャリズム」の名づけ親であり、ヒップホップを「ブラック・サイバーパンク」と呼んだ批評家マーク・デリーが、著書『エスケープ・ヴェロシティ』の第二章「メタル・マシン・ミュージック　サイバーパンクがブラック・レザーのシンセ・ロッカーと出会う」で興味深い指摘をしている。

サンプラー、シーケンサー、シンセサイザー、シグナル・プロセッサー、それに、コンピューターを録音スタジオに変えてしまうソフトウェアなど威圧的な機材の山によって人工器官強化を施されたミュージシャンたちは、『ニューロマンサー』に登場する、感覚中枢をサイバースペースのマトリクスと肉体的に直結した無法者ハッカーたちから、さほど遠いものではない。[14]

ここではウィリアム・ギブスンの、ジャンル全体を象徴するサイバーパンク小説『ニューロマンサー』の名前と、その主人公ケイスが生業としているハッカーに言及がある。このデリーの言葉と最も響き合うのは、サイバーパンクの電脳ハッキング行為とヒップホップのサンプリング技術をイコールで結び付けた、ロイ・クリストファーの小さな名著『デッド・プレシデンツ』であろう。

ラメルジー――奇想のヒップホップ②

アフロ・フューチャリズムとヒップホップの関係を考えるうえで、バンバータと並んで重要な人物がラメルジー（RAMM:ΣLL:ZΣΣ）である。一九八三年に〈ビート・バップ〉という楽曲を録音したラッパーとしても有名であるが、「流体力学、宇宙物理学、タイポグラフィー、言語学といった難解なテーマで何時間もフリースタイルができた」というからそのマニエリスト的な博識ぶりはサン・ラーに近い。[15]

とはいえ、ラメルジーはむしろグラフィティ・ライターとして名高い。ヒップホップはそもそもMCとDJのほかに、ブレイクダンス、グラフィティという音楽以外の領域も含めた四つの要素からなる（アフリカ・バンバータはこれらを結びつける五番目の要素として「知識」を挙げているが、これは錬金術における「第五元素《フィフス・エレメント》」すなわち「賢者の石」から発想したものと思われる）。初期ヒップホップではそれら四つが分割されるどころか、インターメディア的に結びついていたことを強調しておきたい。その意味でフューチャリスティックな衣装製作から、グラフィティ、ラップと何でもこなしたラメルジーは「一人ヒップホップ」のような存在であり、ダ・ヴィンチ的万能人であることからロイ・クリストファーが「ルネサンス型Bボーイ」と呼んだのも頷ける。[16]

ラメルジーのグラフィティは「ゴシック・フューチャリズム」や「アイコノクラスト・パンツァーリズム」といった難解な造語でブリコラージュされた、独自の宇宙神話のようなものを背景に成り立っている。日本語で読める数少ないラメルジー論の中で、美術家の大山エンリコイサムは以下のようにその神話を整理している。

> ラメルジーのコンセプトは、教会による編纂とコントロールが文字というメディアの本来の力を奪い、アルファベットという均質体に規格化してしまったという洞察に基づいている。その規格化に抗うため、レター・レイサーズ（Letter Racers）と呼ばれる武装した文字たちが、トランスヴァーサス・ウォム（Transversus Womb）というSF的宇宙空間で戦争を繰り広げるというのが物語のあらすじである。[17]

第4章で見たサン・ラー神話、第5章で見たPファンク神話、そしてデトロイト・テクノのドレクシアが作り上げた海中神話（中間航路で奴隷船から海に捨てられた黒人奴隷の妊婦の胎児たちが、海に捨てられたガラクタを拾い集めて海底で独自の黒人技術文明を築き上げたという神話[18]）の系譜に連なる誇大妄想的なアフロ・フューチャリズム的想像力であることがわかる。「ゴシック・フューチャリズム」という概念に顕著なように、ラメルジーは中世ヨーロッパのゴシック・カルチャーから多大な影響を受け、それを独自のSF的想像力で膨らませている。例えば中世写本のアラベスクに装飾された（ラメルジー語で言えば「電磁気的《エレクトロマグネティック》」な）アルファベットが、彼の武装した「文字の戦士たち《レター・レイサーズ》」の四方八方に伸びていく運動性に引き継がれている、といった具合に。[19]

さて、ラメルジーも関わっていたヒップホップ初期のグラフィティは地下鉄をキャンバス代わりにして、それを街全体に伝達される「移動アート」に変えた。その違法行為によってNY市政との飽くなき戦いを繰り広げたことは有名だが、この地下鉄というテクノロジーに関してもラメルジーの洞察は独特である。「地下鉄が走っているときに、車体に書かれたEがギリシャ文字のΣになっていく瞬間が見えたんだ」[20]。地下鉄によって加速された文字のメタモルフォーシスに着目するラメルジーの眼は、バンバータの装着したミラーシェード越しに見た電子化されたサイバーパンク的NY像であろう。

アフロ・フューチャリズム

ヒップホップというジャンルそのものがアフロ・フューチャリズムである。この着眼を押し進めると、パブリック・エネミーが《パブリック・エネミーII（*It Takes a Nation of Millions to Hold Us Back*）》【図7-2】で見せた絨毯爆撃的なサウンド・コラージュについても、新たなSF的解釈が可能となる。その意味で「これはまるでサイエンス・フィクションのように聞こえる」と評したスコット・ヘレンの言葉は先見の明があった。[21] 前章で見たように、「外科手術」に喩えられたこのアルバムの継ぎ接ぎだらけの怪物のようなサンプリング・コラージュは、「フランケンシュタイン・サウンドスケープ」とロイ・クリストファーによって名づけられたことを思い出したい。

サンプリングの「切り刻む」という身振りが露骨に現れたフランケンシュタイン的エピソードがある。一九八八年、ＫＩＳＳ‐ＦＭ局の「ウィーク・イン・レヴュー」というラジオ番組で、数々のヒット曲を持つソングライターでプロデューサーのムトゥーメが、黒人ヒップホップのサンプリングが、いかにミュージシャン的素養のない人々によるオリジナリティ欠如の音楽かと侮蔑した。それをたまたま聞いていたステッツァソニックというヒップホップ・グループは、〈トーキン・オール・ザット・ジャズ〉なる曲で、「これをアートと呼ばないお前／お前の音もズタズタにしてやろうか?」とアンサーしたのだ。このリリックの攻撃性は、サンプリング・コラージュが原曲（＝実験体）を「切り刻む」マッド・サイエンティストのイメージとそう遠くないことを暗示している。[22] かつて西海岸ギャングスタ・ラッパーのアイス‐Ｔも、ＤＪは『13日の金曜日』の「ジェイソンのように切り刻む」と表現したことがある。[23]

図７‐２　Public Enemy, *It Takes a Nation of Millions to Hold Us Back*
Def Jam, 1988

そもそもメアリー・シェリーの小説『フランケンシュタイン』（一八一八年）自体が、死体の継ぎ接ぎだらけである怪物のグロテスク・ボディを身振りするように、書簡形式を差しはさんだ入子構造になっていたり、語り手が章ごとにコロコロと変わる変幻めまぐるしい断片的なメタテクストで、ヒップホップ的コラージュ芸術の先蹤《せんしょう》のようになっていることも特筆すべき点だ。[24]ゴダールの引用だらけの映画『気狂いピエロ』でアンナ・カリーナが手にする象徴的なハサミにせよ、ブニュエルの『アンダルシアの犬』で引き裂かれた目玉にせよ、あるいはオノ・ヨーコが自らの衣服を切り刻ませた「カット・ピース」にせよ、ウィリアム・バロウズのカットアップにせよ、前衛表現は常にホラー的な「切り刻む」残虐行為と踵を接している——大枠ではヒップホップもその血なまぐさい系譜に連なるというわけだ。[25]

楽曲を切り刻むという意味では、DJプレミアも忘れてはならない存在である。代表曲〈ゼイ・レミニス・オーヴァー・ユー〉のサックスのサンプリングに顕著なように、ピート・ロックは原曲の一番美しい部分を中心にトラックを再構成する。しかしこれとは違ってプレミアは「誰もが使う定番のサンプルを避け、素材を切り刻んで並べ替えたり、短いサンプルを並べることで独自性の高いミニマルなビートを構築し」た。[26]

これは九〇年代に入って著作権の取り締まりが厳しくなったのも理由の一つで、原曲自体がマイナーで、かつどの部分を使ったかわからないほどに切り刻むことで法廷闘争を避けたという側面もある。プレミアに限らず、ヒップホップのビートメイカーたちはサンプリング・ソースを基本容易に明かさない秘密《ヘルメス》主義者が多い。DJクール・ハークも、レコードのラベルを水で溶かして、自分が鳴らしているレコードの正体を隠していたほどだ（ちなみにこの習慣はレゲエ文化から来たものだ）。

電子驚異博物館としてのサンプリング

こうしたＤＪの秘密主義のみならず、サンプリングはその引用・蒐集の原理からして本質的にマニエリスム芸術（断片化した世界を再統合するアート）に近い。サンプリングによるカット＆ミックスは、過去のレアグルーヴを掘り返し、蒐集し、切り刻んで再配列するプロセスから、脱構築的であると同時に懐古的であり、黒人にとって「共同体の対抗的記憶装置」（トリーシャ・ローズ）になり得る。

　とはいえヒップホップＤＪがサンプリング・コラージュで築き上げる記憶装置＝楽曲は、ミュージアム的に冷然と管理された音楽標本集のようなものではない。もっとグルーヴがたぎり、血が通ったものであり、非合理でディオニュソス的なものがせめぎ合ったもので、マニエリスム語で言えば「電子驚異博物館《デジタル・ヴンダーカンマー》」（フーベルト・ブルダ）の猥雑さとなろうか。マニエリスム期にヨーロッパの貴族たちが世界中の珍品を一ヵ所に集めたこの部屋《キャビネ》に関して、バーバラ・スタフォードが『アートフル・サイエンス』で述べた以下の言葉にヒントがある。「驚異博物館《ヴンダーカンマー》」の精神は合理的デザインではなく、雑多なものの百宝石の集塊を言祝いだ。人工、自然の奇物は〔中略〕ひたすら欲望（appetite）にこそ根ざした感覚的領域の一部なのであった[27]」。

　ヴンダーカンマーの蒐集やディスプレイの仕方が「欲望」と「感覚的領域」に忠実であるな

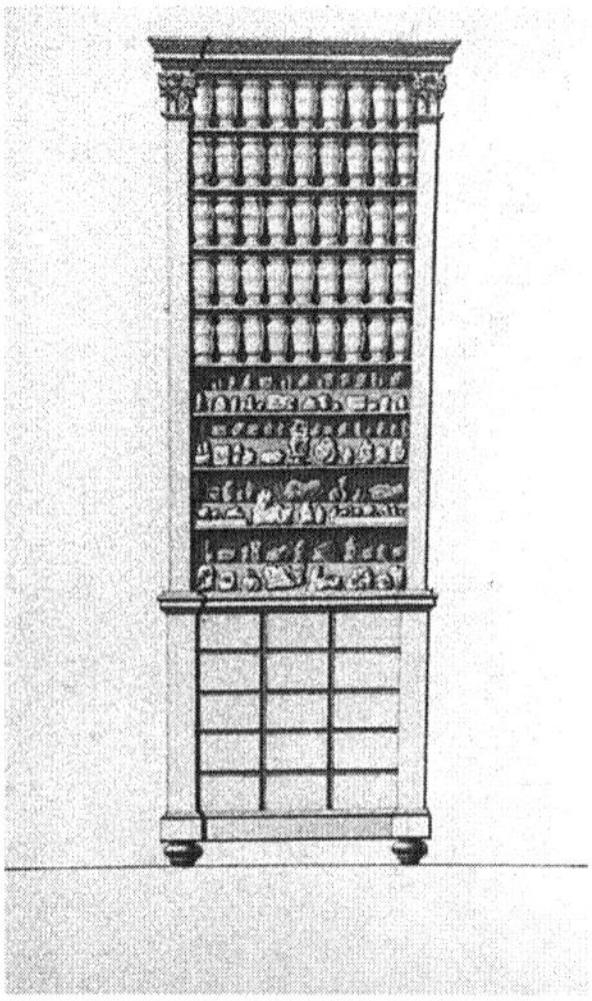

図7-3　ザロモン・クライナー「形の整った物と整わない物」（1751年）
バーバラ・M・スタフォード、高山宏訳『アートフル・サイエンス』（産業図書、1997年）、292頁

らば、ヒップホップのサンプリング・コラージュも同様である。整然と均一化されているのではなく、ノイズ混じりで猥雑なのだ。ザロモン・クライナー描く「形の整った物と整わない物」（『クリストフ・デ・パウリの物と生命の薬物素描』一七五一年）における、整然とした上段と雑然とした下段に、ミュージアムとヴンダーカンマーの違いが明示されている。換言すれば、上段が音楽標本、下段がヒップホップのサンプリングを映像的に対照したものとなる【図7-3】。

サンプリングの薫り

ところで、なぜサンプリングされたレコードは殺菌消毒され画一化された音楽標本に留まらず、ある種のファンキーなズレやグルーヴの感覚を伴うのか？　その根本原因をヒップホップ・プロデューサーのイヴィル・ディーが示唆している。「僕らがサンプリングするのは、レコードには複製できない音があるからなんだ。〔中略〕演奏し直そうとすると、当時のスタジオで録った雰囲気——つまり、ファンクを失うんだ」[28]。これを受けた大島純の解釈が的確なので、引用しよう。

つまり、サンプリングとは楽器演奏の代替行為ではなく、西洋音楽の譜面には収めきることのできない、サウンドの塊を自分の作品へと取り込む作業なのだ。ミュージシャンの息遣い、空気感、チューニングのズレ、レコードのノイズ、その時代のテクノロジーの質感、日本人が〝わびさび〟と表現するような白黒がつけられない、混沌の中で調和した地層を切り取り、新たなビートを作り出す作業なのだ[29]。

ここでは「息遣い、空気感」という匂いにも関連するワードが選択されている。ここでイヴィル・ディーが語った「ファンク」の形容詞形「ファンキー」の語源は、フランス語で「黴臭い匂い」を意味する「フメール（fumer）」に由来することを指摘しておきたい。マルセル・プルーストの『失われた時を求めて』の、紅茶に浸したマドレーヌの薫りが記憶を呼び起こすかの有名なシーンのように、理性ではなく匂いといった「感覚的領域」から記憶は常に襲撃してくる（ゆえに「時代の薫り」なる表現はレトリックを越えた真実なのである）。

第2章で触れたハリー・スミスの、世界各地の珍品や錬金術書だらけの薄汚いチェルシー・ホテルの部屋のように、驚異博物館は、清掃・管理の徹底したミュージアムとは違って、蒐集オブジェやかつての（あるいは今の）持ち主の「匂い」が生々しく刻印されている。その意味で、サンプリングというテクノロジーもきわめて触覚的で、嗅覚的なものだ。「機械《マシーン》と黒人的臭い《ファンキネス》を結びつけることに我々も慣れてきたのだ」とはアンドリュー・グッドウィンの至言である。[30]

デジタル・グリオ――DJのナラティヴ

ヒップホップと「集合記憶」の関わりをもう少し深めてみよう。西アフリカで自分たちの部族の歴史を語り継ぐ、正確な記憶力とそれを伝える高い技術を擁する選ばれた人々であるグリオを、ラッパー（あるいはブルースマン）に重ね合わせる議論はよく見られる。[31] 書き留める文字文化ではなく、語り継ぐ口承文化の優位がアフリカにはあるのであり、それをアフリカン・アメリカンは受け継いだのだと。

しかし紋切りと言えば紋切りの議論である。これに独創的な着眼を付け加えたのがアダム・J・バンクス『デジタル・グリオ』で、グリオの役割を担っていたのはMCだけではなく、楽曲の配列によって物語《ナラティヴ》を構築していたDJもだと指摘した。そしてそのDJの手法に倣って、このデジタル時代においては個人個人が「デジタル・グリオ」になるべきだと議論している。「語り部や牧師は、アフリカン・アメリカン文化ではよく勉強したグリオ的人物である。しかしグリオ的人間としてのDJは、あまり注意が払われてこなかった」。[32]

ところでバンクスは基本的に、尖鋭的なミュージシャンであり著述家であるポール・D・ミラー（a.k.a. DJスプーキー）の予言的な書『リズム・サイエンス』に強い影響を受けている。例えば以下のようなミラーの洞察は、バンクスの着想源であったはずだ。「最も優れたDJはグリオであり、彼らの紡ぐ物語が意識的なものにせよ無意識的なものにせよ、その語りはサンプリングという発想によって暗示されている」[33]。いわばこの本の中のスプーキーの断片的で謎めいた言葉を、具体的に肉付けしていったのがバンクスの仕事であると言える。

第5章で触れたイシュメール・リードのメタフィクション『マンボ・ジャンボ』に出てくる、ヴードゥー探偵パパ・ラバスのような「伝統に関する百科全書的な知識」をもった存在がDJであるとバンクスは語る[34]。数多のレコードを蒐集し再配列するDJは、良き音楽のもたらす快楽とグルーヴに身を任せる一方で、そのサンプリングの磨き抜かれた技術と膨大な知識、巧みな配列によって黒人共同体の歴史を音楽的に語り、リスナーを「教育」している。

デジタル・アンダーグラウンドやドクター・ドレのようなミュージシャンが、ジェームス・ブラウン、ファンカデリックといった一昔前のファンク勢をしきりにサンプリングするのは、彼らの偏愛を示す以上に、黒人音楽の伝統を暗黙裡に語り継ぐ行為であり、黒人共同体を知識によって一つにまとめ上げる啓蒙的な効果がある。「サンプリングは、ある音を際立たせることとそれに対する知識を問い、歌詞のテクストと楽曲のテクストを結びつける役割を果たす」のだ[35]。

テクノロジーとしてのラップ

ここまで大島純の好著『MPC IMPACT!』に啓発されて、テクノロジーとの関わりからヒップホップ文化を読み解いてきた。しかし大島の本の瑕瑾《かきん》をあえて指摘するならば、それはラップの言語までをも、一種の「テクノロジー」として捉える視点が欠けている点であろう。そもそもラッパーがやたらに強調する「スキル」や「テクニック」といった言葉一つとっても、G・R・ホッケが『文学におけるマニエリスム』で提示したダイダロス主義（クレタの迷宮を設計したギリシア神話の工匠ダイダロスのように、言葉を鍛造する言語錬金術師）の伝統がラップに根付いているのは明白である。

ダス・エフェックスの〈ゼイ・ウォント・エフェックス〉といった楽曲になると、もはやネイティヴでも聴き取り不可能な破裂音の連打やノンセンスの波状攻撃で、黒人版ジェイムズ・ジョイスといってよい超絶技巧の言語遊戯になっている。「抽象的なライムは、言葉をひねり、伸ばし、ひっくりかえし、慣習には従わず、できるかぎりクリエイティヴになることによって、言語のポテンシャルを極限まで追求し、表現を新たな銀河系にまで連れていくのである」[36]。

また超絶技巧型ラップをテクノロジーと捉える視座のみならず、ラップ自体が同時代テクノロジーの影響を受けているケースもある。例えばシカゴ・サウスサイドで生まれた「ドリル」と呼ばれるラップ・スタイルをもつチーフ・キーフの、半小節に言葉を切り詰めたような断片的なリリックを、ロイ・クリストファーはツイッターとのアナロジーで捉えている。「チーフ・キーフのラップはツイートのようだ。一行の短さで、スタンドアローン〔オンライン接続していない状態〕な手紙。つまりすべてはコメントであり、物語がない」[37]。

「ツイートとしてのラップ」に絡めてここで注記しておくべきは、ラッパーは基本的にリリックをメモし、書き留めるという当たり前の事実だ。アフリカ文化は口承性が強いことは指摘したが、アメリカに渡ってやがて奴隷から解放されると、黒人たちは文字を覚えるようになる。ゆえにその末裔である黒人ラッパーたちはウォルター・オングのいう「二次的な声の文化」に属している。つまり一度文字として書き留められたものが、記憶され、口ずさまれるのだ[38]。ノートブックにせよ、その辺のメモの切れ端にせよ、スマートフォンにせよ、ラッパーがリリックを紡ぐ「ライティング・スペース」（ジェイ・デイヴィッド・ボルター）の考察なくして、口承性とテクノロジーの融合したラップの極意は摑めない。ラップとは、発語される前は（紙にせよ電子にせよ）書き言葉《エクリチュール》だったことを強く意識すべきであろう。

ラキム・ルールズ——方法の制覇

さて、大島の『MPC　IMPACT!』では、エリックB&ラキムの《ペイド・イン・フル》（一九八七年）を「ヒップホップにとってMCの知性やスキルがいかに重要かを気づかせた初めての作品ではなかっただろうか」と評しており、ラキムが「テクノロジーとしてのラップ」を考えるうえでの転換点だったことが示唆されている（繰り返すが深められてはいない）。
ラキムは幾何学的・数学的な精密さでラップすることで名高い。彼が出現したことでゲームのルールが変わったのだ。〈I Ain't No Joke〉という楽曲と、「癌のようにシリアス」という有名なリリックに象徴的なように、愛想を振りまくことなく、ただひたすらに超絶技巧を見せつけるスタイルが生まれた。つまり客に背中を向けて楽器を吹く不愛想なビバップのジャズ・ミュージシャンや、顔色一つ変えないさりげなさ《スプレッツァトゥーラ》で政治的に生き延びる一五世紀のマニエリストたちと等価の、精密機械のように「クール」な存在が、ヒップホップにも出てきたのだ。

存在そのものがアートであるような、いわゆる「アートとしての自我」（バーバラ・スタフォード）がラキム以降誕生したとも言える。ラキムの正確無比なラップ・スタイルは、彼の物腰やファッションにまで貫徹されている。ジェフ・チャンいわく、「ラキムは笑顔を見せたことがなかった。アフリカン・ゴールドで身を飾り、タイトでクールなカスタムメイドのグッチ風スーツを着込んだ彼の立ち振る舞いは実に堂々としており、常に自身をベストな状態に保っている様子が見てとれた[39]」。

笑顔を見せずに幾何学的なラップを披露するラキムはもはやサイボーグである。〈ドント・スウェット・ザ・テクニック〉のミュージック・ビデオでは、水着美女に囲まれながらも一切動じないラキムの姿が見られる（エリックBに至っては棒立ちかつ無表情でほとんど自動機械《オートマトン》である）。ここでは異性との交感可能性は断ち切られ、女たちはエロティックなオブジェへと石化している。自らのテクニックにナルシスティックに溺れるラキムは「独身者の機械《マシン・セリバテール》」の典型的な症例にさえ思える。

映画『アート・オブ・ラップ』で監督にしてインタヴュアーのアイス－Tを驚愕させ、「とても真似できない」と言わしめたラキムの作詞法は以下のようなものだ。

紙に点を16個書くことから始める。16小節の曲を作るという目印だ。仮に4小節がこれくらい（両手を広げるジェスチャー）としたら、その4小節の中にグラフのようなものが見える。そこに入る単語や音節がどんどん浮かんでくるんだ。ビートが完璧なら、置き換えの利かない言葉がハマっていく。

「置き換えの利かない言葉」とは、フランス人作家フローベールの提唱した有名な「適切な一語《モ・ジュスト》」を連想させる。またラキムのこうした幾何学的な作詞術は、ポール・ヴァレリーの「詩は代数学で書かれるべきだ」という言葉を思い出させる。ワイリー・サイファーが『文学とテクノロジー』で述べた「正確という病」に冒されたラキムは、計算され尽くした超絶技巧のラップをサイボーグ的に構築しているのだ。その病が嵩じると以下のようになる。「技術主義は不意を恐れる、いや、彼は不意をつかれてはならぬのだ。彼はすべてを予言する――そして、ある意味ではなにものも発見しないのである。技術主義とは奇襲なき征服と定義してもいいだろう

――あるいは冒険なき終結といっていいかもしれない」[40]。方法に淫するあまり、方法に制覇されていくこのラキム的逆説に対して、いかなる回答《アンサー》をヒップホップは見出したか？　これが本章の問題提起になる。

しかし結論を急ぐ前に、ラキムに代表されるラップの技術主義・方法主義に関してさらに洞察を深めたい。ラップの幾何学性と述べたが、これはラキムが所属する黒人秘密結社ファイヴ・パーセンターズの教義とも密接に関わっている。「至高の数学」といった概念を奉じる組織で、彼らは言葉に数をあてはめ、あるセンテンスが数式のようになり、その総和となる数字にはそれぞれ数秘術的な意味が秘されているのだ！　ラキムをはじめ、Nasやウータン・クランといった誰もが知る有名ミュージシャンまでもが、この組織に加入ないし影響を受けている。これを言語の「テクノロジー」と呼ばずに何と呼ぶのか？　〈マイクロフォン・フィーンド〉でラキムは「すべては暗号で書かれている」とラップした。その「暗号」の鍵はファイヴ・パーセンターズの教義に隠されている。

ファイヴ・パーセンターズ

マルコムXが所属したことで名高いネイション・オブ・イスラムから分派する形で、クラレンス13Xなる謎多き人物によって創始された秘密結社がファイヴ・パーセンターズである。この組織の簡潔な要約は、フェリシア・ミヤカワ『ファイヴ・パーセンター・ラップ』（インディアナ大学出版局）の裏表紙にまとめられている。

ファイヴ・パーセント・ネイションは物議をかもした組織で、本質的かつ文化的な勢力である。ネイション・オブ・イスラムの分派で、グループはその信仰の基礎を、ブラック・ムスリムの伝統、ブラック・ナショナリズム、ケメティズム（古代エジプト）のシンボリズム、フリーメイソンの神秘主義、グノーシス主義の精神性に置いている。構成員はしばしば刑務所で勧誘され、非アフリカ系アメリカ人は三五年間の修行期間を終えたあとでのみ、第二構成員として加入を許される。ファイヴ・パーセンターズは商業的なラップ、すなわち「ゴッド・ホップ」の力を借りて、人々を改宗させ、関連のある問題を批評し、新たな構成員を勧誘する。[41]

要するにヨーロッパの薔薇十字団やフリーメイソンの黒人版のようなもので、アフロ・アメリカン達の「啓蒙」を秘密裡に行っている組織である。特筆すべきはこの組織が0〜9までの数字に象徴的な意味を持たせた「至高の数学《シュプリーム・マスマティクス》」と、各アルファベットに象徴的な意味を持たせた「至高《シュプリーム》のアルファベット」を駆使し、さらにこの二つを組み合わせて会員にしか理解できないような暗号的テクストを生成することだ。

またイスラム神学に絡めた頭字語《アクロニム》を駆使することでも知られる。例えば彼らの信仰するアラー（Allah）を五つのアルファベットに分解し、さらに「腕・足・足・腕・頭（*Arm Leg Leg Arm Head*）」と受肉させる。これによってアラーは頭、そして腕と足が二本ずつ生えた人間と同じ形態であることが示唆され、さらにはファイヴ・パーセンターズに所属する各黒人のなかにも、それぞれのアラーが宿っていることまで含意される。[42] また同様にイスラム（Islam）も「我は我の主にして支配者なり（*I Self Lord Am Master*）」という頭字語になり、黒人各々の神聖なるエッセンスが強調される。[43] こういった暗号じみた表現がファイヴ・パーセンターズのラップには繰り返されるのである。

数に溺れて

前置きはこの程度にして、具体例として「至高の数学」が応用されたテクノロジカルなラップをレベル（難易度）別に見ていきたい。理解を容易にするために、0〜9までの数字に秘された意味をリスト化したものを添えておく【図7-4】。

まずはレベル一としてグランド・プバの〈ソウル・コントローラー〉という曲のリリック、"Knowledge Cipher, divided by Power, equals Wisdom"を分析してみよう。「知識と暗号を力で割ると智慧になる」と直訳できるが、普通のリスナーにはまったく意味がわからない。ここで「至高の数学」を応用してみる。知識は1、暗号は0を意味するから、この二語を並べることで10の意味になり、これを5＝力で割ると結果は2＝智慧になる。要するにこのリリックは

「10÷5＝2」の数式なのである。

レベル二はブランド・ヌビアンの〈ウェイク・アップ〉という曲で、"I wrote this on a day of Wisdom, Power"というリリックが問題となる。直訳すると「俺はこれを智慧と力の日に書いた」となり、「至高の数学」に当てはめると「俺はこれを25日に書いた」となるだろう。このように時間や日付を表すこともあるのだ。

そしてレベル三としてラキムを取り上げてみたい。クラシック曲〈イン・ザ・ゲットー〉の、「知識から誕生へ、そして正確に知識に戻る（From knowledge to born back to knowledge precise）」というリリックを見てみよう。「至高の数学」を当てはめて訳すと「1から9へ、そして正確に1に戻る」となる。そしてこの1→9→1という再帰性は始まりと終わりが一致する円環イメージを呼び寄せ、cipher＝0となるのだ（既にみたようにcipher＝0（ゼロ）＝円の言語遊戯はサン・ラーの得意とすることでもあった）。

「サイファー」という言葉をもう少し深めてみたい。この言葉は日本のラップシーンでも野外で「円」になってフリースタイル合戦をする意味で定着しているが、実はファイヴ・パーセンターズの「至高の数学」由来である。ラキム

1 ＝ Knowledge（知識）
2 ＝ Wisdom（智慧）
3 ＝ Understanding（理解）
4 ＝ Culture or Freedom（文化、自由）
5 ＝ Power or Refinement（力、洗練）
6 ＝ Equality（平等）
7 ＝ God（神）
8 ＝ Build-Destroy（構築 - 破壊）
9 ＝ Born（誕生）
0 ＝ Cipher（暗号）

図7-4　至高の数学

の以下の発言は、このサイファー（＝0）という言葉がアフロ・アメリカンにとって啓蒙的意味合いを持っていることを暗示している（ちなみにここに出て来る「レッスン」とは、ファイヴ・パーセンターズが設けるキリスト教的な教義問答のようなもので、これに正確に受け答えできることで次の階梯にあがっていく）。

すべてのレッスンは一二〇度に分けられる。まずは知識が一二〇度。次は知恵が一二〇度、最後の一二〇度は理解だ。すべて学び終えれば三六〇度になる。俺が言っているのはそういうことさ。俺は三六〇度回転する。そして、三六〇度というのは、完全なる円《サークル》――0だ。だから三六〇度すべてを学ぶべきなんだ。[44]

禅における円相のように、「円」が人間の認識の完成を象徴するのだ。ジェームズ・ブラクストン・ピーターソンによれば、「円《サイファー》」とは非線形の認識論のしるしとなるのである（黒人文化における修辞としての反復を考慮せよ[45]）」。円は悟りのみならず、始まりと終わりを繰り返すその形態から黒人音楽の「反復」を象徴するものでもあった。

啓蒙と陰謀――世界像の機械化

ファイヴ・パーセンターズ・ラップが最も影響力を持った、九〇年代という時代背景についても触れておかねばならない。この秘密結社の機械的な暗号主義をなぞるように、九〇年代はある種の「世界像の機械化」[46]が極まったディケイドだった。つまり享楽的な八〇年代が終わり、ノストラダムスの大予言を筆頭に、黙示録じみた陰謀論が大手を振ったこのディケイドには、世界が一個の巨大な機械のように駆動し、その不気味な運命の歯車から逃れることはできない感覚がヒップホップ・シーンまで覆っていたのだ——機械《マシン》と陰謀《マシネーション》は語源が同じなのである。

日本のヒップホップ・シーンでも、阪神・淡路大震災、地下鉄サリン事件、『新世紀エヴァンゲリオン』放送開始とまったく同年にキングギドラがアルバム『空からの力』（一九九五年）を発表し「未確認飛行物体」が接近する黙示録的世界観を描いたが、アメリカでも事程左様に、プア・ライチャス・ティーチャーズのアルバム《ザ・ニュー・ワールド・オーダー（新世界秩序）》【図7-5】が同様のことをやった。ライナーノーツの最後の二ページには、以下のような恐るべきテクストが含まれている。

図7-5　Poor Righteous Teachers, *The New World Order*
Profile Records, 1996

> 世界は六千年ものあいだ罪の支配のもとにある。〔中略〕今日世界全体が罪の軛の下にあり、ひどく有害な西洋社会の力によって導かれている。〔中略〕神の力のみが、サタンの地上に及ぼす強い影響

力を終わらせることができる。それには神の力〔中略〕、神の掟のもとにある規律正しい男と女の王国が必要となるであろう。この王国は艱難辛苦の時と呼ばれる時代の終わりに、神の言葉を通じて裁きを下すであろう。そして、神の力が罪の支配に終止符を打つであろう。

フェリシア・ミヤカワによれば、このテクストは黙示録的で、陰謀論的で、歴史的で、神学的な著述の山を模範として書かれたものだという。『イルミナティ666』、『偉大なる力の上昇と下降』、『化学的・生学的闘争』、『ジェノサイド立案者』、『仮面を取った秘密結社』などの本が、書店にずらりと並ぶような時代だったのだ。[47]

またプア・ライチャス・ティーチャーズの《ザ・ニュー・ワールド・オーダー》というアルバム・タイトルは、ブッシュ大統領（父）がペルシャ湾でサダム・フセインに対して取ったアメリカの軍事行動を正当化するために持ち出した「新秩序《ニュー・ワールド・オーダー》」なる言葉から取られたものと思われ、無気味なディストピア感を醸し出しているのである。湾岸戦争で始まったディケイドは、何か世界の終わりを人々に意識させた。ジェフ・チャンがその時代の空気感を以下のように伝えている。

一九九〇年代中盤、ファイヴ・パーセンターズのストリート・サイファーやズールー・ネーションの勉強会で話題になっていたのは、新世界秩序である。黙示の時が、差し迫っているようだった。ウータン・クラン、モブ・ディープ、アウトキャスト、カンパニー・フロウらが繰り出すサウンドは、閉塞感に満ちた時代の空気にマッチしていた。若者たちは、迷彩柄のジャンプ・スーツにコンバット・ブーツ姿で街を闊歩し、お互いを「ソルジャー」と呼び合っていた。[48]

そんな時代に一冊の本がゲットーに住む有色人種のあいだで熱烈に読まれた。それがミルトン・ウィリアム・クーパーの『青白い馬を見よ（*Behold a Pale Horse*）』で、ウータン・クラン、ビッグ・ダディ・ケイン、Ｎａｓ、パブリック・エネミー、２パック、ジェイＺといった超有名ヒップホップ・ミュージシャンたちも本書に言及しているほどだ。[49]しかしなぜ白人ラジオ・アナウンサーで、右翼愛国派団体の英雄だったクーパーの本に黒人が夢中になり、ジェフ・チャンに「生存主義者《サヴァイヴァリスト》の必読書」とまで言わしめたのか。

それは、クーパーの世界観が、コインテルプロ時代後の陰謀と、新世界秩序のパラノイアを結びつけていたからだ。数十万部を売り上げたとされる『Behold a pale horse』は、まるでパンパンに膨らんだ書類挟みのようだった――身の上話、新聞の切り抜き、議会の法律最高機関とされている文書やメモが五〇〇ページにわたって綴られている。そして同書は、謎に包まれた邪悪な世界政府の形成と、世界政府が大衆を奴隷化する取り組みを記録しようとしていた。世界最終戦争《アルマゲドン》はすでに始まっている、と語るクーパー。『Behold a Pale Horse』は、遅ればせながらこの事実を知る人々を啓蒙する書籍だった。[50]

「啓蒙」というキーワードが出た。動乱のフランス革命期に秘密結社イルミナティの政府転覆説がまことしやかに囁かれたように、陰謀論ばやりの時代は、そこから抜け出すためのダークな「啓蒙」の表現を見出すものだ（近年ではトランプ政権の時代にニック・ランド「暗黒啓蒙」があったごとく）。

またクーパーの書には、CIAの陰謀で黒人ゲットーにドラッグが密輸されているという指摘があるが、これがあながち間違いではなかった。ニカラグアの反体制勢力がアメリカ政府の支援を得て開発したクラック（コカインの一種）の流通ルート「ダーク・アライアンス」を新聞記者ゲイリー・ウェブがすっぱ抜くも、政府は正式に否定。しかしのちの米国議会とCIAの調査により、基本的内容に誤りはないと証明されたのだ。

ゲットーでドラッグの売人をやっていた大方の黒人ラッパーは、恐怖におののいたはずだ。「俺たち貧困層の黒人は、見えない勢力に操作され搾取される存在に過ぎないのではないか？」という疑念は、不気味に駆動する機械《マシン》じみた陰謀《マシネーション》に世界は覆われていると彼らに感じさせたとて不思議はない（あるいは陰謀《プロット》／筋書から逃れられないという恐怖）。

マッチョなドラッグ・ディーラーの中に眠るゲイ黒人の心の襞を描いた映画『ムーンライト』が公開される二〇年近く前のことであったから、貧困層の黒人ゲットーで生まれたヒップホップのミュージシャンたちには、ウェットな感情は許されなかった。ただひたすら顔色一つ変えない「クール・ポーズ」が要請された。[51] ドラッグ・ディーラーといった闇社会に生きる人間にとって、裏切りは日常茶飯事、人間関係はすべてドラッグと紙幣《デッド・プレジデンツ》を介したハードドライなものだから、世界を一個の機械と見る傾向はますます強くなる。先述したDJプレミアが所属したギャングスタの名曲〈ストリートの暗号《コード・オブ・ザ・ストリーツ》〉とは、九〇年代ヒップホップのミュージシャンの世界観がいかに機械化されていたかを物語っている。

ケンドリック・ラマーへの懐疑

八〇年代末に現れたラキムの正確無比なサイボーグ・ラップを「世界像の機械化」のある種の予兆と見なすならば、引き続く九〇年代NYラップシーンは、陰謀という名の巨大歯車によって世界が秘密裡に駆動していると見るディストピア的世界観、それにシンクロしたファイヴ・パーセンターズの幾何学的な教義に覆われたのであり、ホッケの顰に倣えば「ダイダロス」の宰領するディケイドだったと言える。「世界像の機械化」による硬直化と、その不安解消のために動員される過剰なる知性がもたらされたのが九〇年代であった。

しかしホッケはマニエリスムが真にマニエリスムたり得るには、知性主義・暗号主義・韜晦主義を司るダイダロスだけでは不足であるとした。つまり放蕩三昧のディオニュソスとの緊張関係が必要であると。「ディオニュソス的芸術は〈過度、混乱、アジア的要素〉を愛する。それは、恐怖、野蛮、狂気、残酷、あらゆる種類の二重体と仮面存在、あらゆる矛盾背反と謎めいた性格、あらゆる占卜術的なもの、ありとあらゆる魔法、あらゆる形式のエロチックなもの、性的なものを希求してやまない」[52]。

黒人伝統を意識した知性偏重のヒップホップは、「意識高い系《コンシャス》ラップ」と呼ばれ、ファイヴ・パーセンターズやネイション・オブ・イスラムの教義を喧伝するヒップホップ・グループがまさにそれであった。ア・トライブ・コールド・クエストやデ・ラ・ソウルが所属した「ネイティヴ・タン」というヒップホップ集団も、フランス語教材をサンプリングする遊び心やオタク的要素を付加しつつも、根っこでは知性型のコンシャス・ラップであった。

コンシャスとは対蹠的に、西海岸ではドクター・ドレのサウンドに代表されるギャングスタ・ラップが隆盛を極め、銃撃戦や楽曲での罵り合い、パーティー三昧のデカダンスに耽っていた。そしてゴールドチェーンで身を飾る「ブリンブリン（きらきら）」と呼ばれる、消費主義社会の権化のようなファッション・スタイルできめていた[53]。

このダイダロス主義（コンシャス）とディオニュソス主義（ギャングスタ）という一見融和しようのない分裂を、高いレベルで融合させたのがケンドリック・ラマーであることはよく指摘される。ギャングスタ・ラップの雄ＮＷＡと同じく、アメリカ屈指の治安の悪さであるＬＡのコンプトンで育ったラマーは、そうしたバイオレントな黒人生活をしっかり見聞しながら、地に足の着いた内省的でスピリチュアルな作品を作り上げた。その結晶が二〇一〇年代の音楽界で最高傑作とも目される《トゥ・ピンプ・ア・バタフライ》であった。マーカス・Ｊ・ムーアの『バタフライ・エフェクト』の以下の記述が、ラマーのスタイルを究極的に要約したものになるかもしれない。

> ギャングスタ・ラップと内省をミックスしたそのスタイルは、彼が単なるコンプトン出身のラッパーでも、コモンかヤシーン・ベイ（当時はモス・デフ名義で通っていた）、タリブ・クウェリのような単なるコンシャスＭＣでもないことを示していた。その気になれば、彼はコンシャスにも、ヒップホップカルチャーの生徒にも、ギャンスタ《〔ママ〕》になることもできた。しかしケンドリックは、特にひとつのスタイルに固執することなくこれらの美学を結びつけることができたために、批評家が用いるカテゴリーには収まらなかった。[54]

とはいえラマーの作品のクオリティーの高さは認めつつも、筆者はラマーをヒップホップ史の最終到達地点に据えるような議論に違和感を覚える。《トゥ・ピンプ・ア・バタフライ》にはＢＬＭ運動のアンセムとなった〈オールライト〉も収録され、アルバムの作り自体がこれまでの黒人音楽史（ジャズ、ファンク、そしてヒップホップへ）を絵巻のように見せていく内容であるのに加え、最終トラックでは死んだ2パックの未公開インタヴューを使ったケンドリックとの架空対話で締め括られる。こうしたきわめてコンシャスな内容によって、ラマーは聖人に近い位置を獲得した。とはいえ、BLMと連動したラマーの音楽絵巻には、ガラクタひしめくマニエリスムの象徴たる驚異博物館《ヴンダーカンマー》の猥雑さが感じられない。そこには無駄なもの、くだらないものが入る余地がない。ここでのギャングスタ美学、あるいは快楽や欲望は、あくまでコンシャスのフィルターを通じて清浄濾過されたものに感じられる。

ヒップホップが本来的にもっていたはずのわけのわからなさ、雑多さ、抑えきれない欲望、収拾のつかなさという、予測不可能な渾沌が、ラマー作品からは消え失せているのだ。その「猥雑美学」（これは語義矛盾である）を実現させ、新の意味でヒップホップのアフロ・マニエリスムを実現したのがNYのスタッテン島から出現したウータン・クランではなかったか？

ウータンとカンフー映画――ウータン・クラン①

ウータン・クランの代名詞といえばカンフーである。歴史的傑作の誉れ高いファースト・アルバム《*Enter the Wu-Tang* (*36 Chambers*)》（邦題は《燃えよウータン》）は映画『少林寺三十六房』のタイトルから取られたもので、アルバム内にもカンフー映画の打撃音その他が多数サンプリングされている。何を隠そうリーダーのRZAはカンフー映画オタクとして有名であり、そのポストモダン的引用感覚からクエンティン・タランティーノとの類似性を指摘する向きもある。大和田俊之は九〇年代以降に生まれた「チーズ」というB級悪趣味嗜好で両者を結びつけている。[55] 正しいと思う面はあるものの、筆者はタランティーノとRZAのカンフーへの没入の仕方はだいぶ異なるように思える。

それはRZAの著書『タオ・オブ・ウー』の中にある、カンフー映画『少林寺秘棍房』（一九八四年）を見た際のリアクションに顕著だ。RZAがこの映画のビデオを自宅の小さな部屋で仲間たちと鑑賞し始めると、不思議なことが起こった。ハイになってわいわい騒いでいた皆が静かになり、ある者は泣き出したという。RZAによれば、「その映画はリアルだったからだ――それは俺たちが生きている現実の反映なんだ」という。[56]

映画のあらすじはこうである。将軍がある大家族を裏切る。父親は殺され、八人いる息子も二人を除いて殺される。生き残った息子の一人は発狂し、もう一人は頭を剃って僧になった。RZAは「この種のことは俺の地元《フッド》じゃ毎日起きている」とドライに書きつけている。映画同様、黒人ゲットーでは血で血を洗う抗争、仲間内の裏切りは日常茶飯だった。

つまり、ビデオレンタル屋で働いていたタランティーノの安全圏に住まうオタク白人趣味とは違って、RZAはハードコアな黒人ストリートの現実の「反映／反射《リフレクション》」として、（遊び心を忘れないまでも）切実にカンフー映画を捉えていた。この「リフレクション」はRZAにとって重要な概念で、彼の好むフィクション（アニメや映画）は常に黒人のリアルの反映として解釈される。

図7－6　Wu-Tang Clan, *Wu-Chronicles*
Priority Records, 1999
カンフー趣味が炸裂したアルバム・ジャケット

例えば『ドラゴンボールZ』も、RZAの眼で見ると「アメリカにおける黒人男性の探求の旅を表す」アニメになる。つまり自分が地球外からやって来たスーパーサイヤ人であることに孫悟空が気づくことは、抑圧されていたアフリカン・アメリカンがファイヴ・パーセンターズの啓蒙によって「内なるアラー」を発見する過程と重なると言うのだ。[57] 何かに他の何かの反映を見てしまう己の哲学を、RZAは「万物は反射に過ぎない」と格言風に表現している。[58]『ドラゴンボールZ』がアメリカ黒人の自己の探求の物語であった（？）ように、RZAにとって何かは常に他の何かを映し出す鏡であり、畢竟それは「天啓《インゲニウム》」（第3章で言及）によって見えない繋がりを生み出すアナロジーの力によるものなのである。

数秘術――ウータン・クラン②

また『少林寺三十六房』のほかに中国の軍略書『兵法三十六計』の愛読者でもあるRZAは、この36という数字に偏愛を示しており、彼の考える独自の数秘術はこうである。「ウータン・クランは9人のメンバーであり、各々が心臓に4つの部屋を持っている。4×9＝36である。

また人間には36の重要なツボがある。それに各々のツボのあいだにある隔たりの一〇段階(ten degrees of separation)を掛けると、360になる。したがって、ウータン・クランは完全な円、サイファーである」[59]。ラキムが語ったサイファー(=360度)の啓蒙的な生硬さではない、柔軟な発想が認められる。

またRZAはチェスへの偏愛でも知られ、例えば彼がプロデュースしたウータンのメンバーGZAのセカンド・アルバム《リキッド・ソーズ》のジャケット【図7-7】にもチェス盤が出てくる(歌詞に至ってはカンフーとチェスを組み合わせた内容だ)。ファイヴ・パーセンターズの教義にも精通したRZAは独特の数秘術でチェスを捉えている。『ウータン・マニュアル』という彼の著書には以下のようにある。

図7-7　GZA, *Liquid Swords*
Geffen Records, 1995

> 俺はチェスを数学的に見る。盤上には64の四角形がある。64数学と歴史全体にわたって、64は深淵な数字である。64の四角形は8つの列のなかにあり、それは8つの角をもつ太陽と関連している。そして1964年は最初に父がやってきてレッスンをもたらした年である。そして64の四角形は易経に類似している。易経は64の六芒星をもち、宇宙を計算する方法である。64はまた創造的数字である。

精子が卵にであうと減数分裂を始め、64の細胞に分かれる——2から4へ、4から8へ、8から64へ。64は創造の基本数である。[60]

チェスの盤面の64の四角形から、ファイヴ・パーセンターズの教義を忍び込ませつつ（「父」とは教祖のクラレンス13Xである）、易経から減数分裂（！）に至る、まさに奇想のなかの奇想だ。ここにはファイヴ・パーセンターズ・ラップの頭でっかちで幾何学的な数学には収まらない、天啓《インゲニウム》に根差したアナロジーの才気煥発が認められる。RZAの宇宙では、「至高の数学」はより上位にある彼独自の数の原理に従っていて、64が自由自在に動いている気配だ。

蛇行・カオス・ポリフォニー——ウータン・クラン③

以上の記述だけ見ても、ウータン・クランがいかにケンドリック・ラマーの整頓ぶりと違って混沌ぶりそのもの、理解不能な存在か察することができると思う。あるいはラキムとの対照も際立つ。同じファイヴ・パーセンターズの教義を信奉し、ダイダロス主義といってよい難解な数秘術を裏で構築しながらも、ラキムとウータン・クランはほとんど正反対の印象を与える。「俺はジョークじゃない」というラキムの潔癖主義なリリックに対して、ウータン・クランはほとんど存在自体がダーティーなジョークである。最短距離で核心に到達するラキムの迅速なフローに対し、ウータンのリリックはアニメとカンフーへの言及に忙しく、蛇行に次ぐ蛇行であり、その修辞法はリスナーを迷宮入りさせるものである。ラキム的なラップの技術主義の徹底は、人間をどんどんと非人間化していき、ワイリー・サイファー言うところの「正確という病」へと主体を追い込む。方法を獲得・支配していく過程で、逆に方法に制覇されてしまうパラドックスに陥る。ウータン・クランにはメソッド・マンというラッパーがいる。一見「方法《メソッド》」を名乗るこの男はラキム的幾何学主義の末裔のようだが、実は「メソッド」は隠語で「大麻」のほうを意味している（彼は大麻ばっかりやっていたのだ）。方法を突き詰めるラキムの厳格さを嗤う、実にフマジメな言語感覚だ。

またラキムは単独でラップするが、ウータンは9人の大所帯である。GZA、オール・ダーティ・バスタード、ゴーストフェイス・キラー、レイクウォン、インスペクター・デックなど皆が個性抜群で、次々と目まぐるしくリレーされるラップのチェーン・リアクションは、ミハイル・バフチンの言う「ポリフォニー」そのものである。ラキムのラップのように単一の声ではなく、ウータンは何人もが入り乱れる多声的構成で、その世界に統一的な視点は存在しない。予定調和は一切なく、NYの薄汚い路地を表現したようなRZAの作り出すビートは実にダーティーでノイジーだ。予測不能なのだ。

とにかくこの両者を対比させて言いたかったのは、サイボーグ・ラキムの「正確という病」のひたすらに直線的・流線形・機械的なフローに対し、ウータンは「至高の数学」という幾何学に敬意を表しつつも、そこに曲線、混沌、グロテスク、ディオニュソス的なもの、ポリフォニー、予測不可能性をぶつけたということだ。最後にその点をより深く考察したい。

博識家としてのRZA——ウータン・クラン④

RZAは「ボビー・デジタル」の変名でソロ活動も行うほどにマシンやテクノロジーに対してオープン・マインドであるが、それはラキム式のダイダロス主義一辺倒とは程遠い柔軟性がある。例えば、ディープ・ブルーというコンピューターがチェスの世界チャンピョンのガルリ・カスパロフを打ち負かしたが、次はカスパロフが逆にディープ・ブルーを打ち負かしたというエピソードにRZAは以下のようにコメントしている。「ここには教訓がある。人間の思考過程は巨大コンピューターの数学的計算を打ち破ることができる——なぜなら人間の心の乱雑さ《ランダムネス》は計算不可能だからだ[61]」。

ウータン・クランは「至高の数学」に則りながらも、常に幾何学的な格子に嵌められることを嫌う、グロテスクで予測不可能な存在である。ファイヴ・パーセンターズの代表的な暗号法として頭字語《アクロニム》を紹介したが、ウータン（Wu-Tang）という六つのアルファベットは「機知に富んで予測不可能な才能と、ありのままの遊戯（Witty Unpredictable Talent And Natural Game）」を表すのだという[62]。ダイダロス主義の「至高の数学」を信奉するRZAではあるが、矛盾するようにそれを裏切る「予測不可能（Unpredictable）」に重きを置いていることがわかる。しかしこうしてダイダロス（知性）がディオニュソス（欲望）に裏切られる分裂状態にこそ、マニエリスムの豊穣は宿るのである。

マニエリスム（そしてヒップホップ）の象徴たる驚異博物館《ヴンダーカンマー》のごった煮、猥雑さ、臭い、怪しさが最も体現されたグループは、やはりウータン・クランなのである。そして、チェスと、カンフーと、「至高の数学」と、武士道と、禅と、道教思想と、アニメと、薬草学と、あらゆる知識を椀飯振舞《おうばんぶるまい》するRZAは、ラメルジーやサン・ラーと同じく博識家《ポリマス》の伝統に属する。[63] 歴史学者ピーター・バークの、「レオナルド・ダ・ヴィンチからスーザン・ソンタグまで」という魅力的な副題の付いた書物『博識家《ポリマス》』は、歴史が常に博識家に対して不寛容で、彼らを自分たちに理解可能なカテゴリーに不当に押し込めてきたという書き出しで始まる。[64]

ジャンルやカテゴリーを飛び越えるポリマスは、知的分業化の進んだ現代から見れば理解不可能な知の怪物であり、グロテスク極まりない存在である。しかし「方法の制覇」に抗うのは、こうした予測不可能な知の雑食性なのであり、それこそがあらゆるノイズをサンプリングで取り込んできたヒップホップの本質なのだ。

アフロ・マニエリスムの極北

本章（特に後半）はやや複雑な内容だったゆえ、最後にまとめよう。ヒップホップは八〇年代サイバーパンクと並走するように「テクノロジー」とともに発展し、それはラップの言語までテクノロジーに変質させていった。ラキムの数学的・幾何学的なラップはその象徴である。

このダイダロス主義にファイヴ・パーセンターズの教義や「至高の数学」と呼ばれる数秘術も絡み、さらには世界を一個の機械と見なす陰謀論ばやりの時代相も相まって、ヒップホップ・シーンの機械化《メカナイゼーション》に拍車をかけた。

そしてダイダロス（コンシャス）とディオニュソス（ギャングスタ）の対立は深まるばかりとなる。両者を（予定）調和させたケンドリック・ラマーのような存在もBLM以降の時代に出てきたが、マニエリスムのいかがわしさが足りず、驚異博物館にあるようなガラクタ、役に立たないものはその荘厳な音楽絵巻のなかには居場所がない。息苦しい。

しかし真の意味でダイダロスとディオニュソスの「対立物の一致」を果たし、なおかつハリー・スミスの部屋のような驚異的不潔を保ったのはウータン・クランであった。頭でっかちな「至高の数学」は少林寺拳法に出会い、機械は猥雑なる受肉を果たしたのだ！　筆者の考えるアフロ・マニエリスムの現時点での最高到達地点は、ウータンである。

注記一覧

第1章

1　起源の混沌ぶりに関しては、桜井雅人「黒人霊歌とその起源論争」、『一橋論叢』第一〇九巻第三号（平成五年三月）、三一七－三三五頁参照のこと。
2　ウェルズ恵子『黒人霊歌は生きている　歌詞で読むアメリカ』（岩波書店、二〇〇八年）、ix頁。
3　ウェルズ、一六－二二頁。
4　ウェルズ、四〇頁。
5　Leila Taylor, *Darkly: Black History and America's Gothic Soul* (Repeater, 2019), p.182.
6　Taylor, pp.182-183.
7　一九九六年にBBCで放送された「苦難を乗り越えて：ゴスペル音楽の物語（*Through Many Dangers: The Story of Gospel Music*）」でのアンソニー・ヘイルバットの発言。なおヘイルバットは『ゴスペル・サウンド』という何度も版を重ね、邦訳もされた有名な黒人音楽研究書の著者だが、同時に『Exiled in Paradise』というドイツ亡命知識人論、そして『トーマス・マン　エロスと文学』という伝記を書いている。黒人音楽も亡命文学も「故郷喪失」のテーマで重なる。
8　ウェルズ、一一八頁。
9　ウェルズ、一二四頁。
10　グスタフ・ルネ・ホッケ、種村季弘・矢川澄子訳『迷宮としての世界　マニエリスム美術（上）』（岩波書店、二〇一一年二刷)、一六八頁。

11 ワイヤット・T・ウォーカー、梶原寿訳『だれかが私の名を呼んでいる　黒人宗教音楽の社会史』(新教出版社、一九九一年)、六〇頁。

12 ホッケ『迷宮としての世界』、一六九頁。

13 ジェイムズ・H・コーン、梶原寿訳『黒人霊歌とブルース　アメリカ黒人の信仰と神学』(新教出版社、二〇〇五年六刷)、一九頁。

14 グスタフ・ルネ・ホッケ、種村季弘訳『絶望と確信　20世紀末の芸術と文学のために』(白水社、二〇一三年)、一〇四頁。

15 W・E・B・デュボイス、木島始・鮫島重俊・黄寅秀訳『黒人のたましい』(岩波書店、一九九二年)、一六頁。なおホッケが『迷宮としての世界』を刊行した一九五七年より一〇年以上早く、花田は『復興期の精神』(我観社、一九四六年)で完璧にマニエリスムを理解していた。花田が転形期としての室町を見ていたからである。

16 ヤンハインツ・ヤーン、黄寅秀訳『アフリカの魂を求めて』(せりか書房、一九七六年)、二八〇―二八一頁。

17 黒人思想家、黒人音楽批評家リロイ・ジョーンズの『ダンテの地獄組織』『ダッチマン』『根拠地』といった著作の翻訳刊行をプロデュースしたのも久保覚である。在日朝鮮人と在米黒人の交流史を「楕円幻想」というマニエリスム的視点から整理するには、別に一冊の書物が必要である。

18 コーン、五二頁。

19 三島由紀夫『不道徳教育講座』(角川書店、平成一九年改訂二〇刷)、一八頁。

20 コーン、五四頁。

21 コーン、一二七頁。

22 ウォーカー、五八頁。
23 ウォーカー、七六頁。
24 ウォーカー、四五頁。
25 東理夫『アメリカは歌う。コンプリート版』(作品社、二〇一九年)、六一一頁。
26 東、六三三頁。
27 益子務『ゴスペルの暗号　秘密組織「地下鉄道」と逃亡奴隷の謎』(祥伝社、二〇一〇年)、二〇―二一頁に掲載されたヴァージョン。
28 東、六二八頁。
29 益子、一九八頁。
30 北村崇郎『ニグロ・スピリチュアル　黒人音楽のみなもと』(みすず書房、二〇〇一年二刷)、一六二―一六六頁。
31 コーン、三二頁。
32 益子、七三頁。
33 Dolceola Recordings ホームページのアルバム紹介頁を参照。
34 益子、二二頁。
35 益子、八一―八二頁。
36 Jacqueline L. Tobin & Raymond G. Dobard, *Hidden in Plain View: A Secret Story of Quilts and the Underground Railroad* (Anchor, 2000), pp.72-73.
37 フリーメイソンのみならず、「結び目」がアフリカで意味するところもトビンとドバードは紹介しており、それはコンゴ族のンキシ・マコロである。ンキシとは護符のことであり、ンキシ・マコロは結び目(マコロ)が使われた特定の護符を指す。この伝統では、縛りと結びは対象に力を与える。アフリカン・アメリカン芸術に関する影響力ある著書『精霊の閃き』において、ロバート・ファリス・トンプソンはコンゴ文化における縛りと結びの重要性に注意を払っている。トンプソンによれば、コンゴのバコンゴ族の人々はミンキシ（ンキシの複数形）のような力ある物体を作り出した。トンプソンはミンキシに含まれるものは形――貝殻から小包、鞄、服の束まで――によって大きく異なるとし、結び目は大量のミンキシを作るのに不可欠だという。トンプソンはある特定の数の結び目を作るバコンゴ族の伝統に関して、アフリカ文化の専門家フー＝キアウ・ベンセキ博士を度々引用している。ベンセキ博士は結び目の数をアフリカの儀式の数学システムに結び付けている。彼は結び目が呪文として用いられ、したがって力を有していることを説明した。「日常的な物体を用いて秘密をやり取りするのはアフリカ文化の大部分において見られるもので、親密さが完全なる覆いとなってくれる。メッセージはしばしば見かける物体を通じて受け渡されていくので、それらは不可視《インヴィジブル》となる。結び目は非入会者にとっては単なる結び目である」（Tobin and Dobard, pp.75-77 参照）

38 マリオ・プラーツ、森田義之訳「ラビュリントス」、『官能の庭　マニエリスム・エンブレム・バロック』（ありな書房、一九九二年）、八四頁。

39 迷宮と結び目の関係を、デューラーとダ・ヴィンチから考える図像学的考察としては、Ananda K. Coomaraswamy, 'The Iconography of Dürer's "Knots" and Leonardo's "Concatenation"', in *Eye of the Heart*, 4, 2009. 参照のこと。この論考は現在ウェブ上でＰＤＦ閲覧可能。https://www.themathesontrust.org/papers/art/AKC-Durers_Knots.pdf

40 「迷路」と「迷宮」の違いに関しては、和泉雅人『迷宮学入門』（講談社、二〇〇〇年）、四四頁を参照のこと。

41 グスタフ・ルネ・ホッケ、種村季弘訳『文学におけるマニエリスム　言語錬金術ならびに秘教的組み合わせ術』（平凡社、二〇一二年）、四四〇頁。

42　コーン、一六一頁に引用されたもの。
43　コーン、一六八頁。
44　ホッケ『絶望と確信』、一〇一頁に引用されたもの。
45　コーン、一六八頁。
46　マーク・テイラー、井筒豊子訳『さまよう　ポストモダンの非／神学』（岩波書店、一九九一年）、四一三頁。
47　プラーツ、八八頁。
48　ホッケ『絶望と確信』、一一七頁。
49　一九九六年にBBCで放送された「苦難を乗り越えて：ゴスペル音楽の物語（*Through Many Dangers: The Story of Gospel Music*）」での発言。

第2章

1　ロバート・パーマー、五十嵐正訳『ディープ・ブルーズ』（JICC出版局、一九九二年）、五〇頁。
2　パーマー『ディープ・ブルーズ』、六二頁。
3　大和田俊之『アメリカ音楽史　ミンストレル・ショウ、ブルースからヒップホップまで』（講談社、二〇一二年三刷）、三四―三六頁。
4　パーマー『ディープ・ブルーズ』、七一―七三頁。
5　パーマー『ディープ・ブルーズ』、七二頁。
6　以下の本の翻訳を参照した。日暮泰文『ブルース百歌一望』（Pヴァイン、二〇二〇年）、二九五頁。
7　日暮『ブルース百歌一望』、六四頁。
8　大和田『アメリカ音楽史』、四二―四三頁。ヴォードヴィル・ブルースの歴史に関しては以下参照のこと。Lynn Abbott & Doug Seroff, *Ragged But Right: Black Traveling Shows, "Coon Songs," & the Dark Pathway to Blues and Jazz* (University Press of Mississippi, 2012).

9 ジェイムズ・H・コーン、梶原寿訳『黒人霊歌とブルース　アメリカ黒人の信仰と神学』(新教出版社、二〇〇五年六刷)、一八六—一八七頁。

10 ラニ・シン編、湯田賢司訳『ハリー・スミスは語る　音楽／映画／人類学／魔術』(カンパニー社、二〇二〇年)、八頁。

11 レヴェナント・レコーズ公式ホームページより。https://revenantrecords.com/musics/products/american-primitive-vol-ii/

12 《American Epic》はもともとルーツ音楽を取り上げ高評価を獲得したドキュメンタリー映画シリーズがもとになっていて、監督の英国人バーナード・マクマホンがアルバムのコンピレーションを手がけている。『ローリング・ストーン』誌のその年の「リイシュー・オブ・ザ・イヤー」にも選出された。

13 菊地成孔×大谷能生「宇宙に行きかけた男、またはモダニズムとヒッピー文化を架橋する存在」、細田成嗣編『AA　五十年後のアルバート・アイラー』(カンパニー社、二〇二一年)、一七九頁。

14 中河伸俊『黒い蛇はどこへ　名曲の歌詞から入るブルースの世界』(トゥーヴァージンズ、二〇二一年)、六五頁。

15 中河『黒い蛇はどこへ』、六五頁。

16 他にはジミー・ダック・ホームズ、タジ・マハール、ジョン・リトル・ジョン、エルモ・ジェームス、ボボ・トーマス、テリー・ハーモニカ・ビーン、コーニー・ハリス、ライトニン・ホプキンス、ルーサー・ジョンソン、ビッグ・ジャック・ジョンソン、マジェー・ジョンソン、オスマン・ワハビなど。

17 荒俣宏「ナマズの博物誌」、秋篠宮文仁・緒方喜雄・森誠一編著『ナマズの博覧誌』(誠文堂新光社、二〇一六年)所収。

18 ゾラ・ニール・ハーストン、中村輝子訳『騾馬とひと』(平凡社、一九九七年)、一六九―一七〇頁。
19 日暮『ブルース百歌一望』、一七八頁。
20 ジョン・バージャー、笠原美智子訳「なぜ動物を観るのか？ ジル・エローに捧ぐ」、『見るということ』(筑摩書房、二〇一七年六刷)、二七頁。
21 中沢新一「プレート上の神話的思考」、C・アウエハント、小松和彦他訳『鯰絵』(岩波書店、二〇一三年)、五八七頁。
22 Ayana Smith, "Blues, Criticism, and the Signifying Trickster," Popular Music 24 (2005), pp.179-191.
23 コーン『黒人霊歌とブルース』、二〇〇頁。「世直し虫ソング」という意味では、ゴキブリを歌ったメキシコ民謡〈ラ・クカラチャ〉がメキシコ革命のテーマソングになったことを思い出してもよい。害虫の生命力が、反乱軍や被差別民にとっては勇気を与えるものになるのだ。
24 ジュール・ミシュレ、石川湧訳『博物誌　虫』(思潮社、一九八〇年新装)、一七六頁。
25 ミシュレ『博物誌　虫』、一七六頁。
26 ロイ・ウィリス、小松和彦訳『人間と動物　構造人類学的考察』(紀伊國屋書店、一九七九年)、二三頁。
27 菅原和孝『動物の境界　現象学から展成の自然誌へ』(弘文堂、二〇一七年)、八二頁。
28 菅原、一四三頁。
29 菅原、一〇一頁。
30 コーン『黒人霊歌とブルース』、二〇三頁。
31 中沢新一・樋田豊次郎『ブラジル先住民の椅子』(美術出版社、二〇一八年)、四六―四七頁。
32 中沢新一『熊を夢見る』(角川書店、二〇一七年)、一〇四頁。
33 ヤンハインツ・ヤーン、黄寅秀訳『アフリカの魂を求めて』(せりか書房、一九七六年)、一一五頁。
34 ヤーン『アフリカの魂を求めて』、一一七頁。このアフリカ哲学では、人間と動物のデモクラティックな対称性は実現されておらず、あくまで人間優位であることが目につく。
35 ヤーン『アフリカの魂を求めて』、一四二頁。
36 ヤーン『アフリカの魂を求めて』、一五五頁。
37 ヤーン『アフリカの魂を求めて』、一五八―一七二頁。
38 高橋英夫『ミクロコスモス　松尾芭蕉に向って』（講談社、一九八九年）、一九頁。
39 リチャード・ライト、伯谷嘉信＋ロバート・L・テナー編、木内徹＋渡邊路子訳『HAIKU（俳句）この別世界』（彩流社、二〇〇七年）、九一頁。逆に天体（極大）から動物（極小）へという反転運動を見せるものに、二六八番の俳句「星と月なき寒夜犬白く吠え」がある。
40 ライト『HAIKU（俳句）』、二九五頁。
41 他に特筆すべき動物モチーフが出て来るライトの音響派俳句として以下のものがある。「静けさや啄木鳥叩く森の中」（三一六番）、「雪に消え白き静寂に馬嘶く」（三三六番）。
42 高橋『ミクロコスモス』、二三頁。
43 以下の文献に引用されたもの。ハワード・エンサイン・エヴァンズ、日高敏隆訳『虫の惑星　知られざる昆虫の世界』（早川書房、一九八五年五版）、一二六頁。
44 マックス・ピカート、佐野利勝訳『沈黙の世界』（みすず書房、一九八一年二六刷）、一二三頁。
45 ポール・オリヴァー、米口胡・増田悦佐訳『ブルースの歴史』（土曜社、二〇二一年）、一九頁。
46 オリヴァー『ブルースの歴史』、五五頁。
47 ヴァルター・ベンヤミン、浅井健二郎編訳「模倣の能力について」、『ベンヤミン・コレクション2　エッセイの思想』（ちくま学芸文庫、二〇〇七年七刷）所収。なお「感性的な模倣」の段階が進み、占星術になると、何となく散らばっていた夜空の星が「星座＝配置」として抽象化された点の集合体になり、何かの図形に見立てるなど意識の飛躍が起こる。これをベンヤミンは「非感性的な類似」と呼んだ。

48 ロジェ・カイヨワ、多田道太郎・塚崎幹夫訳『遊びと人間』(講談社学術文庫、二〇〇二年一八刷)、六〇頁。
49 中河『黒い蛇はどこへ』、五四頁。
50 ジャン＝クリストフ・バイイ、石田和男・山口俊洋訳『思考する動物たち　人間と動物の共生をもとめて』(出版館ブック・クラブ、二〇一三年)、一〇二頁。
51 バイイ『思考する動物たち』、一三〇頁。
52 岩田慶治『アニミズム時代』(法藏館、一九九三年)、一七二―一七四頁。岩田が挙げるアニミズムの四条項はたいへん興味深いので是非目を通して欲しい。
53 中沢新一『蜜の流れる博士』(せりか書房、一九九五年五刷)、八四―八五頁。
54 アーサー・O・ラヴジョイ、内藤健二訳『存在の大いなる連鎖』(筑摩書房、二〇一三年)、九〇頁。ラヴジョイのやや込み入った物言いを簡明に表現した、詩人アレグサンダー・ポープの『人間論』の以下の有名な句も参照されたい。

存在の巨大なる連鎖よ、神より始まり、
霊妙なる性質、人間的性質、天使、人間、
けだもの、鳥、魚、虫、目に見えぬもの、
目がねも及ばぬもの、無限より汝へ、
汝より無に至る。より秀れしものに我等が
迫る以上、劣れるものは我等にせまる。
さもなくば、創られし宇宙に空虚が生じ、
一段破れ、大いなる階段は崩れ落ちよう。
自然の鎖より輪を一つ打ち落とせば、

十分の一、千分の一の輪にかかわらず
鎖もこわれ落ちよう

55　ヤーン『アフリカの魂を求めて』、一七一頁に引用されたもの。
56　ラヴジョイ『存在の大いなる連鎖』、二六頁。
57　ラヴジョイ『存在の大いなる連鎖』、三二三－三二四頁。
58　ラヴジョイ『存在の大いなる連鎖』、一八四頁。
59　「対称性の思考は、ものごとを分離するのではなく、つながりをつくりだし、全体のつながりの中にものごとを包み込みながら思考する。ものごとの間に違いを見いだすのではなく、違いの中に共通するものを見いだそうとする」（中沢新一『熊を夢見る』、一一二頁）。

第3章

1　宇野邦一『風のアポカリプス』（青土社、一九八五年）、八九頁。
2　細田成嗣編『AA　五十年後のアルバート・アイラー』（カンパニー社、二〇二一年）、一六頁。
3　油井正一『ジャズの歴史物語』（スイング・ジャーナル社、一九七五年）、一〇頁。
4　油井『ジャズの歴史物語』、一五頁。
5　ジョン・F・スウェッド、諸岡敏行訳『ジャズ・ヒストリー』（青土社、二〇一〇年二刷）、一二八頁。
6　大和田俊之『アメリカ音楽史』（講談社、二〇一二年三刷）、一〇六頁。
7　平岡正明『チャーリー・パーカーの芸術』（毎日新聞社、二〇〇〇年）、五七頁。
8　大和田『アメリカ音楽史』、一〇八頁。
9　「バップからヒップホップへ」という連続性を前提に、ジャズ批評家の平岡正明の復権を企てたのが以下の論攷。後藤護「レアグルーヴ、平岡正明──「ジャズ的」から「ヒップホップ的」へ」、『エクリヲ』7号「特集：音楽批評のオルタナティヴ」二〇一七年所収。

10 スウェッド『ジャズ・ヒストリー』、八八頁。

11 大和田『アメリカ音楽史』、一二四頁。

12 大和田『アメリカ音楽史』、一二七―一二八頁。

13 大和田『アメリカ音楽史』、一二八頁。

14 エルネスト・グラッシ、原研二訳『形象の力　合理的言語の無力』（白水社、二〇一六年）、二九八頁。

15 John Litweiler, *The Freedom Principle: Jazz After 1958* (Da Capo, 1984), p.163.

16 菊地成孔＋大谷能生『東京大学のアルバート・アイラー　東大ジャズ講義録・歴史編』（メディア総合研究所、二〇〇六年七刷）、一七〇―一七三頁。

17 例えばジョヴァンニ・ペレグリーニが『鋭察、または通称、機知、才気、綺想』（一六三九年）のなかで〈鋭察体《アクテッツァ》〉と呼んだものの本質とは、「二つのものの関係を介在なしに瞬時に洞察することによって、それは突然襲いかかる」ものだという。グラッシの補足によると、「それは驚愕を呼び、これにて指し示されたものが深く記憶に刻まれ、内面を衝き動かす。こうしたさまざまな〈鋭察〉定義――その不意打ち、ないし演繹不能性、驚嘆を煽って直接に本質にせまり、最もかけ離れた要素を関係づける能力――は、〈古代的《アルカーイッシュ》〉な特性であり、天与《インゲニウム》の力の活動に属する」という（グラッシ『形象の力』、二七四頁）。

　グラッシの議論を敷衍すると、メタファーやアナロジーといったレトリックを基本表現としたG・R・ホッケ的なマニエリスムの文脈も出て来る。ウアルテの「遊察的天啓《インヘニオス・カプリチオーソ》」はかけ離れた二つのものを結び合わせる天啓を「気まぐれ《カプリッチョ》」に結びつけたが、この「カプリッチョ」という、画家ゴヤの愛した言葉がマニエリスム言説の定番だとわかると、筆者の論攷の遊戯的マニエリストぶりも自然と理解されるだろう。

18 柳樂光隆「スピリチュアルジャズって何？――カマシ・ワシントン以降、多用されるキーワード"Spiritual Jazz"のこと」（note有料記事、2019/01/30 01:04）https://note.com/elis_ragina/n/n17f9a89aeae0

19 David Keenan, "The Primer: Fire Music", *The Wire, Issue*208 (June 2001), pp.42-49.

20 『AA』、一九頁。

21 『AA』、一四五頁。

22 竹田賢一「ユニバーサルなフォーク・ソング」、『AA』一二一頁。

23 蓮見令麻「抽象性という寛容の形象――アメリカの現代社会と前衛音楽の行く先」、『AA』、一三八頁。

24 清水俊彦『ジャズ・ノート』（晶文社、一九八一年）、六〇頁。

25 スウェッド『ジャズ・ヒストリー』、二三四頁。「フォーク・ジャズ」として、ジミー・ジェフリーの初期のトリオ、オーネット・コールマンの一部、スタンリー・カウエル、フランク・ライトなどとアイラーを並べている。

26 中沢新一×高山宏「書籍刊行記念トークイベント：〈知の〉狩猟術レポート」（明治大学野生の科学研究所ホームページ、二〇一四年六月一六日　文：後藤護）http://sauvage.jp/activities/2155

27 四方田犬彦『音楽のアマチュア』（朝日新聞出版、二〇〇九年）、三八頁。

28 四方田犬彦『詩の約束』（作品社、二〇一八年）、一四二頁。

29 ジェラール・ジュネット、花輪光監訳『ミモロジック　言語的模倣論またはクラテュロスのもとへの旅』（書肆風の薔薇、一九九一年）、第8章タイトルより。

30 擬音語の楽園としてのノンセンス絵本が世界の原初性へと遡行させ、さらに子供の描く反遠近法的な絵において線と線が交錯し、人と人、物と物の境界線が消滅していく万物連結の線を「存在の大いなる連鎖」にまで繋げていく卓抜なアウトサイダー・アート論として以下を参照のこと。高山宏「こうしてくるりんとひとまわり　絵本表象論・覚え」、『鎮魂譜　アリス狩りⅦ』（青土社、二〇二二年）所収。

31 清水『ジャズ・ノート』、六〇頁。

32 菊地成孔×大谷能生「宇宙に行きかけた男、またはモダニズムとヒッピー文化を架橋する存在」、『AA』、一七六頁。

33 小川寛大『南北戦争　アメリカを二つに裂いた内戦』（中央公論新社、二〇二〇年）、三八頁、一七二頁。

34 清水『ジャズ・ノート』、五六－五七頁。

35 中沢新一「解説　二元論のつくり出す自由」（『杉浦茂マンガ館　第四巻：東洋の奇々怪々』筑摩書房、一九九四年、三八六頁）。

36 中条省平『ただしいジャズ入門』（春風社、二〇〇五年）、一九頁。この本のなかで、中条は食い扶持に困ってパリでドラムスの家庭教師をやるくらいに零落したサニー・マレイ（ESP期のアイラー・トリオのドラマー）の張り紙を発見する。平岡正明が「ザ、ザザザザザ……（拍は等間隔で音量が減衰）……ザ、ザザザザ……」と形容するマレイの特殊な「パルス奏法」は、赤塚不二夫描くレレレのおじさんの高速で動く箒が立てる音にどこかイメージが重なる。ハイデガーに憑りつかれたジャズ批評家・間章のゲルマン的昏さから捉えられたアイラー像ではなく、山下洋輔グループに近かった平岡正明のラテン的なアイラー解釈である。アイラー演奏の突拍子もなさに対応するには、子供の予測不能な動きしかありえない。

37 《ブルー・トレイン》のアルバムジャケットで口に手をあてて深刻そうなコルトレーンが、実はキャンディーを舐めていたなど「不真面目」で「ユーモラス」なコルトレーン像も徐々に開拓されつつあるが、アイラーの天真爛漫さとは別種だろう。

38 清水『ジャズ・ノート』、六八頁。

39 V・ウィルマー、樋口裕一訳「アイラーの地獄」（『音楽の手帖　ジャズ』青土社、一九八一年）、七七頁。

40 北村崇郎『ニグロ・スピリチュアル　黒人音楽のみなもと』（みすず書房、二〇〇一年二刷）、一〇四頁。
41 リロイ・ジョーンズ、飯野友幸訳『ブルース・ピープル』（音楽之友社、二〇〇四年）、五一頁。
42 澁澤龍彥『三島由紀夫おぼえがき』（中公文庫、一九八六年）、三六頁。
43 奥成達『定本　ジャズ三度笠』（冬樹社、一九八二年）、一七一頁。
44 宇野『風のアポカリプス』、九一頁
45 アイラー的霊性を考えるうえで、というより音楽の神秘性を扱ううえで必須の「見えない」というオカルト基本理念について補足する。アイラー同時代に流行した社会学者トマス・ルックマンの「見えない宗教」など、「インビジブル」という言葉の持つ意味は六〇年代に膨れ上がっていた。アイラーがこだわってやたら曲名に入れたがる「スピリット」という単語は、ラテン語で「スピリトゥス」と呼ばれ、空気の振動によって伝えられるその見えない力が、内（魂）と外（肉体）を通底させると考えられた。ジョスリン・ゴドウィン、斉藤栄一訳『星界の音楽』（工作舎、一九九〇年）にネオプラトニストのマルシリオ・フィチーノによる「スピリトゥス」解説が引用されている。「空気が動くことによって得られる音楽的な音は身体を動かす。その音は、浄化された空気によって、身体と魂とのきずなである空気中のスピリトゥスを刺激する。その音は感情によって諸感覚を、それと同時に魂を惹きつける」（三八頁）。
46 ジェイソン・ワイス、小田中裕次訳『スティーヴ・レイシーとの対話』（月曜社、二〇二〇年）、三六〇頁。
47 種村季弘『増補　ナンセンス詩人の肖像』（筑摩書房、一九七七年）、七〇頁。
48 マイケル・シーゲル、諸岡敏行訳『サキソフォン物語　悪魔の角笛からジャズの花形へ』（青土社、二〇一〇年）、三六四頁。
49 ニューエイジ・ジャズのサックス奏者ポール・ホーンは、エジプトのギザの大ピラミッドやインドのタージ・マハルなど神聖な場所での録音を繰り返していることからも、サクソフォンと聖なるものの結びつきにきわめて自覚的だった。

50 シーゲル『サキソフォン物語』、三七〇－三七七頁。

51 Greil Marcus, *Lipstick Traces: A Secret History of the Twentieth Century*, (The Belknap Press of Harvard University Press, 2009), P.88.

52 マシュー・スメラ「黒い激情、白いノイズ：ジャズとパンクの関係」、宮脇俊文＋細川周平＋マイク・モラスキー編著『ニュー・ジャズ・スタディーズ　ジャズ研究の新たな領域へ』（アルテスパブリッシング、二〇一〇年）所収。

53 「ジャズはジムクロウです。それは別の時代、別の時間、別の場所に属しています。私たちはフリー・ミュージックを演奏しています」とドン・アイラーは発言しているから、アイラー的霊性を単純に黒人的文脈には限定できない。"The Truth Is Marching In," Nat Hentoff's interview with Albert and Don Ayler from *DownBeat*, 17 November, 1966.

54 日比野啓「ジュディ・ガーランドはなぜゲイの人々から支持され、ゲイ・カルチャーのアイコンになったのか？」（uDiscoverMusic.jp 二〇二〇年三月五日掲載記事）。映画『オズ』の極彩色やケバケバしさがスーザン・ソンタグの提唱したキャンプ美学と共振したため、ゲイの人々に愛されたという興味深い指摘がなされている。https://www.udiscovermusic.jp/columns/why-lgbtq-loves-judy-garland

55 ちなみにデヴィッド・ボウイの〈スターマン〉という曲の「スター↗マン」と1オクターヴ上がる箇所は、〈虹の彼方に〉冒頭の「サム↗ウェア」のメロディをなぞっていた。〈スターマン〉とは、火星人ジギーが夢の国へとリスナーを拉し去るために選んだ魔術的メロディなのである（田中純『デヴィッド・ボウイ　無《ナシング》を歌った男』岩波書店、二〇二一年、六八頁）。

56 Salman Rushdie, *The Wizard of Oz* (London, 1992) が原著であるが、該当箇所は以下のテクストの翻訳を

利用。デイヴィッド・バチェラー、田中裕介訳『クロモフォビア』（青土社、二〇〇七年）、五五－五六頁。

57 渡邊未帆「アルバート・アイラーの「ホーム」はどこなのか？――偽民謡としての〈ゴースツ〉」、『AA』、二〇八－二〇九頁。

58 望月由美「音の見える風景　Chapter.17　坂田明」http://www.archive.jazztokyo.org/column/mochizuki/chapter-017.html

59 坂田明公式ホームページ 2004.10.15.（2006.1.11. up）http://cgi01.warabi.ne.jp/~daphnia-pulex/works/works.cgi?no=27&mode=

60 渡邊、二一〇頁。

61 「僕がミジンコとつながるチャンネルは生命である。いのちといのち、魂と魂でつながっていると強く感じている。それは愛というものではない。ミジンコと僕は同じ地球上のいのちの仲間であるので、所有したり与えたり、奪ったりする愛ではない。ともにわかち合う愛でもない。そう思っている」（坂田明『ミジンコ道楽　その哲学と実践』講談社、一九九七年、一二三頁）。

「僕はミジンコをのぞいていて思うんです。ミジンコが生きている命のレベルに自分が行ければ、〈命〉対〈命〉としてつうじ合うものがあるんじゃないかって。ミジンコってからだが透明でしょう、顕微鏡なら心臓がドキドキ激しく動いているとことか、卵が少しずつ育房に産み出されていくとこなんか、ぜんぶ見える。それを見てると、ああ、オレいま命そのものを前にしてるんだなって思うわけです。理屈じゃなしに。もうめちゃくちゃ感動することあるんですよ」（坂田明『クラゲの正体』晶文社、一九九四年、六六頁）。

62 福島恵一は《マイ・ネーム・イズ・アルバート・アイラー》におけるアイラーの演奏をグリッド空間から自在にはみ出る「原形質的な流動」と評している（『AA』、三五七頁）。

63 シーゲル『サキソフォン物語』、三六七頁。
64 巽孝之「オズの果てへの旅」（『モダニズムの惑星』岩波書店、二〇一三年所収）。
65 スウェッド『ジャズ・ヒストリー』、二四一頁。
66 吉本秀純「カリプソとしてアイラーを聴く——根源的なカリブ性を内包する〝特別な響き〟」、『AA』、二〇四－二〇五頁。
67 カンパニー社・工藤遥氏の情報提供による。
68 「フォークロアに取材した素材は、〈スピリッツ・リジョイス〉がフランス国家〈ラ・マルセイエーズ〉とスコットランド民謡〈メリーランド、マイ・メリーランド〉の接合であるように、出自も性格も異なる部分がヌエ的にひとつにつなげられている。この結果、一見親しみやすく単純なテーマの中に、演奏が進むにつれズレと不整合を露わにし、変容／分裂を起動させ、インプロヴィゼーションを突き動かす原動力があらかじめ仕込まれることになる。神話の冒頭部分であり得ない異種婚姻により産み落とされた子どもが、その後、人間離れした不思議な力を発揮して、物語を押し進めていくように」（福島恵一「録音／記録された声とヴァナキュラーのキルト」、『AA』、三六〇頁）。
69 福島、三六一頁。
70 Cécile Révauger, Translated by Jon E. Graham, *Black Freemasonry: From Prince Hall to the Giants of Jazz* (Inner Traditions, 2014), P.11.『憲章』の「生まれながらの自由」という表現が一八四七年に「自由」に書き換えられるまで、英国フリーメイソンでの黒人差別は続いた。
71 アイラー音楽に隠された「暗号」について具体例を補足する。カナダへ黒人奴隷を逃がすうえでオハイオ州が果たした役割は大きい。アイラーはこのオハイオ州のクリーヴランド出身である。聖書の勉強を欠かさない信仰深い黒人ミュージシャンが生まれ育ったオハイオや、イリノイあたりは「バイブル・ベルト」と呼ばれる地帯であるから、それも当然の理である。《ゴーイン・ホーム》という黒人霊歌ばかりを扱ったアルバムがアイラーにあることは既に述べたが、本作には《Swing Low, Sweet Chariot》という別タイトルもあり、高名なスピリチュアル曲〈Swing Low, Sweet Chariot〉が元ネタである。この曲は、地下鉄道の来訪を「馬車」に喩えて歌った、暗号に満ちた霊歌とされている。アイラーの生まれたクリーヴランドが、エリー湖南端に位置し、そこから自由の地カナダへ向けて船で旅立つための最終関門であった事実を考えると、アイラーのテナーサックスのエモーションの裏側に隠された、地下鉄道運動への熱い共感を感じ取れるだろうか。

他にもクリーヴランド近くのオーバリン・カレッジが、南北戦争前の黒人奴隷解放運動の拠点であったことからも、アイラーがそうした地元の伝統を先祖より伝え聞いていたことは想像に難くない。それゆえアイラーが《ゴーイン・ホーム》で、故郷クリーヴランドの地下鉄道運動を思ってテナーサックスをブロウしたと充分考えられる。ちなみにオーバリン・カレッジは日本の桜美林大学の姉妹校である（響きが似ていることに留意）。「東京大学のアルバート・アイラー」（菊地＋大谷）から「桜美林大学のアルバート・アイラー」への転換を促すのが、アフロ・マニエリスムの流儀（？）である。

第4章

1 サン・ラーはシカゴ・サウスサイドで黒人秘密結社 Thmei の思想を伝播する辻説法をやっていた。

2 一九六四年にバーナード・ストルマンによって設立されたニューヨークの前衛音楽レーベル。第3章で扱ったアルバート・アイラーの《スピリチュアル・ユニティー》もESP作品。このレーベルの詳細に関しては以下を参照のこと。Jason Weiss, *Always in Trouble: An Oral History of ESP-Disk', the Most Outrageous Record Label in America* (Wesleyan University Press, 2012).

3 ロザリー・L・コリー、高山宏訳『パラドクシア・エピデミカ　ルネサンスにおけるパラドックスの伝統』（白水社、二〇一一年二刷）、二四七頁。

4 Paul Youngquist, *A Pure Solar World: Sun Ra and the Birth of Afrofuturism* (University of Texas Press, 2016), p.88.

5 ジョン・F・スウェッド、湯浅学監修、湯浅恵子訳『サン・ラー伝　土星から来た大音楽家』(河出書房新社、二〇〇四年)、一五九頁。

6 Jennifer Rycenga, Interview with Sun Ra, November 2, 1988, part one, Sun Ra Research 2 (July 1995) : 8. この箇所に関してはYoungquist, p.89より引用。

7 他にはGod/good/cod/codeのような類音異義語を駆使して自らの哲学をデリダ的駄洒落センスでラーは語る。

8 Youngquist, p.89.

9 アルファベットの大文字使用を好んだのはサン・ラーのビジネスパートナーであるアルトン・エイブラハムも同様。

10 Youngquist, p.91.

11 「思春期を迎えた頃、様々な身体的問題が彼を蝕み始めた。特に睾丸発達障害、停留睾丸、病名そのものが災難であり苦痛をもたらすものだが、これは重症のヘルニアを併発させた。彼はこの病をできる限り隠したが、これは絶えず不快感の原因となり、いつも内臓器官が移動するか降りてくるような気にさせ、彼を脆弱にし用心深くさせた」(スウェッド、一九頁)。

12 サン・ラーの考案したアーケストラのメンバーに対する懲罰の数々に関しては、スウェッド(一二二―一二三頁)を参照のこと。

13 Youngquist, p.66.

14 Youngquist, p.67.

15 「仕込んだ猿」に関してはアレックス・ウィンター監督のドキュメンタリー映画『ZAPPA』におけ

る、バンドメンバーのルース・アンダーウッドの発言より。
16 バリー・マイルズ、須川宗純訳『フランク・ザッパ』(Pヴァイン、二〇二二年)、七頁。クロノロジカルに記述されるこの評伝が、序章にこのポルノ製作による逮捕事件を配していることからも、ザッパのキャリア形成にとっていかに重要な一件だったかを物語っている。
17 サン・ラーとフランク・ザッパの音楽に共通する「正確さ」への異様な執着に関しては、映画『ZAPPA』をめぐる以下の対談を参照のこと。後藤護×工藤遥「腐乱苦雑派《フランク・ザッパ》との楽しい夕べ　フリークスからフリー・インプロまで肉おじさん《アンクル・ミート》もビックリの爆裂呆談♨」、『キネマ旬報　二〇二二年五月上・下旬合併号』一六〇頁。
18 Youngquist, p.68.
19 Youngquist, p.85.
20 コリー、二六六頁。
21 Youngquist, p.80.
22 バーバラ・A・バブコック編、岩崎宗治・井上兼行訳『さかさまの世界　芸術と社会における象徴的逆転』(岩波書店、一九八四年)、六頁。
23 Youngquist, p.81.
24 James L. Wolf and Hartmut Geerken(eds.), *Sun Ra: The Immeasurable Equation* (Waitawhile, 2005), p.346.
25 Wolf and Geerken, p.243.
26 Wolf and Geerken, p.262.
27 以下のエル・サターンからリリースされたLPのバックカバーにも見られる文言。《Atlantis》、《Continuation》、《My Brother the Wind》、《Discipline 27-II》、《Soul Vibrations of Man》など。
28 Youngquist, pp.189-190.

29 Younquist, pp.190-191.
30 Wolf and Geerken, p.82.
31 シモーヌ・ヴェイユ、田辺保訳『重力と恩寵』（筑摩書房、一九九六年二刷）、二四頁。
32 ヴェイユ、二五頁。
33 ヴェイユ、二八―二九頁。
34 ヴェイユ、六五頁。
35 ヴェイユ、七〇頁。
36 ヴェイユ、一七〇―一七一頁。
37 ヴェイユ、一七一頁。
38 ヴェイユ、一七一頁。
39 John Szwed, *Space is the Place: The Lives and Times of Sun Ra* (Da Capo, 1998), p.256.
40 Szwed, p.15.
41 高山宏『近代文化史入門　超英文学講義』（講談社、二〇一八年七刷）、一〇五頁。
42 Hayden White, "The Public Relevance of Historical Studies: A Reply to Dirk Moses", *History and Theory*, Vol.44 (2005): 337.
43 ヘイドン・ホワイト、岩崎稔監訳『メタヒストリー　一九世紀ヨーロッパにおける歴史的想像力』（作品社、二〇二〇年五刷）、五〇頁。
44 ヒューストン・A・ベイカー・ジュニア、松本昇・清水菜穂・馬場聡・田中千晶訳『ブルースの文学　奴隷の経済学とヴァナキュラー』（法政大学出版局、二〇一五年）、四九頁。
45 スウェッド、三一四頁。
46 Younquist, p.215.

47 Compiled and Introduced by John Corbett, *The Wisdom of Sun-Ra: Sun Ra's Polemical Broadsheets and Streetcorner Leaflets* (Whitewalls, 2006), p.105.

48 奥村大介「重力の観念史」(『哲學　第一二九集』三田哲學會、二〇一二年)の以下の記述を参照のこと。「落下に同意する者は、落下から逃れられる。賢者や聖者とは、落下しない存在、つまり最も低いところにあり、それ以上落ちるべき下方をもたない存在である。〔中略〕ヴェイユの形而上学的イマージュにおいても、墜落する大地は反転し、空《そら》にならなければならない。空の高みへ落ちること。ここに、垂直軸のイマージュが生気づく様を目撃することができる」(六六頁)。

49 Wolf and Geerken, p.377.

50 コリー、二五一頁。

51 Wolf and Geerken, p.145.

52 澁澤龍彦『胡桃の中の世界』(河出書房新社、一九九二年五刷)、一二三頁。

53 澁澤、一二九頁。

54 マーク・テイラー、井筒豊子訳『さまよう　ポストモダンの非／神学』(岩波書店、一九九一年)、四〇一頁。

55 澁澤、二六四頁。

56 種村季弘『増補　ナンセンス詩人の肖像』(筑摩書房、一九七七年)、二八－二九頁。

57 田中純『デヴィッド・ボウイ　無《ナシング》を歌った男』(岩波書店、二〇二一年)、九頁。

58 ミッシェル・カルージュ、高山宏・森永徹訳『独身者の機械　未来のイヴ、さえも……』(ありな書房、一九九一年)、一七頁。

59 スウェッド、二三六頁。

60 映画『ジョイフル・ノイズ』でキーボードの前でくるっと廻ったりアクロバットを披露さえする巨体の

サン・ラーを、単なる理詰めのノンセンス詩人だと片づけることは土台無理な話であった。
61 高山宏『終末のオルガノン』（作品社、一九九四年）、一九五頁。
62 エリザベス・シューエル、高山宏訳『オルフェウスの声　詩とナチュラル・ヒストリー』（白水社、二〇一四年）、四八五頁。
63 スウェッド、一一九頁。
64 柳下毅一郎「宇宙、タロット、サン・ラー」、映画『スペース・イズ・ザ・プレイス』パンフレット（キングレコード映像制作部＋ビーズインターナショナル、二〇二一年）所収。
65 アーケストラの舞台衣装の色彩、音楽、舞踏が交感するライヴの模様をスウェッドは「五感への徹底的な襲撃」と評した（スウェッド、九頁）。
66 Wolf and Geerken, p.89.
67 Wolf and Geerken, p.96.

第５章

1 キャブ・キャロウェイ、ピグミート・マーカム、ルーファス・トーマス、スリム・ゲイラードのようなコミックソング的でノヴェルティー的な黒人エンターテイナーの系譜を、ＢＬＭを声高に叫ぶシリアスな人々の中で、一体誰が気にかけているだろうか？
2 リッキー・ヴィンセント、宇井千史訳『ファンク　人物、歴史そしてワンネス』（ブルース・インターアクションズ、一九九九年三刷）、三三九頁。
3 ヴィンセント、三一六頁。
4 ジョージ・クリントン、押野素子訳『ファンクはつらいよ　ジョージ・クリントン自伝バーバーショップからマザーシップまで旅した男の回顧録』（DU BOOKS、二〇一六年）、一〇三頁。

5　クリントン、五九頁。

6　本書では引用箇所を除いて「ノンセンス」表記で統一している。六〇年代全共闘的な「ナンセンス」の戦闘性とは違う、遊戯的な意味合いを強調するためである。

7　Constance Rourke, *The Roots of American Culture and Other Essays* (New York: Harcourt Brace and Company, 1942), pp.269-270. なおロークのこのテクストは、ヒューストン・A・ベイカー・ジュニア、小林憲二訳『モダニズムとハーレム・ルネッサンス　黒人文化とアメリカ』（未来社、二〇〇六年）、四六－四七頁に引用訳出されたものを参照。

8　ベイカー・ジュニア、四七頁。

9　ベイカー・ジュニア、五〇頁。

10　クリントン、二〇頁。

11　クリントン、三二頁。

12　クリントン、四四頁。

13　クリントン、九五頁。

14　クリントン、一一四頁。

15　クリントン、一二〇頁。なお《世界を売った男》リリース後のデヴィッド・ボウイも音楽が「シリアス」であることの問題性を同様に指摘している。「音楽が言っていることはシリアスかもしれないけれど、ひとつのメディアとしてはあまりシリアスに問われたり、分析されたり、受け取られたりすべきじゃない。それは安っぽく着飾り、娼婦になって、それ自身のパロディと化すべきなんだ。それは道化であり、ピエロ的メディアであるべきだ。音楽とはメッセージが付ける仮面だ――音楽とはピエロで、パフォーマーであるぼくがメッセージだ」（田中純『デヴィッド・ボウイ　無《ナシング》を歌った男』岩波書店、二〇二一年、三二頁）。

16 クリントン、一六四頁。
17 クリントン、一二四頁。
18 リンダ・ハッチオン、辻麻子訳『パロディの理論』(未来社、一九九三年)、二二九頁。
19 我が国のお笑い芸人が素人視聴者のお笑い批評を嫌がるのは、お笑い自体が社会批評の機能(あるいは芸能界における批評家のポジション)を持っているからではなかろうか。批評家は自分が批評されることを嫌う臆病な人種である。
20 河地依子『P-FUNK』(河出書房新社、二〇一一年)、五一頁。
21 河地、八九頁。
22 河地、一〇五—一〇六頁。
23 クリントン、二五二頁。
24 東野芳明『曖昧な水　レオナルド・アリス・ビートルズ』(現代企画室、一九八〇年)、三九頁。
25 クリントン、二五四—二五五頁。
26 クリントン、三一七頁。
27 イシュメール・リード、上岡伸雄訳『マンボ・ジャンボ』(国書刊行会、一九九七年)、八六頁。原典はJoost A.M. Meerloo, *The Dance: From Ritual to Rock and Roll-Ballet to Ballroom* (Philadelphia: Chilton Book Company, 1960), p.39.
28 クリントン、二二六—二二七頁。
29 リチャード・A・レイナム、早乙女忠訳『雄弁の動機　ルネサンス文学とレトリック』(ありな書房、一九九四年)、一九八頁。
30 クリントン、一〇九頁。
31 アメリカでは黒人床屋文化の研究は進んでいて、ペンシルベニア大学出版局からは髪と人種の「切断」

を論じたQuincy T. Mills, *Cutting Along the Color Line: Black Barbers and Barber Shops in America* が、ジョンズ・ホプキンズ大学出版局からは奴隷制に絡めたDouglas Walter Bristol Jr., *Knights of the Razor: Black Barbers in Slavery and Freedom* が、イリノイ大学出版局からは黒人女性の美容院論Tiffany M. Gill, *Beauty Shop Politics: African American Women's Activism in the Beauty Industry* が出ている。

32 Mackenzie Dawson, "Why the culture of black barbershops is so important," in *New York Post* (posted at September 5, 2020 | 10:27am). https://nypost.com/2020/09/05/why-the-culture-of-black-barbershops-is-so-important/

33 村井則夫『ニーチェ　ツァラトゥストラの謎』(中央公論新社、二〇〇八年)、一九一－一九二頁。

34 東野、一〇〇頁。

35 ジャン・ルーセ、伊東廣太・齋藤磯雄・斎藤正直他訳『フランスバロック期の文学』(筑摩書房、一九七〇年)のとりわけ第六章「動きつつある水」を参照のこと。Pファンク修辞学を知るうえで第一章「妖女あるいは変身」、第三章「変装とまやかし」なども有益。

36 クリントン、二四六頁。

37 クリントン、二六九頁。

38 ミハイール・バフチーン、川端香男里訳『フランソワ・ラブレーの作品と中世・ルネッサンスの民衆文化』(せりか書房、一九八〇年)、二五－二六頁。

39 クリントン、二五二－二五三頁。

40 セクション(section)はsecが「切る」を意味する接頭辞で「切断面」も意味することから、フランケンシュタイン的な解剖学のイメージも含んでいる。

41 ヴィンセント、三三四－三三五頁。

42 クリントン、一八一頁。

43 Elizabeth Young, *Black Frankenstein: The Making of an American Metaphor* (New York University Press, 2008), p.36. に引用されたものを訳出。邦訳はクリス・ボルディック、谷内田浩正・西本あづさ・山本秀行訳『フランケンシュタインの影の下に』(国書刊行会、一九九六年)。
44 Young, p.34.
45 Young, p.47.
46 ヴィンセント、三四八頁。
47 ヴィンセント、三四八頁。
48 山口昌男「笑いの人類学 コミック或いはコスミックな笑い」、『仕掛けとしての文化』(青土社、一九八〇年)、二八頁。
49 単純にルールに反対するのではなく、ルールを「ルールルルル」とリズム化したサンドウィッチマンのノンセンス・ギャグがむしろPファンク的には重要になる。
50 山口昌男「『道化』あるいは道化的なるもの」、『笑いと逸脱』(筑摩書房、一九八四年)、七八頁。

第6章

1 ロバート・パーマー、五十嵐正訳『ディープ・ブルーズ』(JICC出版局、一九九二年)、一五五頁。
2 Noah Hubbell, "Horrorcore: From Esham to Hopsin, a Look at the History of Rap's Most Terrifying Subgenre", in *Westword* (August 12, 2013). https://www.westword.com/music/horrorcore-from-esham-to-hopsin-a-look-at-the-history-of-raps-most-terrifying-subgenre-5717030
3 高山宏『ふたつの世紀末 新装版』(青土社、一九九八年)、二九〇頁。
4 種村季弘「デカダンスの論理」、『壺中天奇聞 種村季弘作家論』(青土社、一九七六年)、四四頁。
5 種村「デカダンスの論理」、四四頁に引用されたもの。

6　ジュリア・クリステヴァ、枝川昌雄訳『恐怖の権力　〈アブジェクシオン〉試論』（法政大学出版局、一九九一年三刷）、七頁。
7　クリステヴァ、一九―二〇頁。
8　クリステヴァ、一三頁。
9　クリステヴァ、一五一頁。
10　クリステヴァ、六〇頁。
11　クリステヴァ、七一頁。
12　ノーマン・O・ブラウン、宮武昭・佐々木俊三訳『ラヴズ・ボディ』（みすず書房、一九九五年）、二三二頁。
13　種村季弘「つげ義春の退行的ユートピア」、『影法師の誘惑』（河出書房新社、一九九一年）所収。
14　黒人自体が忌避されるモノ《アブジェクト》であるとも言える。自由黒人デヴィッド・ウォーカーは『世界の有色人種への訴え』（一八二九年）のなかで、「我々合衆国の有色人種は、この世に生を享けたなかで最も呪われ、堕落させられ、みじめな（abject）存在の集合である」と綴っている。
15　M・ヴァルンケ、福本義憲訳「手の中の頭」、『ユリイカ　増頁特集：マニエリスムの現在』（青土社、一九九五年）所収。
16　デイヴィット・J・スカル、松浦俊輔訳『マッド・サイエンティストの夢　理性のきしみ』（青土社、二〇〇〇年）、一二八―一二九頁。
17　Roy Christopher, *Dead Precedents: How Hip-Hop Defines the Future* (Repeater, 2019), P52, 60, 92.
18　枝ハル「ラッパーの手の動き50」（『おそば湯屋』二〇一二年七月七日掲載）https://osobaman.hatenablog.com/entry/20120707/1341664257
19　アンリ・フォシヨン、阿部成樹訳「手を讃えて」、『かたちの生命』（筑摩書房、二〇〇四年）、二〇〇頁。

20 ラッパーの手ぶりはギャングのハンドサインに由来するとも言われる。ケンドリック・ラマーの《good kid m.A.A.d city》のジャケットでは、ラマーを膝に乗せたおじがこっそりとギャングサインを見せている（マーカス・J・ムーア、塚田桂子訳『バタフライ・エフェクト　ケンドリック・ラマー伝』河出書房新社、二〇二一年、一四三頁）。

21 唐十郎「河原者の唄」、四方田犬彦・福間健二編『1968［2］文学』（筑摩選書、二〇一八年）、三七五頁。なお『キャンディマン』はジョーダン・ピール制作・共同脚本でリメイクされた。

22 種村季弘「恐怖美考」、『失楽園測量地図　種村季弘のラビリントス5』（青土社、一九七九年）、六六頁。

23 江戸川乱歩「残虐への郷愁」、東雅夫編『怪談入門乱歩怪異小品集』（平凡社、二〇一六年）、七一頁。

24 Ryan Joseph, "The 9 Most Memorable L.A. BBQs in Hip-Hop Video History" *in First We Feast* (Uploaded at Feb 28, 2015). https://firstwefeast.com/features/2015/02/the-9-most-memorable-l-a-bbqs-in-hip-hop-video-history

25 フュージョン・ジャズ界の大物ハービー・ハンコックの〈ウォーターメロン・マン〉という有名な曲も同工異曲である。このタイトルは黒人とスイカ（ウォーターメロン）を結びつける奴隷制時代のステレオタイプをシグニファイイングしたものであり、そうとわかればハンコックの白人言説を茶化す、より高次な戦略が見えてくる（そもそもフュージョンというジャンルは白人に好まれた）。

26 Elizabeth Young, *Black Frankenstein: The Making of an American Metaphor* (New York University Press, 2008), pp.19-20.

27 Young, p.24.

第7章

1 グスタフ・ルネ・ホッケ、種村季弘訳『文学におけるマニエリスム　言語錬金術ならびに秘教的組み合わせ術』(平凡社、二〇一二年)、三六頁。

2 後藤護「来るべき「アフロ・マニエリスム」に向けての試論——ジェームズ・ブラクストン・ピーターソン『ヒップホップ・アンダーグラウンド』論」(エクリヲWEB連載「音楽批評のアルシーヴ」海外編)二〇一八年八月二八日掲載。http://ecrito.fever.jp/20180828223301

3 S・H・フェルナンドJr.、石山淳訳『ヒップホップ・ビーツ』(ブルース・インターアクションズ、一九九六年二刷)、二二頁。

4 大島純『MPC IMPACT! テクノロジーから読み解くヒップホップ』(リットーミュージック、二〇二〇年)、七一頁。

5 大島『MPC IMPACT!』、一一九頁。

6 大島『MPC IMPACT!』、三一頁。

7 マーシャル・マクルーハン、後藤和彦・高儀進訳『人間拡張の原理 メディアの理解』(竹内書店新社、一九七九年一〇刷)、一三四頁。

8 大島『MPC IMPACT!』、二三七頁。

9 アフロ・フューチャリズムに関しては以下の一冊が最も面白く、リーダブルな内容になっている。Ytasha L. Womack, *Afrofuturism: The World of Black Sci-Fi and Fantasy Culture* (Lawrence Hill Books, 2013).

10 Roy Christopher, *Dead Precedents: How Hip-Hop Defines the Future* (Repeater, 2019), p.30.

11 バンバータの〈レネゲイズ・オブ・ファンク〉のオフィシャルMVのブロンクスの焼け野原と近未来的なグラフィティの対照は、『AKIRA』の終末世界とも通じる八〇年代的な「没落のヴィジョン」(ホッケ)であろう。

12 大島『MPC IMPACT!』、八三頁。

13 Womack, *Afrofuturism*, p.13.

14 マーク・デリー、松藤留美子訳『エスケープ・ヴェロシティ 世紀末のサイバーカルチャー』（角川書店、一九九七年）、九二頁。

15 Christopher, *Dead Precedents*, p.107.

16 Christopher, *Dead Precedents*, p.107.

17 大山エンリコイサム『アゲインスト・リテラシー グラフィティ文化論』（LIXIL出版、二〇一五年）、四二頁。

18 ドレクシアの海中神話に関して、日本語で読めるものとしては以下のもの。野田努「ドレクシアの背後にあるモノ」『ele-king vol.22 特集1：加速するOPNとアヴァン・ポップの新局面／特集2：アフロフューチャリズム』（Pヴァイン、二〇一八年）。ポール・ギルロイの『ブラック・アトランティック』に絡めたドレクシア論としては Erik Steinskog, *Afrofuturism and Black Sound Studies: Culture, Technology, and Things to Come* (Palgrave Macmillan, 2018), pp.97-104.

19 Christopher, *Dead Precedents*, p.109. ラメルジーの「レター・レイサーズ」に代表される極度に装飾・暗号化されたグラフィティの文字を、九州最強のディレッタント木村守一の言う「マニエリスムとしての新作文字現象」と捉えることもできる。『声と三稜鏡』、『絹と立方体』といった大著で、木村は世界各地の新作文字（実在、フィクション問わず）を蒐集しているが、「悪魔の手紙」を素材にマニエリスムと神秘主義的文字の関わりを論じた筆者宛書簡の内容は、ラメルジーを考えるうえでも大変示唆に富むものなので以下に引用する。

「これは一六七六年、シチリアの修道女マリア・クロフィシッサ・デッラ・コンチェッツィオーネがある晩悪魔に憑依されて書かされたもの、と伝えられています。la lettera del diavolo で検索すると画像がすぐに見つかりますが、錬金術記号を書きつらねたような不可思議な文書です。長らく内容は不明のままでしたが、二〇二〇年にイタリアのコンピュータ科学者が解読結果を発表、神やキリストを「死者のように重い」ものとみなし死後の世界への恐怖を告白した文章だったことが明らかとなりました。

この資料が興味深いのは、文字新作が徹頭徹尾マニエリスム的に生じている所です。ところは一七世紀、イタリアの修道院、書き手は悪魔に憑かれた修道女、文書はアルファベットを著しく装飾的に歪曲した暗号書法、三〇〇年後にようやく解読された内容はキリスト教の教義への懐疑的言及。あまりにも道具立てが上手すぎて、映画のシナリオを読んでいるかのようです」（二〇二二年二月一一日付）

20 荏開津広「ラメルジー　インタヴュー」、『リラックス　特集＝家族の風景／ザ・ラメルジー』（マガジンハウス、二〇〇二年七月号）、六一頁。

21 スコット・ヘレンの発言は以下より。Christopher, *Dead Precedents*, p.53.

22 ネルソン・ジョージ、高見展訳『ヒップホップ・アメリカ』（ロッキング・オン、二〇〇四年四刷）、一九一―一九三頁。

23 Christopher, *Dead Precedents*, p.81.

24 ゴシック小説全般の「継ぎ接ぎ性」に関しては拙著『ゴシック・カルチャー入門』（Pヴァイン、二〇一九年）の第一章「「読む／見る」ゴシック」を参照のこと。

25 ヒップホップではないが、「切り刻む」という身ぶりにおいて、ホラー映画と前衛映画が相互影響を与えてきたことを指摘した面白い一冊に以下のものがある。Joan Hawkins, *Cutting Edge: Art-Horror and the Horrific Avant-Garde* (University of Minnesota Press, 2000).

26 大島『MPC　IMPACT!』、一六六頁。

27 バーバラ・M・スタフォード、高山宏訳『アートフル・サイエンス　啓蒙時代の娯楽と凋落する視覚教育』（産業図書、一九九七年）、二九五頁。

28 大島『MPC　IMPACT!』、二三一頁。

29 大島『MPC　IMPACT!』、二三二頁。

30 Andrew Goodwin, "Sample and Hold: Pop Music in the Digital Age of Reproduction," in Simon Frith and Andrew Goodwin (eds), *On Record: Rock, Pop, and the Written Word* (Pantheon Books, 1990), p.263.

31 例えば以下を参照のこと。フェルナンドJr.『ヒップホップ・ビーツ』、三三一－三三二頁。

32 Adam J. Banks, *Digital Griots: African American Rhetoric in a Multimedia Age* (Southern Illinois University Press, 2011), P.19.

33 Paul D. Miller, *Rhythm Science* (The MIT Press, 2004), p.21.

34 Banks, *Digital Griots*, p.16.

35 トリーシャ・ローズ、新田啓子訳『ブラック・ノイズ』（みすず書房、二〇〇九年）、一七〇頁。

36 フェルナンドJr.『ヒップホップ・ビーツ』、三四二頁。

37 Christopher, *Dead Precedents*, p.25.

38 オングの「二次的な声の文化」とラップのより踏み込んだ議論に関しては、ローズ『ブラック・ノイズ』、一六二－一六六頁。

39 ジェフ・チャン、押野素子訳『ヒップホップ・ジェネレーション 「スタイル」で世界を変えた若者たちの物語』（リットーミュージック、二〇〇七年）、四二〇頁。

40 ワイリー・サイファー、野島秀勝訳『文学とテクノロジー』（研究社、一九七二年）、八－九頁。

41 Felicia M. Miyakawa, *Five Percenter Rap: God Hop's Music, Message, and Black Muslim Mission* (Indiana University Press, 2005), back cover.

42 Miyakawa, *Five Pecenter Rap*, p.29.

43 Miyakawa, *Five Pecenter Rap*, p.30.

44 チャン『ヒップホップ・ジェネレーション』、四二二頁。

45 James Braxton Peterson, *The Hip-Hop Underground and African American Culture: Beneath the Surface* (Pal-

grave Macmillan, 2014), p.85.

46 「世界像の機械化」なる表現は以下の本のタイトルより。E.J. Dijksterhuis, translated by C. Dikshoorn, *The Mechanization of the World Picture: Pythagoras to Newton* (Princeton University Press, 1986).

47 Miyakawa, *Five percenter Rap*, pp.124-125.

48 チャン、七〇〇頁。

49 Marc Jacobson, "The Conspiracist Manual That Influenced a Generation of Rappers," *Vulture* (uploaded at Aug. 22, 2018). https://www.vulture.com/2018/08/how-behold-a-pale-horse-influenced-hip-hop.html

50 チャン、七〇三頁。

51 アメリカの黒人男性がマニエリスム的な「クール」の仮面を着けなければいけなかった経緯については以下を参照のこと。Richard Majors and Janet Mancini Billson, *Cool Pose: The Dilemmas of Black Manhood in America* (Touchstone, 1992).

52 ホッケ『文学におけるマニエリスム』、三五九頁。

53 ヒップホッパーの「ブリンブリン」なゴールドチェーンやアクセサリーに注目し、スリック・リックやチャックD、RZAといった大御所たちへのインタヴューも併載した稀有な写真集として、Minya Oh, *Bling Bling: Hip Hop's Crown Jewels* (Wenner Books, 2005).

54 マーカス・J・ムーア、塚田桂子訳『バタフライ・エフェクト　ケンドリック・ラマー伝』(河出書房新社、二〇二一年)、一〇九―一一〇頁。

55 大和田俊之『アメリカ音楽史　ミンストレル・ショウ、ブルースからヒップホップまで』(講談社、二〇一二年三刷)、二四〇―二四三頁。

56 The RZA, *The Tao of Wu* (Riverhead Books, 2009), pp.57-58.

57 The RZA, *The Tao of Wu*, pp.54-55.

58 The RZA, *The Wu-Tang Manual* (Riverhead Freestyle, 2005), p.53.

59 The RZA, *The Wu-Tang Manual*, p.49. "ten degrees of separation" とは「六次の隔たり（six degrees of separation）」という、すべての物事は6ステップ以内に繋がっていて、友達の友達…を介して世界中と繋がることができるという理論をモジったもの。

60 The RZA, *The Wu-Tang Manual*, pp.96-97.

61 The RZA, *The Tao of Wu*, p.174.

62 The RZA, *The Tao of Wu*, p.81.

63 エミネムを筆頭に辞書を読み込んだラッパーは少なくない。一流のラッパーは博識で、百科全書的な知性が求められる。そうでなければ、オーディエンスをワードセンスで驚かせることなどできないのだ。

64 Peter Burke, *The Polymath: A Cultural History from Leonardo da Vinci to Susan Sontag* (Yale University Press, 2020), p.1.

あとがき

私の研究も結局、似ている世界の追求だったのです。
F・イエイツ「能と世界劇場」

書き下ろしデビュー作『ゴシック・カルチャー入門』（Pヴァイン、二〇一九年）が五ヵ月という半ば突貫工事で、初期衝動に貫かれて書かれたのに対し、『黒人音楽史』は二年という長い歳月をかけ、比較的穏やかな心持ちで書かれた。費やした時間とスタンスの差が物語るように、内容的にもパンクとプログレ――セックス・ピストルズとキング・クリムゾン――ほど決定的に異なる二冊である。どちらの書きぶりにも良し悪しがあるが、強いて共通点を挙げるならば、二冊とも一章だけ既出論考を利用している（本書でいうと第3章のアルバート・アイラー論）。

「黒人音楽史」と銘打ったものの、実は音楽に限定するつもりはなかった。音楽・文学・映画・写真・ファッション・建築などブラック・カルチャーのすべてを巻き込んだ「精神史」を百科全書的《ポリマス》に記述したいと当初は考えていたが、担当編集氏と話し合った結果、「音楽」に絞った方が書物のテーマが明確で、まとまりもつくだろう、と話が落ち着いた。個人的には「音楽書」というのはあくまで体裁で、実質上そこを起点に、いかにより広大な黒人精神史を記述するかを志向した一冊である。いわば思想書の一種として書かれたものであり、近代合理主義の分析《アナライズ》する知よりも、魔術的な綜合《ジンテーゼ》する知を黒人音楽に見出したとも言える（アナロジーが実は裏テーマ）。

『機関精神史』という僕の主宰する秘密結社的な批評誌で、慶應義塾ニューヨーク学院長・巽孝之先生へのインタヴューを軸に「アフロ・マニエリスムの驚異」という特集を二〇二〇年に組んだことがある。恩師・高山宏先生が専門とするG・R・ホッケ譲りのマニエリスムに、僕は人生を変えられるほどの衝撃を受けたが、いかにしてエピゴーネン（追随者）に留まらず、このマニエリスムで新たな領域を開けるかと長らく悩んでいた。そうして悩む中で生まれた「発明」が、師が手を付けてこなかった黒人文化にマニエリスムを接合した「アフロ・マニエリスム」なる奇怪なキマイラである。本書『黒人音楽史』は、『機関精神史』の特集での蓄積および反省点（魔術へのアプローチが足りなかった）を活かした、いわば発展篇というべき内容である。

とにかく執筆に二年も費やしてしまったから、書き始めた頃と現在では、モチベーションから社会状況まで大きく異なっている。本書企画書が受理された二〇二〇年夏頃がＢＬＭの全盛だったこともあり、黒人受難史を自分がそっくり引き受けるくらいの熱い（熱くるしい？）パッションと共感で書き始めた。しかしその間、人種や性にまつわるアイデンティティ・ポリティックスが何やら自分の言いたいことだけ言って、分断を煽っているようなジレンマをＳＮＳその他で見るにつけ、やや冷めてきた節がある。冷めたというのはマイノリティへの興味を失ったのではなく、ホットからクールな戦い方に移行したということだ。「No より Know」という土星人サン・ラーの言葉、「嫌韓より知韓」という四方田犬彦氏の言葉が、むしろ刺さるようになってきた（キャンセル・カルチャーの時代に入って、改めて「知ることの最低限の倫理《ミニマ・モラリア》」を考えている。「知らんけど」で終わる怠惰な文章を僕は一切信用しない）。執筆時期がコロナ禍にぴたりと重なったため、内省的な傾向が強まっていたことも後押しした。

さて、圧倒的に時間・準備不足だった一冊目に比べると、この二冊目は遥かに満足のいく出来になっている。これが本当のデビュー作、とさえ言ってよい。とはいえ不満もある。北米の黒人音楽ばかりで、今福龍太氏や中村隆之氏の仕事を経由して中南米エリアに踏み込めなかった点はとりわけ今後の課題である（ボルヘスみたいな黒人がいるに違いないのだ！）。またフライング・ロータスやドレクシア、あるいはスクリーミン・ジェイ・ホーキンスやセロニアス・モンクやアリス・コルトレーン、フリーメイソン・ブルースマンのフレッド・マクダウェルなど、「奇想」と「驚異」の黒人音楽史なら一章を割いてもよいミュージシャンも他にいたが、これ以上長い本にするわけにもいかず深入りできなかった。何より「アフロ・マニエリスム」構想がヒップホップから始まったにもかかわらず、当のヒップホップに関しては思い入れが空回りして、書きたいことを充分には書けなかった。

例えばJ. Jesse Ramírez の画期的論文“Keeping It Unreal: Rap, Racecraft, and MF Doom”をベースにした、異端のラッパー・MFドゥームの鉄仮面から再考するヒップホップの「リアル」と「アンリアル」、蒲池美鶴『シェイクスピアのアナモルフォーズ』（研究社出版、一九九九年）を応用した2パックのホログラム・ゴーストの考察、Achille Bonito Oliva, *The Ideology of the Traitor: Art, Manner and Mannerism* (Electa, 1998) をネタ本にしたマキャヴェリのマニエリスム政治学と（そのマキャヴェリに心酔した2パックを中心にした）ヒップホップ政治学の比較考察、Sekou Cooke, *Hip-Hop Architecture* (Bloomsbury Visual Arts, 2021) を応用した「記憶術」（F・イエイツ）としてのヒップホップ、Jullian Hernandez, *Aesthetics of Excess: The Art and Politics of Black and Latina Embodiment* (Duke University Press, 2020) から考えるフィーメール・ラッパーとエキセントリックなロココ装飾趣味の関係（アフロ＋ロココで「アフロココ」な女の子！）などなど、それぞれ一章を設けるべき深さを有していたが、筆者の実力・調査不足で今回は見送った。

であるからして『黒人音楽史』の続編というべき、「リアル」をテーマにしたヒップホップ・マニエリスム論を、いつか一冊にまとめられればと思っている。Miles Orvell, *The Real*

Thing (UNC Press, 2014) や、Hillel Schwartz, *The Culture of the Copy* (Zone Books, 1996) のような大著を駆使した壮大な「リアル」と「イミテーション」のアメリカ文化史のなかに、ヒップホップの「リアル」を位置づけたらどう見えるかを問いたい（紋切りのストリート不良論、ブラック・カルチャー論では済まないはずだ）。

　その際ヒップホップの「リアル」を捉え直す最重要ジャンルは、おそらくオタク文化との奇妙なキマイラとして生まれた「ナードコア・ヒップホップ」である（本書で言えば、アメコミからやたら引用するMFドゥームもこのサブジャンルに含まれる）。ちなみに、僕はこの本のゲラを校正する傍ら、『機動戦士ガンダム』全43話と『機動戦士Zガンダム』全50話を観て富野由悠季の作劇にえらく感心したり、大塚英志『「おたく」の精神史』（星海社新書、二〇一六年）を読んで八〇年代を再考していた。あまり手広くやり過ぎるのもどうかと思い、これまで自らに封印していた（しかしどう考えても中学生までの自己形成に最も影響を与えたはずの）マンガ・アニメ・ゲーム領域をフルスロットルに解き放つことで、新たに見えてくる「オタク・マニエリスム」の可能性に自分でもワクワクしている。

　閑話休題。何にせよ、ゴシックで一冊書いた時点で、二冊目はアフロで決まりだと確信していた（篠原諄也さんから受けた『好書好日』インタヴューでもそのあたり力説した）。ゴシックの暗黒耽美を気取る人々が、その美の追求の過程で、人種レベルで何を排除しているか無自覚かつ無責任であることに相当苛立っていた。「アフロゴス」を自称する黒人女性のリーラ・テイラーが『ダークリー』という書物を二〇一九年に上梓したが、彼女はその中で「黒人が最も好きになってはいけないゴシックを好きになってしまった」と吐露している。死体のように「白い肌」を美の基準とするゴシック・カルチャーが、そもそも「黒い肌」をモンスターとして排除していることに我が国で目を向ける者はほとんどいない（YMOに倣って「イエロー・ゴス」を名乗る者がいないように、日本のゴスシーンはヨーロッパを内面化してしまっている）。第1章のM・ラマーや、第6章のホラーコア論は、ゴシックとブラックの抜き差しならない関係を問題にしており、人種的軋轢の少ない（というより考えようともしない）ジャパニーズ・ゴスからは生まれない「黒さ」に触れている。

ゴシック・リヴァイヴァルを先導した唯美派ジョン・ラスキンは、一三二人の黒人奴隷を海に投げ捨てた「ゾング号事件」（一七八一年）を描いたターナーの絵画を愛でるにあたって、波の動きといった美学的な考察を滔々と論じるばかりで、黒人奴隷のエピソードは面倒とばかりに脚注に回した。こうしたヨーロッパ一辺倒なものの見方に対して、何ら問題意識をもたないのが日本のゴシック派（いわゆる「お耽美」）の現状である。美学とカルチュラル・スタディーズの政治学を衝突させる、当たり前の作法さえこの国には根付いていないようで、そのデカダンスに心底辟易した。『ゴシック・カルチャー入門』でゴシックを「混ぜ合わせ」「グロテスク」の原理に仕立て上げたのも、そうしたゴシック美学の排他性に疑問符を突き付けるためであった。

とはいえ、だからこそというか、この本を書きあげた時点で、改めてヨーロッパの「デカダンス」を論じる資格が生まれた気がする（過酷な中東情勢を現地でひとしきり見てきた後に、『「かわいい」論』に取り組んだ四方田犬彦氏のように）。黒人問題に向き合ったことで、むしろ残酷でヨーロピアンな「耽美性」が、良し悪しは別として反動的に気になり始めたのだ。差別的な構造を含まざるをえない「美」というものを、なぜ人は無批判に受け入れてしまうのか。敬遠してきた澁澤龍彥の存在の大きさに、いまこそ目を向けるべきではないかと思い始めた。また、明らかにミソジニー傾向のある澁澤親王が、なにゆえその当の女性たち（それも知的な女性たち）に愛されるのか？　これはフェミニズムという「イデオロギー」だけでは解決できない問題である。

要はフェミニンな「タッチ」や「感性」が文章にあるから、澁澤は女性読者を獲得し、美的と評価されているのである。いま「マンガとゴシック」というReal Sound Bookの連載で、萩尾望都や山岸凉子の少女マンガを通じてこのフェミニンな感性を取り入れようとしている。来年出るであろう僕の単著第三弾は、おそらく澁澤的な「美」のモチーフを換骨奪胎し、その女性的な「美」の口当たりの良さをデコイに、センシティヴ・ワードになりつつある「悪趣味」のポテンシャルを逆方向から測るマンガ論になるであろう。『進撃の巨人という神話』（Blueprint、二〇二一年）に寄稿した拙論「水晶の官能、貝殻の記憶」で試験的にシブサワぶって次の方向性を打ち出してみたので、興味のある方は覗いてみて欲しい。

最後に謝辞を述べたい。「ラッパーがスーツを着こなす感じで」と糸井重里も真っ青の巧みなコンセプトを案出してくれた中央公論新社の胡逸高さんのお声かけがなければ、本書はこの世に存在することはなかった（胡さんと僕を引き合わせてくれた、同じく中公の上林達也さんにも感謝）。僕の持ち前の方法的悪文（！）にここまで徹底的に朱筆を入れてくれたのも胡さんが初めてであり、見事に悪文に「スーツ」をまとわせ、カジュアルでいながらフォーマルな文体に仕立ててくれた（方法的悪文が無修正で保存されているのは、第6章の血なまぐさいホラーコア論とこの「あとがき」のみ）。また『黒人綺想音楽史』というタイトルにこだわっていた僕に対して、「これは『黒人音楽史』と呼んでいい、正統な通史になってます」と言ってくれたのも胡さんである。安藤礼二氏が「澁澤龍彦や種村季弘こそが学問の王道」とかつて語ったことがあるが、事程左様に本書も異端が正統を名乗るような性格の本であることが、この『黒人音楽史』というシンプルで不遜な五文字に滲み出ている。

ラメルジーと寿司を食った唯一の地球人（！）にしてDOMMUNE代表のカリスマ・宇川直宏さん、名盤《MESS/AGE》でサン・ラーにアンサーした（！）ヒップホップ・レジェンド、いとうせいこうさんという超大物お二人には、僕などには身分不相応なほど素敵な帯文をいただいた。お二人には並々ならぬ感謝を。また装画の市川洋介さんには、澁澤龍彦『暗黒のメルヘン』（立風書房）の村上芳正の絵の「夥しさ」を現代に甦らす、という僕のヴィジョンをこれ以上ないレベルで実現していただいた。桜井雄一郎さん（かの見世物学会で出会った）はこの装画の持つ異様な力を相殺することなく、エキセントリックでありながらクラシカルな装幀に仕立てて下さった。お二人とかかわりながら、本造りの愉しさを知れた二冊目でもあった。

『AA　五十年後のアルバート・アイラー』（カンパニー社、二〇二一年）に寄稿したスピリチュアル・アイラー論を、本書に掲載することを快諾してくれた音楽ライターで編著者の細田成嗣さんとカンパニー社代表・工藤遥さんの二人にも感謝。そして金欠で死にかけていたとき二〇万円を寄付してくれ、二冊目の広告まで作ってくれた『機関精神史』の盟友、高山えい子（故人&詩人）にも多大な感謝を。ちなみに巻頭エピグラフのソウル・ウィリアムズの詩はえい子の名訳をそのままサンプリングした。というので、本書はさまざまな人的交流から生まれた血の通った一冊である。

しかし、本書は誰よりも、恩師・高山宏大人《うし》に捧げたい。「批評家になるんだ」とまわりに吹聴する鼻っ柱だけは強かった二〇代、「それで食えるのか」「厳しい世界だよ」とワケ知り顔でネガティヴなことしか言ってくれない手合だらけのなか、「お前〈何者か〉になるよ。英語で言うサムワンだ」と言って背中を押してくれたのは、本当に先生ただ一人でした。本音だったかどうかはさておき、その言葉を愚直に信じてひとまず二冊目まで漕ぎつけました。恩師を超えた、人生の師に最大の感謝を。

批評とはアートなのだと高山宏から教わり、エンターテイメントであると平岡正明から教わり、そしてパトスなのだとグリール・マーカスから教わった。もうこの三つ以外何が必要なわけ？　と最後だからハッキリ言ってしまおう。まだ未熟ではあるが、アート、エンタメ、パトスの一緒くたになったエネルギーを本書から感じ取ってもらえれば、著者として望外の喜びである。

二〇二二年九月

後藤　護

Smith, Ayana. "Blues, Criticism, and the Signifying Trickster," Popular Music 24 (2005), pp.179-191.

Steinskog, Erik. *Afrofuturism and Black Sound Studies: Culture, Technology, and Things to Come* (Palgrave Macmillan, 2018).

Szwed, John. *Space is the Place: The Lives and Times of Sun Ra* (Da Capo, 1998).

Taylor, Leila. *Darkly: Black History and America's Gothic Soul* (Repeater, 2019).

The RZA. *The Wu-Tang Manual* (Riverhead Freestyle, 2005).

The RZA. *The Tao of Wu* (Riverhead Books, 2009).

Thomas, Sheree R. (ed). *Dark Matter: A Century of Speculative Fiction from the African Diaspora* (Warner Books, 2000).

Tobin, Jacqueline L. & Dobard, Raymond G. *Hidden in Plain View: A Secret Story of Quilts and the Underground Railroad* (Anchor, 2000).

Tuckman, Maurice. *The Spiritual in Art: Abstract Painting 1890-1985* (Abbeville Press, 1986).

Violent J, *Behind the Paint* (Psychopathic Records, 2003).

Weingarten, Christopher R. *It Takes a Nation of Millions to Hold Us Back: 33 1/3* (Bloomsbury Academic, 2010).

Wilkins, Craig L. *The Aesthetics of Equity: Notes on Race, Space, Architecture, and Music* (University of Minnesota Press, 2007).

Williams, Saul. *The Dead Emcee Scrolls: The Lost Teachings of Hip-Hop* (MTV Books, 2006).

Williams, Saul. *Chorus: A Literary Mixtape* (MTV Books, 2012).

Wolf, James L. and Geerken, Hartmut. (eds.), *Sun Ra: The Immeasurable Equation* (Waitawhile, 2005).

Womack, Ytasha L. *Afrofuturism: The World of Black Sci-Fi and Fantasy Culture* (Lawrence Hill Books, 2013).

Young, Elizabeth. *Black Frankenstein: The Making of an American Metaphor* (New York University Press, 2008).

Youngquist, Paul. *A Pure Solar World: Sun Ra and the Birth of Afrofuturism* (University of Texas Press, 2016).

※フィルモグラフィー、ディスコグラフィーは割愛した。

Goodwin, Andrew. "Sample and Hold: Pop Music in the Digital Age of Reproduction," in Simon Frith and Andrew Goodwin(eds), *On Record: Rock, Pop, and the Written Word* (Pantheon Books, 1990).

Harris, Middleton A. *The Black Book* (Random House, 2019).

Hawkins, Joan. *Cutting Edge: Art-Horror and the Horrific Avant-garde* (University of Minnesota Press, 2000).

Hernandez, Jillian. *Aesthetics of Excess: The Art and Politics of Black and Latina Embodiment* (Duke University Press, 2020).

Hubbell, Noah. "Horrorcore: From Esham to Hopsin, a Look at the History of Rap's Most Terrifying Subgenre," in *Westlword* (August 12, 2013). https://www.westword.com/music/horrorcore-from-esham-to-hopsin-a-look-at-the-history-of-raps-most-terrifying-subgenre-5717030

Jacobson, Marc. "The Conspiracist Manual That Influenced a Generation of Rappers," *Vulture* (uploaded at Aug.22, 2018). https://www.vulture.com/2018/08/how-behold-a-pale-horse-influenced-hip-hop.html

Joseph, Ryan. "The 9 Most Memorable L.A. BBQs in Hip-Hop Video History" in *First We Feast* (Uploaded at Feb 28, 2015). https://firstwefeast.com/features/2015/02/the-9-most-memorable-l-a-bbqs-in-hip-hop-video-history

Litweiler, John. *The Freedom Principle: Jazz After 1958* (Da Capo, 1984).

Majors, Richard. and Billson, Janet Mancini. *Cool Pose: The Dilemmas of Black Manhood in America* (Touchstone, 1992).

Marcus, Greil. *Lipstick Traces: A Secret History of the Twentieth Century* (The Belknap Press of Harvard University Press, 2009).

Miyakawa, Felicia M. *Five Percenter Rap: God Hop's Music, Message, and Black Muslim Mission* (Indiana University Press, 2005).

Nama, Adilifu. *Black Space: Imagining Race in Science Fiction Film* (University of Texas Press, 2008).

Oh, Minya. *Bling Bling: Hip Hop's Crown Jewels* (Wenner Books, 2005).

Peterson, James Braxton. *The Hip-Hop Underground and African American Culture: Beneath the Surface* (Palgrave Macmillan、2014).

Révauger, Cécile. Translated by Jon E. Graham. *Black Freemasonry: From Prince Hall to the Giants of Jazz* (Inner Traditions, 2014).

Sites, William. *Sun Ra's Chicago: Afrofuturism and the City* (University of Chicago Press, 2020).

社、2020年）
若桑みどり『マニエリスム芸術論』（筑摩書房、2005年6刷）

海外文献（アルファベット順）

Abbott, Lynn. & Seroff, Doug. *Ragged But Right: Black Traveling Shows, "Coon Songs," & the Dark Pathway to Blues and Jazz* (University Press of Mississippi, 2012).

Anderson, Reynaldo. & Jones, Charles E. *Afrofuturism 2.0: The Rise of Astro-Blackness* (Lexington Books, 2016).

Arnett, William. & Arnett, Paul. (eds), *Souls Grown Deep: African-American Vernacular Art of the South* (Tinwood Books, 2001).

Banks, Adam J. *Digital Griots: African American Rhetoric in a Multimedia Age* (Southern Illinois University Press, 2011).

Bivins, Jason C. *Spirits Rejoice! : Jazz and American Religion* (Oxford University Press, 2015).

Boisseron, Bénédicte. *Afro-Dog: Blackness and the Animal Question* (Columbia University Press, 2018).

Burda, Hubert. *The Digital Wanderkammer: 10 chapters on the Iconic Turn* (Wilhelm Fink Verlag Munich, 2011).

Burke, Peter. *The Polymath: A Cultural History from Leonardo da Vinci to Susan Sontag* (Yale University Press, 2020).

Coleman, Robin R. Means. *Horror Noire: Blacks in American Horror Films from the 1890s to Present* (Routledge, 2011).

Compiled and Introduced by Corbett, John. *The Wisdom of Sun-Ra: Sun Ra's Polemical Broadsheets and Streetcorner Leaflets* (Whitewalls, 2006).

Christopher, Roy. *Dead Precedents: How Hip-Hop Defines the Future* (Repeater, 2019).

Chude-Sokei, Louis. *The Last "Darky": Bert Williams, Black-on-Black Minstrelsy, and the African Diaspora* (Duke University Press, 2006).

Cooke, Sekou. *Hip-Hop Architecture* (Bloomsbury Visual Arts, 2021).

Dawson, Mackenzie. "Why the culture of black barbarshops is so important," in New York Post (posted at September 5, 2020 | 10:27am). https://nypost.com/2020/09/05/why-the-culture-of-black-barbershops-is-so-important/

Gates, Racquel J. *Double Negative: The Black Image & Popular Culture* (Duke University Press, 2018).

2021年）
三島由紀夫『不道徳教育講座』（角川書店、2007年改訂20刷）
ミシュレ、ジュール．石川湧訳『博物誌 虫』（思潮社、1980年新装）
ムーア、マーカス・J．塚田桂子訳『バタフライ・エフェクト　ケンドリック・ラマー伝』（河出書房新社、2021年）
村井則夫『ニーチェ　ツァラトゥストラの謎』（中央公論新社、2008年）
望月由美「音の見える風景　Chapter.17 坂田明」http://www.archive.jazztokyo.org/column/mochizuki/chapter-017.html
森山光章『眼球呪詛吊り變容』（弘栄堂書店、1991年）
柳下毅一郎「宇宙、タロット、サン・ラー」、映画『スペース・イズ・ザ・プレイス』パンフレット（キングレコード映像制作部＋ビーズインターナショナル、2021年）所収
柳瀬尚紀『ジェイムズ・ジョイスの謎を解く』（岩波書店、1996年）
山口昌男『仕掛けとしての文化』（青土社、1980年）
山口昌男『笑いと逸脱』（筑摩書房、1984年）
ヤーン、ヤンハインツ．黃寅秀訳『アフリカの魂を求めて』（せりか書房、1976年）
油井正一『ジャズの歴史物語』（スイング・ジャーナル社、1975年）
湯浅学『てなもんやSUN RA伝　音盤でたどるジャズ偉人の歩み』（Pヴァイン、2014年）
四方田犬彦『音楽のアマチュア』（朝日新聞出版、2009年）
四方田犬彦『蒐集行為としての芸術』（現代思潮新社、2010年）
四方田犬彦『詩の約束』（作品社、2018年）
ライト、リチャード．伯谷嘉信・ロバート・L・テナー編、木内徹・渡邊路子訳『HAIKU（俳句）　この別世界』（彩流社、2007年）
ラヴジョイ、アーサー・O．内藤健二訳『存在の大いなる連鎖』（筑摩書房、2013年）
リード、イシュメール．上岡伸雄訳『マンボ・ジャンボ』（国書刊行会、1997年）
ルーセ、ジャン．伊東廣太・齋藤磯雄・斎藤正直他訳『フランスバロック期の文学』（筑摩書房、1970年）
レイナム、リチャード・A．早乙女忠訳『雄弁の動機　ルネサンス文学とレトリック』（ありな書房、1994年）
ローズ、トリーシャ．新田啓子訳『ブラック・ノイズ』（みすず書房、2009年）
ワイス、ジェイソン．小田中裕次訳『スティーヴ・レイシーとの対話』（月曜

ム・ルネッサンス　黒人文化とアメリカ』（未来社、2006年）
ベイカー・ジュニア、ヒューストン・A.　松本昇・清水菜穂・馬場聡・田中千晶訳『ブルースの文学　奴隷の経済学とヴァナキュラー』（法政大学出版局、2015年）
ヘイルバット、アンソニー.　中河伸俊＋三木草子＋山田裕康訳『ゴスペル・サウンド』（ブルース・インターアクションズ、1993年）
ベンヤミン、ヴァルター.　浅井健二郎編訳「模倣の能力について」、『ベンヤミン・コレクション２　エッセイの思想』（ちくま学芸文庫、2007年７刷）
細田成嗣編『AA　五十年後のアルバート・アイラー』（カンパニー社、2021年）
ホッケ、グスタフ・ルネ.　種村季弘／矢川澄子訳『迷宮としての世界　マニエリスム美術（上）』（岩波書店、2011年２刷）
ホッケ、グスタフ・ルネ.　種村季弘訳『文学におけるマニエリスム　言語錬金術ならびに秘教的組み合わせ術』（平凡社、2012年）
ホッケ、グスタフ・ルネ.　種村季弘訳『絶望と確信　20世紀末の芸術と文学のために』（白水社、2013年）
ホブズボーム、エリック.　諸岡敏行訳『ジャズシーン』（績文堂出版、2021年）
ポラッシュ、デヴィッド.　上岡伸雄訳『サイバネティック・フィクション』（ペヨトル工房、1991年）
ボルディック、クリス.　谷内田浩正・西本あづさ・山本秀行訳『フランケンシュタインの影の下に』（国書刊行会、1996年）
ボルター、ジェイ.　デイヴィッド.　黒崎政男・下野正俊・伊古田理訳『ライティング・スペース　電子テキスト時代のエクリチュール』（産業図書、1994年）
ホワイト、ヘイドン.　岩崎稔監訳『メタヒストリー　一九世紀ヨーロッパにおける歴史的想像力』（作品社、2020年５刷）
ホワイトヘッド、コルソン.　谷崎由依訳『地下鉄道』（早川書房、2018年４版）
マイルズ、バリー.　須川宗純訳『フランク・ザッパ』（P ヴァイン、2022年）
マクラガン、デイヴィド.　松田和也訳『アウトサイダー・アート　芸術のはじまる場所』（青土社、2011年）
マクルーハン、マーシャル.　後藤和彦・高儀進訳『人間拡張の原理　メディアの理解』（竹内書店新社、1979年10刷）
益子務『ゴスペルの暗号　秘密組織「地下鉄道」と逃亡奴隷の謎』（祥伝社、2010年）
松岡正剛監修『情報の歴史21　象形文字から仮想現実まで』（編集工学研究所、

ルズ』（研究社、2003年）
バージャー、ジョン．笠原美智子訳『見るということ』（筑摩書房、2017年6刷）
ハーストン、ゾラ・ニール．中村輝子訳『騾馬とひと』（平凡社、1997年）
バチェラー、デイヴィッド．田中裕介訳『クロモフォビア』（青土社、2007年）
ハッチオン、リンダ．辻麻子訳『パロディの理論』（未来社、1993年）
花田清輝『花田清輝著作集Ⅰ　復興期の精神／錯乱の論理』（未来社、1975年5刷）
バブコック、バーバラ・A．編、岩崎宗治・井上兼行訳『さかさまの世界　芸術と社会における象徴的逆転』（岩波書店、1984年）
バフチーン、ミハイール．川端香男里訳『フランソワ・ラブレーの作品と中世・ルネッサンスの民衆文化』（せりか書房、1980年）
パーマー、ロバート．五十嵐正訳『ディープ・ブルーズ』（JICC出版局、1992年）
パリンダー、ジェフリー．松田幸雄訳『アフリカ神話』（青土社、1991年）
東雅夫編『怪談入門　乱歩怪異小品集』（平凡社、2016年）
東理夫『アメリカは歌う。　コンプリート版』（作品社、2019年）
ピカート、マックス．佐野利勝訳『沈黙の世界』（みすず書房、1981年26刷）
日暮泰文『ブルース百歌一望』（Pヴァイン、2020年）
日比野啓「ジュディ・ガーランドはなぜゲイの人々から支持され、ゲイ・カルチャーのアイコンになったのか？」（uDiscoverMusic.jp 2020年3月5日掲載記事）https://www.udiscovermusic.jp/columns/why-lgbtq-loves-judy-garland
平岡正明『黒い神』（毎日新聞社、1999年）
平岡正明『チャーリー・パーカーの芸術』（毎日新聞社、2000年）
ファーガソン、ジョーダン．吉田雅史訳『J・ディラと《ドーナツ》のビート革命』（DU BOOKS、2018年）
フェルナンドJr.、S・H．石山淳訳『ヒップホップ・ビーツ』（ブルース・インターアクションズ、1996年2刷）
フォシヨン、アンリ．阿部成樹訳「手を讃えて」、『かたちの生命』（筑摩書房、2004年）
ブラウン、ノーマン・O．宮武昭・佐々木俊三訳『ラヴズ・ボディ』（みすず書房、1995年）
プラーツ、マリオ．森田義之訳「ラビュリントス」、『官能の庭　マニエリスム・エンブレム・バロック』（ありな書房、1992年）
ベイカー・ジュニア、ヒューストン・A．小林憲二訳『モダニズムとハーレ

1976年）所収
種村季弘『増補　ナンセンス詩人の肖像』（筑摩書房、1977年）
種村季弘「恐怖美考」、『失楽園測量地図　種村季弘のラビリントス５』（青土社、1979年）所収
種村季弘「つげ義春の退行的ユートピア」、『影法師の誘惑』（河出書房新社、1991年）所収
チャン、ジェフ．押野素子訳『ヒップホップ・ジェネレーション　「スタイル」で世界を変えた若者たちの物語』（リットーミュージック、2007年）
中条省平『ただしいジャズ入門』（春風社、2005年）
テイラー、マーク．井筒豊子訳『さまよう　ポストモダンの非／神学』（岩波書店、1991年）
デュボイス、W・E・B．木島始・鮫島重俊・黄寅秀訳『黒人のたましい』（岩波書店、1992年）
デリー、マーク．松藤留美子訳『エスケープ・ヴェロシティ　世紀末のサイバーカルチャー』（角川書店、1997年）
東野芳明『曖昧な水　レオナルド・アリス・ビートルズ』（現代企画室、1980年）
中河伸俊『黒い蛇はどこへ　名曲の歌詞から入るブルースの世界』（トゥーヴァージンズ、2021年）
中沢新一『蜜の流れる博士』（せりか書房、1995年５刷）
中沢新一『熊を夢見る』（角川書店、2017年）
中沢新一・樋田豊次郎『ブラジル先住民の椅子』（美術出版社、2018年）
中沢新一×高山宏「書籍刊行記念トークイベント：〈知の〉狩猟術レポート」（明治大学野生の科学研究所ホームページ、2014年６月16日　文：後藤護）http://sauvage.jp/activities/2155
中山康樹『ジャズ・ヒップホップ・マイルス』（NTT出版、2011年）
柳樂光隆「スピリチュアルジャズって何？――カマシ・ワシントン以降、多用されるキーワード“Spiritual Jazz”のこと」（note有料記事、2019/01/30 01:04投稿）https://note.com/elis_ragina/n/n17f9a89aeae0
野田努「ドレクシアの背後にあるモノ」、『ele-king vol.22　特集１：加速するOPNとアヴァン・ポップの新局面／特集２：アフロフューチャリズム』（Pヴァイン、2018年）
バイイ、ジャン＝クリストフ．石田和男・山口俊洋訳『思考する動物たち　人間と動物の共生をもとめて』（出版館ブック・クラブ、2013年）
パウンテン、ディック．＋ロビンズ、デイヴィッド．鈴木晶訳『クール・ルー

シューエル、エリザベス. 高山宏訳『オルフェウスの声　詩とナチュラル・ヒストリー』(白水社、2014年)
ジュネット、ジェラール. 花輪光監訳『ミモロジック　言語的模倣論またはクラテュロスのもとへの旅』(書肆風の薔薇、1991年)
ジョーンズ、リロイ. 飯野友幸訳『ブルース・ピープル』(音楽之友社、2004年)
シン、ラニ編. 湯田賢司訳『ハリー・スミスは語る　音楽／映画／人類学／魔術』(カンパニー社、2020年)
スウェッド、ジョン・F. 湯浅学監修、湯浅恵子訳『サン・ラー伝　土星から来た大音楽家』(河出書房新社、2004年)
スウェッド、ジョン・F. 諸岡敏行訳『ジャズ・ヒストリー』(青土社、2010年2刷)
菅原和孝『動物の境界　現象学から展成の自然誌へ』(弘文堂、2017年)
スカル、デイヴィット・J. 松浦俊輔訳『マッド・サイエンティストの夢　理性のきしみ』(青土社、2000年)
杉浦茂『杉浦茂マンガ館　第四巻：東洋の奇々怪々』(筑摩書房、1994年)
スタフォード、バーバラ・M. 高山宏訳『アートフル・サイエンス　啓蒙時代の娯楽と凋落する視覚教育』(産業図書、1997年)
スメラ、マシュー.「黒い激情、白いノイズ：ジャズとパンクの関係」、宮脇俊文・細川周平・マイク・モラスキー編著『ニュー・ジャズ・スタディーズ　ジャズ研究の新たな領域へ』(アルテスパブリッシング、2010年) 所収
高橋英夫『ミクロコスモス　松尾芭蕉に向って』(講談社、1989年)
高山宏『終末のオルガノン』(作品社、1994年)
高山宏『ふたつの世紀末　新装版』(青土社、1998年)
高山宏『近代文化史入門　超英文学講義』(講談社、2018年7刷)
高山宏『鎮魂譜　アリス狩りⅦ』(青土社、2022年)
タックマン、モーリス. ＋エリエル、キャロル・S. 編『パラレル・ヴィジョン　20世紀美術とアウトサイダー・アート』(淡交社、1993年)
巽孝之『ニュー・アメリカニズム　米文学思想史の物語学』(青土社、1995年)
巽孝之『モダニズムの惑星　英米文学思想史の修辞学』(岩波書店、2013年)
巽孝之『増補新版　リンカーンの世紀　アメリカ大統領たちの文学思想史』(青土社、2013年)
巽孝之『増補新版　サイバーパンク・アメリカ』(勁草書房、2021年)
田中純『デヴィッド・ボウイ　無《ナシング》を歌った男』(岩波書店、2021年)
種村季弘「デカダンスの論理」、『壺中天奇聞　種村季弘作家論』(青土社、

芸術』（晩成書房、1998年）
クリントン、ジョージ．押野素子訳『ファンクはつらいよ　ジョージ・クリントン自伝バーバーショップからマザーシップまで旅した男の回顧録』（DU BOOKS、2016年）
コステロ、マーク．＋ウォーレス、デイヴィッド・フォスター．佐藤良明監修、岩本正恵訳『ラップという現象』（白水社、1998年）
ゴドウィン、ジョスリン．斉藤栄一訳『星界の音楽』（工作舎、1990年）
後藤護「来るべき「アフロ・マニエリスム」に向けての試論――ジェームズ・ブラクストン・ピーターソン『ヒップホップ・アンダーグラウンド』論」（エクリヲWEB連載「音楽批評のアルシーヴ」海外編）2018年8月28日掲載。http://ecrito.fever.jp/20180828223301
後藤護・高山えい子（編）『機関精神史3号　特集：アフロ・マニエリスムの驚異』（2020年）
後藤護×工藤遥（対談）「爆裂太陽《サン・ラー》傳――土星の徴しの下に、狂気のスピリチュアル放談」、『キネマ旬報』2021年2月上旬号所収
後藤護×工藤遥（対談）「腐乱苦雑派《フランク・ザッパ》との楽しい夕べ　フリークスからフリー・インプロまで肉おじさん《アンクル・ミート》もビックリの爆裂呆談♨」、『キネマ旬報2022年5月上・下旬合併号』所収
コリー、ロザリー・L．高山宏訳『パラドクシア・エピデミカ　ルネサンスにおけるパラドックスの伝統』（白水社、2011年2刷）
コーン、ジェイムズ・H．梶原寿訳『黒人霊歌とブルース　アメリカ黒人の信仰と神学』（新教出版社、2005年6刷）
斎藤宣彦（編）『現代マンガ選集　破壊せよ、と笑いは言った』（筑摩書房、2020年2刷）
サイファー、ワイリー．野島秀勝訳『文学とテクノロジー』（研究社、1972年）
坂田明『クラゲの正体』（晶文社、1994年）
坂田明『ミジンコ道楽　その哲学と実践』（講談社、1997年）
坂田明「公式ホームページ」2004.10.15.（2006.1.11. up）http://cgi01.warabi.ne.jp/~daphnia-pulex/works/works.cgi?no=27&mode=
シーゲル、マイケル．諸岡敏行訳『サキソフォン物語　悪魔の角笛からジャズの花形へ』（青土社、2010年）
澁澤龍彦『三島由紀夫おぼえがき』（中公文庫、1986年）
澁澤龍彦『胡桃の中の世界』（河出書房新社、1992年5刷）
澁澤龍彦責任編集『血と薔薇　コレクション1』（河出書房新社、2005年）
清水俊彦『ジャズ・ノート』（晶文社、1981年）

エリスン、ラルフ．松本昇訳『見えない人間（上・下）』（白水社、2020年）
大和田俊之『アメリカ音楽史　ミンストレル・ショウ、ブルースからヒップホップまで』（講談社、2012年3刷）
大島純『MPC　IMPACT!　テクノロジーから読み解くヒップホップ』（リットーミュージック、2020年）
大山エンリコイサム『アゲインスト・リテラシー　グラフィティ文化論』（LIXIL出版、2015年）
小川寛大『南北戦争　アメリカを二つに裂いた内戦』（中央公論新社、2020年）
奥成達『定本　ジャズ三度笠』（冬樹社、1982年）
奥村大介「重力の観念史」、『哲學　第129集』（三田哲學會、2012年）所収
奥本大三郎『虫の宇宙誌』（集英社、1995年4刷）
オリヴァー、ポール．日暮泰文訳『ブルースと話し込む』（土曜社、2016年）
オリヴァー、ポール．米口胡・増田悦佐訳『ブルースの歴史』（土曜社、2021年2刷）
オング、ウォルター・J．桜井直文・林正寛・糟谷啓介訳『声の文化と文字の文化』（藤原書店、2013年17刷）
カイヨワ、ロジェ．多田道太郎・塚崎幹夫訳『遊びと人間』（講談社学術文庫、2002年18刷）
カイル、チャールズ．相倉久人訳『都市の黒人ブルース』（音楽之友社、1974年）
鍵和田務『椅子のフォークロア』（柴田書店、1977年）
カルージュ、ミッシェル．高山宏・森永徹訳『独身者の機械　未来のイヴ、さえも………』（ありな書房、1991年）
河地依子『P-FUNK』（河出書房新社、2011年）
菊地成孔＋大谷能生『東京大学のアルバート・アイラー　東大ジャズ講義録・歴史編』（メディア総合研究所、2006年7刷）
北村崇郎『ニグロ・スピリチュアル　黒人音楽のみなもと』（みすず書房、2001年2刷）
ギルロイ、ポール．上野俊哉・毛利嘉孝・鈴木慎一郎訳『ブラック・アトランティック　近代性と二重意識』（月曜社、2006年）
グラッシ、エルネスト．原研二訳『形象の力　合理的言語の無力』（白水社、2016年）
クリステヴァ、ジュリア．枝川昌雄訳『恐怖の権力〈アブジェクシオン〉試論』（法政大学出版局、1991年3刷）
クッツリ、ルドルフ．石川恒夫訳『フォルメンを描くⅠ　シュタイナーの線描

参考文献一覧

日本語資料（五十音順）

アウエハント、コルネリウス．小松和彦・中沢新一・飯島吉晴・古家信平訳『鯰絵』（岩波書店、2013年）

荒俣宏「ナマズの博物誌」、秋篠宮文仁・緒方喜雄・森誠一編著『ナマズの博覧誌』（誠文堂新光社、2016年）

和泉雅人『迷宮学入門』（講談社、2000年）

岩田慶治『アニミズム時代』（法藏館、1993年）

ヴァルンケ、M．福本義憲訳「手の中の頭」、『ユリイカ 増頁特集：マニエリスムの現在』（青土社、1995年）所収

ウィリス、ロイ．小松和彦訳『人間と動物　構造人類学的考察』（紀伊國屋書店、1979年）

ウィルマー、V．樋口裕一訳「アイラーの地獄」、『音楽の手帖　ジャズ』（青土社、1981年）所収

ヴィンセント、リッキー．宇井千史訳『ファンク　人物、歴史そしてワンネス』（ブルース・インターアクションズ、1999年3刷）

ヴェイユ、シモーヌ．田辺保訳『重力と恩寵』（筑摩書房、1996年2刷）

ウェルズ恵子『黒人霊歌は生きている　歌詞で読むアメリカ』（岩波書店、2008年）

ウェルディング、ピート．＋バイロン、トビー．小川隆・大場正明他訳『ブルースに焦がれて』（大栄出版、1996年3刷）

ウォーカー、ワイヤット・T．梶原寿訳『だれかが私の名を呼んでいる　黒人宗教音楽の社会史』（新教出版社、1991年）

宇野邦一『風のアポカリプス』（青土社、1985年）

エヴァンズ、ハワード・エンサイン．日高敏隆訳『虫の惑星　知られざる昆虫の世界』（早川書房、1985年5刷）

荏開津広「ラメルジー インタヴュー」、『リラックス 特集＝家族の風景／ザ・ラメルジー』（マガジンハウス、2002年7月号）所収

枝ハル「ラッパーの手の動き50」、『おそば湯屋』2012年7月7日掲載　https://osobaman.hatenablog.com/entry/20120707/1341664257

【マ行】

【タ行】

人名索引

後藤 護（ごとう・まもる）

1988年山形県生まれ。暗黒批評。著書に『ゴシック・カルチャー入門』（Pヴァイン、2019年）がある。主に『キネマ旬報』『ele-king』「Real Sound」などに映画・音楽・マンガに関するレヴューを寄稿。魔誌『機関精神史』編集主幹。「リアルサウンド ブック」に「マンガとゴシック」連載中（書籍化予定）。

黒人音楽史《こくじんおんがくし》
——奇想《きそう》の宇宙《うちゅう》

2022年10月25日　初版発行
2023年 7 月20日　3 版発行

著　者　後　藤　　護
発行者　安 部 順 一
発行所　中央公論新社
〒100-8152　東京都千代田区大手町 1-7-1
電話　販売 03-5299-1730　編集 03-5299-1740
URL https://www.chuko.co.jp/

DTP　市川真樹子
印　刷　図書印刷
製　本　大口製本印刷

Printed in Japan　ISBN978-4-12-005585-0 C0022
定価はカバーに表示してあります。落丁本・乱丁本はお手数ですが小社販売部宛お送り下さい。送料小社負担にてお取り替えいたします。